世界城市地铁与轻轨
最新动态

张　元　李卫军　主编

中 国 铁 道 出 版 社

2 0 1 3 年 · 北 京

图书在版编目（CIP）数据

世界城市地铁与轻轨最新动态/张元，李卫军主编
—北京：中国铁道出版社，2013.12
ISBN 978-7-113-17872-7

Ⅰ.①世⋯ Ⅱ.①张⋯②李⋯ Ⅲ.①城市铁路-介
绍-世界 Ⅳ.①U239.5

中国版本图书馆 CIP 数据核字（2013）第 309039 号

书 名：世界城市地铁与轻轨最新动态
作 者：张 元 李卫军 主编

策 划：熊安春
责任编辑：刘 钢 编辑部电话：010-51873055
封面设计：灵 钰
责任校对：马 丽
责任印制：陆 宁

出版发行：中国铁道出版社（100054，北京市西城区右安门西街 8 号）
网 址：http://www.tdpress.com
印 刷：北京大兴新魏印刷厂
版 次：2013 年 12 月第 1 版 2013 年 12 月第 1 次印刷
开 本：787 mm×1 092 mm 1/16 印张：25 字数：408 千
书 号：ISBN 978-7-113-17872-7
定 价：64.00 元

《世界城市地铁与轻轨最新动态》
编 委 会

序

　　城市轨道交通具有运量大、速度快、安全、准点、保护环境、节约能源和用地等特点。世界各国普遍认识到：解决城市交通问题的根本出路在于优先发展以轨道交通为骨干的城市公共交通系统。世界上已有 43 个国家和地区的 118 座城市建有城市轨道交通线路。

　　城市轨道交通在我国已成为城市居民主要的出行方式之一，是重要的社会公益性事业和服务性行业，关系民生和经济社会发展全局。党中央、国务院一直高度重视城市轨道交通事业的发展，在各级人民政府和有关部门的共同努力下，我国城市轨道交通事业得到了持续稳定的发展。目前，北京、上海、广州、天津、重庆、深圳等城市都已经拥有城市轨道交通运营线路，并逐步形成网络化格局。另有 30 余个城市也在运营建设与发展中。

　　加快我国城市轨道交通发展，是一项复杂而艰巨的系统工程，既需要各级政府和相关行业部门采取综合措施共同努力，也需要学习国外的先进经验，加强合作交流。我国从 1969 年第一条地铁线路在北京通车发展至今不过近 40 余年的时间，而世界上第一条地铁早在 1863 年就已经在英国伦敦建成通车。随后的几十年中，美国、法国、匈牙利、德国等诸多国家相继修建了地铁，日本也于 1927 年开通了东京地铁，成为第一个拥有地铁的亚洲国家。其发展历史比我们早了近百年的时间。国外一些大城市拥有很多我们可以学习借鉴的先进经验，了解国外地铁、增加交流合作是我国发展城市轨道交通的一条捷径。

　　这次，北京地铁运营有限公司地铁运营技术研发中心组织人员编写了"世界城市地铁与轻轨最新动态"一书，介绍了世界各大城市的城市轨道交通系统，内容涵盖城市人口、线路状况、企业概况、现有路网长度等，为我国相关人员了解世界城市轨道交通现状，与其他国家进行沟通交流提供了便利条件，可促进我国城市轨道交通行业的发展，加速与国际接轨，提升行业竞争力与影响力。

北京市地铁运营有限公司总经理　　张树人

2013 年 2 月 3 日

前　言

　　随着我国城市化进程的推进，城市经济迅速增长、城市人口大幅度增加、私人小汽车数量也在逐年猛增，使得城市路面交通日益拥挤。世界许多发达国家也曾经历过同样的城镇化转型和交通拥堵的问题，在探寻城市发展和与之相适应的交通体系中，实行以公共运输网络为主体，大力发展城市轨道交通为主干，最终解决了城市交通出行难的问题。城市轨道交通具有快速、准时、安全、舒适、污染少、运量大、运输效率高等特点，是大容量运输的交通方式，能够解决高密度客流出行问题。城市轨道交通规模化的发展是实现城市可持续发展的重要前提，其发展能够产生明显的社会和经济效益。

　　截至到目前，我国已有 12 个城市建成轨道交通运营线路，一些城市已有在建线路，还有一些二线城市也已经开始了申建程序。在我国城市轨道交通事业的发展中，在实现轨道交通的发展战略中，还有许多问题需要研究和借鉴世界发达国家的成功经验。

　　国外大城市的轨道交通不仅随城市规模扩大而逐步扩展线网，而且具有先进的技术装备，为城市居民的出行提供了方便、舒适、快捷的服务。目前，世界上许多大城市轨道交通系统承担了城市一半以上的客运量。因此我们应该汲取先进国家在城市轨道交通事业上所取得的各项成果，结合我国国情，设计出具有中国特色的城市轨道交通网络。

　　本书记录了世界各大城市的轨道交通事业，内容包括：城市人口、线路状况、企业概况、现有路网长度及目前正在建设和计划建设线路长度以及世界各国城市轨道交通发展情况等。古语说"他山之石，可以攻玉"。我们可以借鉴国外先进的城市轨道交通建设的经验，不断完善我国城市轨道交通建设。

　　本书可供城市规划建设的管理者、城市轨道交通研究设计人员以及大专院校师生学习参考。

目　录

目录 CONTENS

亚 洲
Asia

北美洲

欧洲

亚洲

非洲

南美洲

大洋洲

中 国
China

北 京

 人口 2 069 万人（2012 年）。

 公共交通 公共汽车、无轨电车和地铁由市政机构负责下设公司经营。地铁网和轻轨开始扩建。

 地铁

北京地铁运营有限公司

➡运营类型：全部称为地铁，1969 年开通第一条线路。

➡线路长度：323 km。 ➡线路数量：13 条。

➡车站数量：228 座。 ➡轨距：1 435 mm。

➡轨道：50 kg/m 钢轨。 ➡最大坡度：3%。

➡最小曲线半径：250 m。 ➡隧道：4.1m 宽，4.35m 高。

➡供电方式：750 V DC，第三轨供电。

➡现状：

截止到 2013 年 5 月，北京地铁运营线路包括 1 号线、2 号线、5 号线、6 号线、8 号线、9 号线、10 号线、13 号线、15 号线、八通线、奥运支线、机场线、亦庄线、房山线、昌平线一期、运营线路总里程 394 km，共有 228 座运营车站。

1 号线：贯通东西，全长 30.44 km，23 座车站，可换乘 2、4、5、10 号线和八通线。

2 号线：环线，全长 23 km，18 座车站，可换乘 1、13、5 号线和机场线。

5 号线：南北线，全长 27.6 km，23 座车站，可换乘 1、2、10、13 号线和亦庄线。

6 号线：东西线，全长 30.4 km，20 座车站，可换乘 2、4、5、9、10 号线。

13 号线：分两个阶段开通，西段 2002 年开通，东段 2003 年开通，全长 41 km，16 座车站，可换乘 2、5、8、10、15 号线和昌平线。

八通线：1 号线的延长线，东西向，全长 19 km，13 座车站。

8 号线：南北向，全长为 18.5 km，12 座车站。已开通的 8 号线可换乘 2、10 和 13 号线。

10 号线：全线分二期建设，一期工程于 2008 年 7 月通车；二期工程于 2012 年 12 月 30 日通车。10 号线可换乘 1、5、8、13 号线和机场线。

机场线：用于城市中心和北京首都机场的连接，全长 28 km，4 座车站。可换乘 2 和 10 号线。

亦庄线：5 号线向南的延长线，全长 23.2 km，14 座车站。

房山线：与 9 号线衔接，全长 24.79 km，11 座车站。

昌平线：北起十三陵景区，南至 13 号线西二旗站。其中一期（南邵至西二旗）线路长 21.3 km，7 座车站，已于 2010 年年底通车。

15 号线：连接顺义新城和城市中心区的线路。其中一期（俸伯至后沙峪）线路长 34.96 km，13 座车站，已于 2010 年年底通车。

9 号线：国家图书馆—郭公庄站已于 2012 年年底通车。全长 16.5 km，13 座车站。

➲ 发展概况：2012 年年底北京有 4 条地铁新线开通，北京地铁总里程超过 450 km，开始真正意义上的网络化运营时代。2015 年将达到 19 条线，共 561 km。

➲ 在建线路：

8 号线：二期全线计划于 2013 年年底完工。三期计划于 2015 年通车。

14 号线：连接东北，西南方向的轨道交通"L"形骨干线。全长 47.3 km，37 座车站，共设 14 座换乘站。西段张郭庄—西局已于 2013 年上半年通车。全线预计在 2014 年年底通车。

➲ 发车间隔：高峰时段 2～4 min，非高峰时段 8 min。

➲ 首/末车时间：

1 号线：4:56/00:06;　　　　　　八通线：5:20/23:50;

2 号线：5:03/23:37;　　　　　　亦庄线：5:23/23:14;

5 号线：5:01/23:50;　　　　　　15 号线：5:45/23:29;

8 号线：5:33/23:11;　　　　　　昌平线：5:40/23:24;

10 号线：5:05/23:54;　　　　　房山线：5:15/22:39;

13 号线：5:10/00:09;　　　　　9 号线：5:50/22:55;

机场线：6:00/23:27。

➲ 检票方式：单程票及一卡通自动检票。

⟹信号：自动闭塞，1 号线 ATS/ATP/ATO。

⟹对老年人/残疾人的特殊服务：部分线路有此设施。

北京京港地铁有限公司

⟹运营类型：地铁。

⟹现状：

4 号线：全长 28.2 km，24 座车站。已于 2009 年年底通车。可换乘 1、2、10 和 13 号线和大兴线。

大兴线：全长 22 km，11 座车站。

14 号线：全长 12.4 km，6 座车站。

⟹发车间隔：高峰时段 2.5 min，非高峰时段 5 min。

长 春

 790 万人（2010 年）。

 由市政公司经营公共汽车、小公共汽车、无轨/有轨电车。

 长春市轨道交通有限责任公司

⟹运营类型：轻轨/地铁。

⟹线路长度：34.3 km。

⟹线路数量：1 条（3 号线轻轨）。

⟹车站数量：33 座。

⟹现状：3 号线轻轨 1、2 期工程已完工。现全线通车。

⟹发展概况：

在建线路：

1 号线：贯通城市南北方向，全长 37.4 km，17 座车站。一期工程已于 2011 年 4 月开工建设，预计于 2014 年通车。

2 号线：贯通城市东西方向，全长 24.6 km，17 座车站。2012 年开始建设，预计 2016 年通车。

4 号线：轻轨。线路位于城市核心边缘北、东两边，向西、向南延伸呈 L 形线。全长 43.5 km，16 座车站。2009 年 5 月开工建设，已开通的 16 km 目前为观光试运营状态。

⟹首/末车时间：6:00/21:00。

→发车间隔：7 min。

成都

 1 417.8 万人（2012 年）。

 有轨电车系统为中心部分地区服务，而汽车服务于城市的其他部分。地铁与轻轨正在建设中。

 成都地铁有限公司

→运营类型：地铁。

→现状：

1 号线：于 2005 年 12 月正式开工建设，全长 36 km，28 座车站。已于 2010 年通车。

→发展概况：

2 号线：西北—东南向骨干线。全长 44 km，32 座车站。2012 年年底开通试运行。

3 号线：东北—西南向骨干线。全长 49.8 km，33 座车站。2012 年年内开工建设。

4 号线：东西方向的骨干线。全长 41.3 km，26 座车站。2011 年年底开工建设，2015 年年底开通试运行。

7 号线：环线，全长 38.6 km，31 座车站。共设 19 座换乘站。2012 年年内开工建设。

重庆

 2 919 万人（2011 年）。

 市中心位于扬子江和嘉陵江交汇处的山岭半岛上。公共交通尤为重要。尽管丘陵地形适于无轨电车的运行且重庆在 1958 年也采纳了这一方式，然而丘陵地带不适宜骑车，因此要扩大无轨电车的网络。铁路交通在地方运输起的作用不大，尽管在市中心与无线电车终点站之间存在直达线路，在重庆与重庆西站之间早上和下午有 2 列车通过一条 7 km 的隧道运行。

重庆轨道交通集团有限公司。

➡职工数量：6 000 余人。

➡运营类型：轻轨/地铁。

➡现状：

1 号线：全长 36 km，23 座车站。一期 16 km 于 2007 年开工建设，已于 2011 年 7 月通车。

2 号线：18 座车站，2005 年年底通车。

3 号线：一期工程 21.16 km，17 座车站于 2011 年通车。

➡发展概况：

在建的线路：

1 号线二期：共 20 km，9 座车站。2009 年开工建设，预计 2012 年通车。

2 号线延伸线：共 29.3 km，12 座车站，采用跨坐式单轨制式。预计于 2013 年通车。

3 号线延伸线：共 14 km，8 座车站。预计于 2012 年通车。

6 号线：全长 23 km，16 座车站。预计 2012 年通车。

➡发车间隔：高峰时段 4~6min，非高峰时段 9 min。

➡首/末车时间：

1 号线为 6:30/22:55；

2 号线为 6:30/23:03；

3 号线为 6:30/23:34。

大连

590.3 万人（2012 年）。

公共汽车、无轨电车和有轨电车统一由当局管理；有一部分由地方铁路运营。

➡运营类型：快轨/地铁。

➡现状：

快轨 3 号线：全长 49.15 km，12 座车站。已于 2003 年年底通车。

快轨 7 号线：全长 14.3 km，7 座车站。已于 2009 年年底通车。

➡发展概况：

1 号线：东西线，全长 21.17 km，20 座车站。预计 2014 年通车。

2 号线：环线，全长 42.56 km，29 座车站。预计 2014 年通车。

快轨 8 号线：202 路有轨电车延伸工程。全长 40.4 km，14 座车站，预计于 2013 年通车。

快轨 10 号线：金普线，全长 41.9 km，16 坐车站。预计 2014 年通车。

⊃ 传统有轨电车。

⊃ 日均客运量：60 万人次。

⊃ 线路长度：14.7 km，线路 3 条。

⊃ 车站：29 座。

⊃ 轨距：1 435 mm。

⊃ 轨道：铁路设在专用道和街道中心。

⊃ 供电方式：接触网供电。

⊃ 发车间隔：1 min。

⊃ 首/末车时间：04:30/00:05。

⊃ 售检票方式及票的种类：人工售检票、月票和 IC 卡。

⊃ 票制结构：单一票制。

⊃ 与其他交通系统的连接：在枢纽点可方便地与其他车辆换乘。月票可以在所有的公共交通方式中通用。

⊃ 车辆：均为国内制造的电动车，约 100 辆，其中包括 21 辆铰接车。

广州

 人口

1 275 万人 (2012 年)。

 公共交通

公共汽车、无轨电车、轮渡、小公共汽车、出租车和地铁。

 地铁

广州地铁公司

⊃ 职工数量：10 405 人。　　⊃ 日客运量：480 万人次。

⊃ 列车走行公里：19308 万 (2011 年)。　　⊃ 线路长度：236 km。

⊃ 隧道：93.12 km。　　⊃ 线路数量：8 条。

⊃ 车站数量：148 座。

⊃ 背景：广州地铁是中国广东省广州市的城市轨道交通系统，首段于 1997 年 6

月 28 日正式开通。广州地铁的运营里程现为 236 km，是中国第三大城市轨道交通系统，票价按里程分段计价。起步 4 km 以内 2 元；4 ~ 12 km 范围内每递增 4 km 加 1 元；12 ~24 km 范围内每递增 6 km 加 1 元；24 km 以后，每递增 8 km 加 1 元。广州地铁车厢内报站提示依次分别使用普通话、粤语和英语。

➡ 发展概况：广州地铁的开通线路有 1 号线、2 号线、3 号线（包括机场南至体育西路和天河客运站至番禺广场两条支路）、4 号线、5 号线、8 号线以及珠江新城旅客自动输送系统。此外，广州地铁仍然是广佛地铁的实际建设及运营者，并由此间接成为佛山地铁一号线（即佛山境内魁奇路至金融高新区区间）的运营商。广州地铁已经成为广州市民最主要的交通工具之一，日均客流约为 480 万人次，并在亚运免费期以 784.4 万人次的峰值打破全国纪录，为解决交通堵塞的问题，广州地铁仍在进行大规模的扩建工程，正在建设的线路包括 6 号线、9 号线、广佛线后通段。经过数次修订，广州地铁的远期规划长度已达 751 km。广州地铁（含 APM 线和广佛线）大部分线路及车站都是建在地下，其中也有例外，4 号线往南沙方向的后 8 座车站全为高架站，1 号线有两座车站为地面车站，5 号线有两座车站为高架车站。

➡ 发车间隔：高峰时段 1 号线为 3 min，2 号线为 3.5 min。

➡ 售检票方式：单程票、羊城通卡、储值票；自动售检票。

➡ 票制结构：按里程分段计价。

➡ 与其他交通系统的连接：羊城通卡也可乘坐公共汽车及无轨电车。

哈尔滨

 993.5 万人（2012 年）。

 公共汽车、无轨电车和小公共汽车。

➡ 现状：已经计划 1 号线地铁网的第一阶段，共 14.4 km，长 16 个车站。运营线从哈尔滨东火车站到城市西部的哈尔滨医科大学第二附属医院。耗资将达到 6.43 亿美元。

➡ 发展概况：国务院已经批准现在的计划。1 号线的第一阶段建设已经开始。1 号线的第二阶段从哈尔滨医科大学第二附属医院到哈尔滨火车南

站共 3.07 km。3 号线第一阶段从和兴路到涡轮机工厂（7.1 km）。3 号线的第二阶段为 20.95 km，17 个车站。

南 京

800 万人。

由市政府经营的公共汽车及无轨电车运输服务，地铁。

南京地铁公司

- 运营模式：地铁。
- 日客运量：102.5 万人次。
- 线路长度：85 km。　　➔ 隧道：10.6 km。
- 线路数量：2 条。　　　➔ 车站：16 座。
- 轨距：1 435 mm。
- 供电方式：750V DC，第三轨供电。
- 背景：南京地铁项目规划工作于 1984 年启动，先后历经多次调整修改。新确定的南京轨道交通线网规划为 17 条线，总长度达到 617 km。目前地铁 1 号线一期工程已完成建设，2005 年 5 月至 8 月进行了观光运行，8 月 12 日开始载人模拟试运行，9 月 3 日开始正式试运营。地铁 2 号线一期工程也于 2002 年 8 月经中华人民共和国国务院总理办公会批准立项，2005 年 12 月开工建设试验段，2006 年全线开工建设。2010 年 5 月 28 日开始，南京地铁开通了地铁 1 号线一期、地铁 1 号线南延线、地铁 2 号线一期、地铁 2 号线东延线。
- 发展概况：2005 年 9 月，南京地铁 1 号线正式投入商业运营，南京成为内地第 6 个、世界上第 136 个拥有地铁的城市；地铁 2 号线也于 2010 年 5 月开通商业运营。目前，南京地铁有地铁 1 号线、地铁 2 号线等共 57 座车站（含 3 座换乘车站）进行商业运营，总里程达到 85 km；所有的运营线路都使用阿尔斯通 Metropolis 系列 A 型车，每列 6 辆编组的宽体列车载客。
- 车辆：120 辆。
- 首/末车时间：
  1 号线：5:42/23:18；
  2 号线：6:00/23:00。

➡️ 车票种类：单程票，纸质票、金陵通卡、限期计次卡。

上海

 人口　2 347 万人（2011 年）

 公共交通　城市国有公司提供公共汽车、无轨电车、渡船。有一条公共汽车线路和一条无轨电车通过两条河下隧道并有两条汽车线穿过新黄浦大桥。

 地铁

上海地铁公司

➡️ 职工数量：2 700 人。

➡️ 运营类型：地铁于 1995 年投入运营。

➡️ 日均客运量：600 万人次。

➡️ 线路长度：420 km。　　➡️ 线路数量：11 条。

➡️ 车站数量：288 座。

➡️ 轨距：1 435 mm。

➡️ 轨道：60 kg/m 钢轨，地面部分为有砟道床，混凝土轨枕，隧道部分为混凝土道床。

➡️ 最大坡度：3.2%

➡️ 最小曲线半径：300 m。

➡️ 供电方式：1 500 V DC，接触网供电。

➡️ 背景：上海轨道交通，又称上海地铁，其第一条线路于 1995 年 4 月 10 日正式运营，是继北京地铁、天津地铁建成通车后中国内地投入运营的第三个城市轨道交通系统，也是目前中国线路最长的城市轨道交通系统。截止 2011 年 6 月 30 日，上海轨道交通线网已开通运营 11 条线、288 座车站，运营里程达 420 km（不含磁浮示范线）。另有全线位于世博园区内，仅供世博园游客和工作人员搭乘的世博专线。上海地铁近期及远期规划将达到 510 km 和 970 km。

➡️ 现状：

轨道交通 1 号线运营区间：富锦路—上海火车站—莘庄。其长约 37 km，共设 28 座车站，是一条纵贯上海南北走向的交通大动脉。

轨道交通 2 号线运营区间：徐泾东—淞虹路—浦东国际机场。长约 68 km，共设 30 座车站，是一条横贯上海市区、连接浦江两岸的东西向线路。

轨道交通 3 号线运营区间：上海南站—长江南路—江杨北路。其长

约 40.5 km，共设 29 座车站，是一条环绕中心城区以高架为主的地铁线路（铁力路站为地下车站）。

轨道交通 4 号线环线：其长约 33.6 km，共设 26 座车站，与轨道交通 3 号线接轨成环。

轨道交通 5 号线运营区间：闵行开发区—莘庄。其长约 17 km，共设 11 座车站（除莘庄站为地面车站，其余 10 座为高架车站）。

轨道交通 6 号线运营区间：港城路—东方体育中心。其长约 36 km，共设 28 座车站（其中高架车站 8 座，地下车站 20 座）。

轨道交通 7 号线运营区间：美兰湖—上海大学—花木路。其长约 37 km，共设 32 座车站，是上海轨道交通网络中一条南北向的骨干线。

轨道交通 8 号线运营区间：市光路—航天博物馆。其长约 41 km，共设 30 座车站。在人民广场与 1、2 号线形成大型轨交换乘枢纽，并且往航天博物馆方向的列车两边车门同时开启，在西藏南路站与 4 号线形成立体 "十字" 交叉换乘。

轨道交通 9 号线运营区间：松江新城—杨高中路。其长约 46 km，共设 23 座车站，是上海轨道交通网络中重要的市域级骨干线路。

轨道交通 10 号线运营区间：虹桥火车站 - 新江湾城（支线：航中路—新江湾城）。其长约 36 km，共设 31 座车站。

轨道交通 11 号线运营区间：嘉定北—江苏路（支线：安亭——江苏路）。其全长约 66.5 k m，投入运营车站 20 座。

● 发展概况：

轨道交通 11 号线北段二期全部为地下线，是连接上海市西北地区、中心城、浦东新区的一条主干线。北段二期全长约 21 km，线路途经长宁区、徐汇区、浦东新区 3 个行政管辖区，共设 13 座地下车站，分别为上海交通大学站、徐家汇站、上海体育馆站、龙华站、云锦路站、石龙路站、东方体育中心站、三林站、东明路站、浦三路站、严御路站（预留）、御桥站、罗山路站。

轨道交通 12 号线工程为纵贯中心城区 "西南—东北" 轴向的重要主干线。全长约为 40 km，线路途经上海市的闵行区、徐汇区、卢湾区、静安区、闸北区、虹口区、杨浦区及浦东新区，共 8 个行政管辖区。共设 32 座车站，全部为地下站，分别是七莘路站、虹莘路站、顾戴路站、东兰路站、虹梅路站、虹漕路站、桂林公园站、漕宝路站、龙漕路站、龙华路站、船厂路站、大木桥路站、嘉善路站、陕西南路站、南京西路站、汉中路站、曲阜路站、天潼路站、国际客运中心站、提篮桥站、大连路站、长阳路站、宁国路站、隆昌路站、内江路站、复兴岛站、利津路站、巨峰路站、杨高北路站、金京路站、申江路站和金海路站。

轨道交通 13 号线一期工程为纵贯中心城区"西北—东南"轴向的重要主干线。一期工程全长约为 16 km，线路途经上海市嘉定、普陀、闸北、静安 4 个行政管辖区。共设 14 座车站，全部为地下站，分别是华江路站、金沙江西路站、丰庄站、祁连山南路站、真北路站、大渡河路站、金沙江路站、隆德路站、武宁路站、长寿路站、江宁路站、汉中路站、自然博物馆站、南京西路站。

轨道交通 16 号线工程线路长约 59 km，共设 13 座车站，分别为龙阳路站、华夏西路站、罗山路站、周浦东站、航头社区站、航头站、新场站、野生动物园站、惠南站、浦东火车站站、临港新城北站、沪城环路站、临港新城站。线路走向为：浦东新区龙阳路站—沿罗山路、规划罗南大道（S3）—规划航三公路—人民西路—拱极路—穿川南奉公路、远东大道—折向平行浦东铁路东侧南行—跨越大治河—折向临港大道—终点临港新城站。

◉发车间隔：高峰时段 4.5 ~ 5 min。

◉首/末车时间：

1 号线：05:30/22:30;	7 号线：05:30/22:00;
2 号线：05:30/22:30;	8 号线：05:30/22:30;
3 号线：05:30/22:30;	9 号线：05:30/22:30;
4 号线：05:30/22:00;	10 号线：05:30/22:00;
5 号线：06:00/22:30;	11 号线：05:37/21:55;
6 号线：05:30/22:30。	

◉票制结构：计程制，3 ~ 8 元，票种分为单程票、一卡通和旅游纪念票。

◉检票方式：全自动 AFC 系统。

◉信号：ATC、ATS 及 ATO。

沈阳

 822.8 万人（2011 年）。

 公共汽车、无轨电车、地铁。

 沈阳地铁公司

➡ 运营类型：地铁。

➡ 现状：2010 年 9 月 27 日上午，沈阳地铁 1 号线正式通车，成为全国第七座、东北首座拥有地铁的城市。截止 2012 年元旦共有两条线路、41 座车站在运营中。

➡ 发展概况：近期规划的四条线路全长 104 km，预计于 2018 年建成后，形成一横两竖双 L 格局，加上 1、2 号线，共有 154 km 的轨道交通线路。

➡ 估算投资：1、2 号线约 21.1 亿美元。

天 津

 1 413 万人（2012 年）。

 国有公司分别经营公共汽车、无轨电车和地铁。

 天津地铁公司

➡ 运营类型：地铁，于 1980 年开通。

➡ 线路长度：79.6km。 ➡ 线路数量：2 条。

➡ 车站数量：41 座。 ➡ 轨距：1 435 mm。

➡ 轨道：50 kg/m 钢轨，混凝土轨枕。

➡ 最大坡度：3%。 ➡ 最小曲线半径：300 m。

➡ 供电方式：1 500 V DC，第三轨供电。

➡ 发车间隔：高峰时段 5 min，非高峰时段 8～10 min。

➡ 首/末车时间：

　1 号线：06：00/22：43；

　9 号线（京滨轻轨）：06：00/21：53。

➡ 票务票制：人工售票，计程制票价。

➡ 信号：自动闭塞。 ➡ 车辆：24 辆长春客车公司的 BJ-111。

➡ 现状：天津地铁始建于 1970 年 4 月 7 日，天津是继北京后中国第二个建设城市轨道交通系统的城市。地铁工程由于中国当时实行的停缓建政策，再加上天津资金限制被迫停建。1981 年重新启动地铁建设，于 1984 年 12 月 28 日建成通车（最初一段于 1976 年开通），2001 年 10 月 9 日停止运营，进行既有线改造，改造工程于 2002 年 11 月 21 日正式开工，并于 2005 年 12 月 28 日建成通车。截止到 2011 年 5 月，天津地铁已经开通 1 号线及 9 号线两条线路中的部分线路。

➡ 发展概况：规划确定中心城区轨道交通线网规划方案为环形放射式结构，共由 9 条线组成，其中有 5 条放射线、2 条半环线（组成一条封闭的环线）、2 条外围半环线，线网长度 235 km，线网密度 0.54 km/km^2。

武汉

 1 012 万人（2012 年）。

 武汉是湖北的省会，有 8 494 km^2 的区域，包括三个镇：武昌、汉口、汉阳。武汉公共交通包括了公交汽车、轮渡、武汉轨道交通和出租车。

武汉公交发展至 2010 年，已有公共汽（电）车近 7 000 辆，平均线长 19.9 km，行程 20 km 以上线路有 114 条，公汽（普线、专线）线路有 277 条。武汉公交中普线线路 55 条（城区普线 35 条、普线电车 7 条和郊区普线 13 条）、专线线路 200 条（城区专线 166 条、远城区专线 12 条、郊区专线 22 条）包括通宵线路 5 条，另有旅游线路 6 条及小型巴士线路 12 条。2009 年东西湖区开辟了 H 开头的惠民线路 4 条，已方便 24 万人次出行。

 武汉地铁公司

➡ 运营类型：地铁和轻轨，于 2004 年开通第一条线。

➡ 日均客运量：22 万人次。　　　➡ 线路数量：1 条。

➡ 线路长度：28.87 km。　　　➡ 车站数量：25 座。

➡ 现状：2000 年，武汉轨道交通公司（现为武汉地铁集团）成立。2000 年底，投资 21.99 亿元、总长约 10 km 的一期工程正式开工，2003 年年底具备试通车条件，2004 年 7 月投入试运营。市政未来规划的轨道交通网有 12 条线路。除 1 号线吴家山至堤角为轻轨外，其他 11 条线路都是地铁。2006 年至 2009 年，1 号线二期、2 号线、3 号线、4 号线（一期和二期）相继开建，1 号线二期已全线贯通，已于 2010 年 7 月通车，2 号线将于 2012 年年底完工，4 号线一期计划于 2013 年完工，4 号线二期和 3 号线计划于 2014 年完工。

➡ 发展概况：目前 8 号线已启动前期勘探设计，并已在 2010 年投入建设，

计划于 2016 年建成。6 号线和 7 号线已启动前期工程，计划将在 2017 年建成。

➲ 列车：B 型 4~6 节编组。

➲ 订购：1 号线二期 84 辆 B 型车，2 号线订购和 4 号线分别订购 180 辆和 90 辆。

➲ 发车间隔：高峰 4.5 min，非高峰 6 min。

➲ 首/末车时间：6:00/22:00。　　➲ 票制：分段计价。

西安

 846.78 万人（2010 年）。

 公共汽车和无轨电车覆盖城市及郊区。无轨电车连接市区与卫星城镇。还有一些由国铁承担的郊区线。

 ➲ 现状：西安地铁是陕西省西安市的城市轨道交通系统。1994 年，西安市人民政府在《西安城市总体规划（1995—2010 年）》中，首次正式提出兴建 4 条城市轨道交通线路，长度 73.17 km。这项规划于 1999 年获得国务院的批复。2004 年 2 月，在重新编制的《西安市城市快速轨道交通线网规划》中，市政府将轨道交通线网的远期规划，增加到 6 条线路，总长 251.8 km。首条开通线路 2 号线已于 2011 年 9 月 16 日正式通车试运营。

香港
中华人民共和国
香港特别行政区

 707 万人。

 香港多模式公共交通系统每天运送超过 1 100 万乘客。2008 年，特许公共汽车运送了 387 万乘客，铁路服务（包括香港电车轨道）承载了 419 万乘客。其余的乘客由迷你公共汽车、出租车、渡船和辅助客运系统服务。

　　HKSAR 政府控制的运输局从运输委员会上获得建议。除了铁路和有轨电车系统，其余所有的公共交通运营都是在运输部的直接监管下。并于 1999 年发布了第三个综合运输研究最终报告。这包括之前扩大运输基础设施的政策，扩大和改进公共运输和规划道路用途的政策。更具体地说，现在更强调整体运输和土地使用规划，更好地利用铁路作为公共交通系统的主体，提高公共运输服务能力和设施水平，在运输管理和环境保护升级方面开发先进技术。

半私有化的 MTR 有限公司运营着一个协调性好的城市地区铁路网，New territories and lantau 岛还有一个连接香港国际机场的特快列车。在 new territories 的西南方有轻轨服务以及与轻轨系统衔接的公共汽车支线。私有化部分的公司运行着香港岛的电车轨道和索道铁路。

随着铁路系统的扩大，香港于 2002 年发行了它的第二个铁路发展战略。包括了六个新的铁路客流项目的完成、交通发展的项目及项目方案的衔接计划。这六个新的客运铁路为：

Kowloon southern link（KSL）——西部铁路从 Nam Cheong 站到东部铁路 East Rail East Tsim Sha Tsui 站的扩大。KSL 的工作已经开始。

Shatin to Central Link（SCL）——新的铁路通道从 Tai Wai 到 Central 包括 East Kowloon Line，Tai Wai 到 Diamond Hiu Line 和 Fourth Rail Harbor Corssing。

West Island Line（WIL）——MTR（港铁）从 Sheung Wan Town 到 Kennedy。

South Island Line（SIL）——MTR（港铁）延长到 Southern District。

North Hong Kong Island Line（NIL）——沿着 Hong Kong Island 新南岸在 MTR Hong Kong 站与 Fortress Hill 站之间，另外加一条铁路通道。

Northern Link/广州—深圳—香港快速铁路线的香港部分（NOL/ERL）—NOL 将连接西部铁路的 Kam Sheung Rode 站到 Lok Ma Chau 边界，ERL 运行从 West Kowloon 新的终点到 Lok Ma Chau 的边界，目的是为了连接 ERL 的主要部分。

铁路系统是最大的载客交通工具。五个经营者已经在营业地区被授予了特权用以经营公共汽车服务。

包括铁路运营商和特许公共汽车运营商，所有的主要公共交通运营商现在都接受了用 Octopus 智能卡系统的付费方式。

香港特别行政区政府许可 16 座公共小汽车（PLBs）和出租车提供公共交通服务的补充，同时，这些交通中的"居民服务"项目被准许服务于特别的住宅发展中。

为了改善空气质量，从 2006 年开始，香港特别行政区政府要求所有的新式注册车辆要达到欧 4 排放标准。2001 年 2 月起，所有的特许公共汽车经营者已经转为用超低硫柴油燃料。从 2001 年起新的出租车已经用了 LPG 燃料。

香港特别行政区政府也已经启动了两个津贴计划来鼓励柴油小公共汽车（PLBs）拥有者转为使用 LPB 或利于环保的欧 4 柴油。

港铁有限公司（MTR）

➡ 职工数量：约 12 200 人（2009 年 8 月）。

➡ 运营类型：地铁、轻轨和城际铁路，于 1979 年开通第一条。

➡ 日均客运量：

2004 年 84 200 万人次；

2005 年 86 600 万人次；

2006 年 87 600 万人次；

2007 年 94 500 万人次（包括公共汽车 94800 万）；

2008 年 145 000 万人次（包括公共汽车 148 500 万）。

➡ 列车走行公里：13 000 万（2004 年）；

13 200 万（2005 年）；   13 600 万（2006 年）；

14 900 万（2007 年）；   27 500 万（2008 年）。

➡ 线路长度：218.2 km。   ➡ 隧道部分长度：79.6 km。

➡ 高架部分长度：138.6 km。   ➡ 线路数量：11 条。

➡ 车站数量：152 座。   ➡ 轨距：1 435 mm。

➡ 最大坡度：6.5%（LRL）。   ➡ 最小曲线半径：300 m。

➡ 隧道：单轨、双轨隧道，明挖、钻井和爆破。

➡ 供电方式：1.5 kV DC，接触网供电的线路有 KTL/TWL/ISL/TKL/TCL/DRL；25 kV AC，接触网供电的线路有 ERL/WRL/MOL；720 V DC 供给 LRL 线路。

➡ 背景：成立于 1975 年的 The Mass Transit 铁路公司运营着香港地铁系统。在 2000 年 6 月，重组了 MTR 有限公司。2000 年 10 月在公有资产部分私有化之后，政府拥有 76.7% 的公司资产。从 2000 年 6 月开始公司有 50 年的独有特权。

➡ 现状：MTR 运营着 9 条主要上下班线路——Kwun Tong Line（KTL）、Tsuen Wan Line（TWL）、Island Line（ISL）、Tseung Kwan o Line（TKL）、Tung Chung Line（TCL）、Disneyland Resort Line（DRL）、East Rail Line（ERL）、Ma on Shan Line（MOL）、West Rail Line（WRL）和 Light Rail Line（LRL），这些线都在新界。MTR 也运营管理机场快轨（AEL），这条线连接香港国际机场和中心商业地区，MTR 还提供北京、上海和广东等中国内地的主要城市。MTR 也提供在新界来往的支线公共汽车服务。

➡ 发展概况：MRT 公司合并了香港特别行政区政府拥有的铁路运营者 Kowloon-canton 铁路公司，2007 年 12 月 2 日在香港合并铁路网并运行管理。

➡ 车辆：KTL/TWL/ISL/TKL/TCL/DRL：994 辆

AEL：88 辆；　　　　　　　　　　EAL：444 辆；

WRL：196 辆；　　　　　　　　　　MOL：64 辆；

LRL：119 辆。

城际铁路列车：2 节动力 + 12 组车辆。

➡ 车型：

Metro-Cammell（1979/81）；　　　　　Metro-Cammell（1979/81）；

Metro-Cammell（1981/84）；　　　　　Metro-Cammell3094（1981/85）；

Metro-Cammell（1984）；　　　Metro-Cammell（1986）；

Comeng phase1 LRV（1978）；　　　Metro-CammellK01（1987/88）；

Metro-Cammell（1989）；　　　　　Metro-CammellK03K05（1989/91）；

Comeng phaseII LRV（1992）；

GEC Alsthom（1994/95）；

United group phaseIII LRV（1997）；

GEC Alsthom（1997/98）；

Adtranz/CAF Airport Express（1997）；

Adtranz/CAF Lantau（1997）

Itochu/Kinki Sharyo/Kawasaki（IKK）SP1900（2000/01）；

Mitsubishi-Rotem Consortium（2002）；

Itochu/Kinki Sharyo/Kawasaki（IKK）SP1950（2003）；

Itochu/Kinki Sharyo/Kawasaki（IKK）SP1900emu（T1-T28）（2003/07）；

Mitsubishi-Rotem Consortium（2006）；

Itochu/ABB Consortium 城际列车。

➡ 高峰运行车辆数：

AEL：968 辆；　　　　　　　　　　EAL：372 辆；

WRL：182 辆；　　　　　　　　　　MOL：52 辆；

LRL：116 辆。

➡ 发车间隔：高峰时段 2 min，非高峰时段 4 ~ 12min。

➡ 首/末车时间：06：00/01：00。

中国 China

- 票制：计程制，单程票及储值票。联合储值票可乘坐城市公共汽车、新世界第一公共汽车和渡轮、星渡轮、KMB、绿色和红色的迷你公共汽车以及 HKUST/HKU 的校车和高峰有轨电车。
- 收费：所有车站均设有 AFC。
- 运营成本的财政收入：票款收入为 67%，其他商业收入 33%。
- 单司机操作：除了 DRL 的所有列车。
- 自动控制：所有线路（车辆段除外）。
- 监控系统：站台及大厅设有 CCTV。
- 站台屏蔽门：全高度屏蔽门安装在所有地下站并配有空调。半高屏蔽门安装在太阳湾站和迪斯尼站，并建在地上便于自然通风。

高雄

 150 万人，大都市地区 300 万人（2006 年统计）。

 市公共汽车管理局提供市内公共汽车运营服务，在高雄县地区和都市的私营公司是个体运输，乘客搭乘和乘客下车具有一定限制条件。计划建设轻轨。

 高雄捷运公司（KRTC）

- 运营类型：地铁。
- 现状：高雄捷运是一个两条线路的网络，全长为 42.7 km，有 37 座车站和 3 个车辆段，是公共私营合作建设工程。

  主要经营人（高雄捷运公司、中国台湾钢铁公司领导的联合集团）负责工程设计和经营期间的线路运营（全部经营时间为 36 年）。

  高雄捷运公司的线网由红线和橙线组成。2001 年开始动工。红线长 28.3 km，23 座车站；橙线长 14.4 km，14 座车站，线路走向为东—西方向。
- 发展概况：2007 年年底运行红线和橙线。还有一个远期线路计划，即计划修建轻轨系统，这是一条环线，长 19.6 km，有 32 座车站。2004 年，高雄市政府和西门子 AG 公司在中心公园建造了一个有 2 座车站的环行轻轨系统。

台 北

市区 263 万人，城镇 680 万人，大都市区 960 万人（2006 年统计）。

市公共汽车局和台北市政府规定的私营组织和公司在指定地区提供公共汽车运输服务，台湾铁路局提供郊区铁路运输服务，地铁和大众捷运系统。

运营单位：台北捷运公司（TRTC）

○ 年客运量：（所有线路）

35 010 万人次（2004 年）；	36 070 万人次（2005 年）；
38 390 万人次（2006 年）；	41 620 万人次（2007 年）；
41 620 万人次（2008 年）。	

○ 年客运量：（中运量系统）

3 170 万人次（2004 年）；	3 140 万人次（2005 年）；
3 150 万人次（2006 年）；	3 380 万人次（2007 年）；
3 530 万人次（2008 年）。	

○ 年客运量：（快速运输系统）

31 840 万人次（2004 年）；	32 930 万人次（2005 年）；
3 5240 万人次（2006 年）；	38 240 万人次（2007 年）；
41 460 万人次（2008 年）。	

○ 背景：1994 年 7 月，台北快轨运输公司（TRTC）成立，经营台北地铁系统。

1996 年，开通第一条中运量系统木栅线，接着于 1997 年开通快轨系统淡水线，1988 年开通中和线和新店线北段。1999 年，开通新店线剩余的区段，连接台北都市区南—北线。同年板桥线开始运营（龙山寺—西门）和南港线（西门—台北市大厦），连接这个地区东—西线路。

2000 年，Panchiao 延伸线到新埔车站完工，南港全线开通运行。2004 年，开通了作为新店线的小碧潭支线。2006 年，板桥线第二段和土城线从新埔站到永宁站完工。

2007 年 7 月，Maokong Gondola 是台北第一个 gondola 系统，台北市政府验收系统后，由台北快轨运输公司负责运营。gondola 系统长 4.03 km，有 4 座旅客车站和 2 座辅助车站，gondola 可在此处改变线路方向。

→ 现状：全部工程是快速轨道系统部门（DORTS）方面负责。

目前台北快轨运输公司（TRTC）运营8条线路：木栅线（棕）、淡水线（红）、中和线（橙）、新店线和小南门支线（绿）、南港线、板桥线和土城线（蓝）。

→ 发展概况：目前，系统计划包括（由DORTS管理）：

芦州线：长6.4 km，于2010年年底开始正式运营。

新庄线：长19.7 km，于2010年年底开始正式运营。

南港东延伸线：长2.5 km，于2010年年底开始正式运营。

信义线：长6.4 km，于2011年年底开始正式运营。

松山线：8.5 km，于2012年年底开始正式运营。

2006年，板桥线第二段和土城线从新埔站到永宁站完工。

由于gondola新系统的运行，台北快轨运输公司已经进入一个运营的新时代，把地铁和gondola系统结合在一起运行。

内湖线，长14.8 km，有12座车站，于2009年7月开始正式运营。

→ 车辆：台北市地铁有2种类型的车辆。在木栅线运行的中运量运输系统为无人驾驶，有76.5辆车运行。在其他线路的快轨系统有84.5辆车运行（如淡水、中和、新店、南港、小南门和土城线）。有关数据如下：

表　1

车辆系统	中运量运输系统	大运量快轨系统
车辆数量	76.5辆	84.5辆
列车编组	4节	6节
车厢座位	80个	352个
最大设计速度	80 km/h	90 km/h

表　2

	线路	长度/km	车站数量	开通日期
中运量运输系统	木栅线（棕）	10.5	12（高架）	1996年
	内水线（棕线延伸线）	14.8	12（高架10,地下2）	2009年

续上表

	线路	长度/km	车站数量	开通日期
大运量快轨系统	淡水线(红)	23.5	22(高架11,地面2,地下6)	1997 年
	中和线(橙)	5.4	4(地下)	1998 年
	新店线(绿)	11.2	12(地下)	1998/1999/2004/2008 年
	南港线(蓝)	10.9	11(地下)	1999/2000 年
	板桥线(蓝)	7.2	5(地下)	1999/2000/2006 年
	小南门支线(绿)	1.6	1(地下)	2000 年
	土城线(蓝)	5.5	4(地下)	2006 年
总共		90.6	82	

➪运营类型：公共快速运输（MRT）。

➪背景：1987 年 2 月，在台北市政府管辖内成立快速轨道部门（DORTS），负责检查台北都市区快速轨道系统计划、设计和施工。这个部门包括 6 个分部门，负责计划、设计和工程部分；8 个行政办公室；一个系统范围的电力和机械项目办公室；东、北、南和中部 4 个地区的项目办公室。

➪现状：目前有 8 条运营线路，木栅、中和、新店（包括小碧潭支线）、板桥、小南门、南港、土城等线路，全长 76.6km，有 69 座车站。

➪发展概况：联合发展包括公共和私有方面特性，是为了充分利用临近公共快速运输车站和车辆段地区开发房地产。要创造条件让土地持有者在土地发展中得到利益，投资者从投资中得到回报，台北市政府可以使用需要的土地来完成公共工程项目。沿着公共快速运输网络线路，有 72 项联合项目正在进行，已完成了 27 项，22 项在建，目前有 13 项在设计中，有 10 项正在寻求投资和准备工作。

➪值得关注的工程：

三重——台湾桃园国际机场进入公共快速运输系统的台北车站。

台湾桃园国际机场进入公共快速运输系统的台北市区段工程，于 2007 年 4 月 25 日开始施工。工程大部分在地下施工，在台湾第一次采用 DOT（双-O-隧道）方法，是对盾构隧道区段的最大挑战。相信这项工程可以成为一个标志，表示最先进的盾构隧道技术已经用于台湾地区工程。当 2013 年线路完工时，从台北车站到台湾桃园国际机场仅仅需要 35 min 的旅行时间。届时，乘客在台北车站（A1）就可以完成检查行李和登机

通行证。台北将成为世界上第三座具有这种多功能形式的公共快速运输城市。

芦州线穿越区段的液压桩沉箱工程方法：

在芦州线路区间合同 CL700A 中，因为工程地点设有垂直工程竖井，位置极其狭窄并位于人口最密集的区域，在地下通过区段工程中使用液压桩沉箱工程方法。这种施工方法能防止损害临近的建筑物并能固定地下结构。在芦州线通过区段应用沉箱法，它是台湾地区工程中第一个成功的沉箱法工程。工程横越地下现有的台湾铁路和台湾高速铁路。

松山公共快速运输线的盾构隧道在塔城街区段结束，并与在塔城街地下的盾构隧道的上下行轨道相遇。在一座隔墙和 2 座 Soil Mix Walls（SMW）建筑物的 60°的位置，松山公共快速运输线穿过台湾铁路系统和台湾高速铁路，线路已经完成安装。沿着工程地点有 2 个运营系统，这个区段的工程，限定了对土地改造要进行石灰灌浆处理，在隧道使用盾构机之前，保留和清除建筑物，对工程来说是最困难的挑战。

内湖线：

轨道工程完成后，安装电力和机械系统、电站，2008 年 8 月 4 日，内湖全线试运营，于 2009 年正式运营。

第一阶段（公共快速运输线完工）

目前运行的木栅、新店、中和、淡水、南港、板桥、小南门和土城线路，全程 76.6 km，有 69 座车站。线路网络每天运行 122 万人次。

第二阶段（批准公共快速运输线）

公共快速运输线的第二阶段工程进展顺利。下一个 7 年多的时间，公共快速运输线将延伸到 79.7 km，另外增加 66 座车站。增加线路有内湖线、南港东部延伸线、新庄线、芦州线、信义线、松山线、三重—台湾桃园国际机场进入公共快速运输系统的台北区段，环线 1 段和土城线延伸到顶埔。到 2015 年，这些线路全部开通时，预计平均每天客运量达到 230 万人次。

第三阶段（计划线路）

计划 121.5 km 线路包括南—北线、民生—汐止线、信义延伸线、安坑线、三莺线、万大—中和—树林线，社子、士林和北投轻轨线，环线的南—北区段，预计延伸台湾公共快速运输网络线将达到 270 km，每天客运量将达到 360 万人。

暂时确定的线路完工计划

即公共快速运输线的第二阶段工程。2009 年 7 月，南港东部延伸线的部分线路和内湖线已经正式运营。2010 年年底，南港东部延伸线全部完工。芦洲线和新庄线分别于 2010 年、2011 年、2012 年分段开始正式运营。2012 年，信义线完工。2013 年，完成松山线、台湾桃园国际机场进入公共快速运输系统（三重到台北区段）、土城线延伸到顶埔的工程，2015 年，完成环线 1 段工程。

格鲁吉亚
Georgia

第比
利斯

 城市 110 万人。

 公交服务和缆车，由市政事业团体运营（第比利斯交通有限公司）；另外还有私有固定线路小巴和出租车以及地铁运营。

 第比利斯地铁有限公司（第比利斯地铁）

➜ 职工数量：2 750 人（估计）。

➜ 运营类型：全地铁运营，首条线路于 1966 年开通。

➜ 日均客运量：（日常）300 000 人次（估计）。

➜ 线路长度：26.4 km。 其中地下长度：16.4 km。

➜ 线路数量：2 条。 ➜ 车站数量：22 座。

➜ 轨距：1 524mm。 ➜ 最大坡度：4%。

➜ 最小曲线半径：400 m。 ➜ 供电方式：825V DC，第三轨供电。

➜ 发展概况：地铁目前正处于改造阶段，包括车站和列车。已经重新改造 8 座车站，并计划在不远的将来再重新改造 2 座车站。在 2007 年年底，52 节车为新型列车，预计所有车的新式化改造完成日期是 2010 年。

2007 年初将引进无接触性智能卡。

1 号线延长至大学，线路三分之一长度的第一段正在建设中，完成日期尚未确定。

➜ 车辆：156 辆车运营（总计 199 辆）。

Mytischy/Tbilisi E60 M156。

➜ 运行间隔：高峰时段 2.5 min，非高峰时段 4 min。

➜ 首/末车时间：06:00/24:00。

➡️票制结构：单一票制。

➡️检票方式：通过代用币或智能卡。

➡️信号：列车自动停站；中央控制系统与列车之间无线通信。

➡️监管：车站闭路电视。

哈萨克斯坦
kazakhstan

阿拉木图

 城市人口为 135 万人（2008 年）。

 公共汽车、无轨电车和有轨电车分别由市政部门管理运营，还有很多私营公司运营公共汽车。地铁在建设中。

 Almatymetrokurylys JSC

➡ 职工数量：1 000 人。

➡ 运营类型：地铁（在建设中）。

➡ 现状：1985 年开始修建 3 条规划地铁线路中的第一条。第一阶段修建的地铁线路长度为 8.5 km，共设 7 座车站。

➡ 发展概况：2008 年 1 月，由 Hyundai Rotem 公司为地铁建设提供轨距为 1 520 mm 轨道的合同得到批复。这些轨道于 2008 年年底交货，届时有 7 列 4 节编组的列车运营。

4 座车站已经建设完成。最后的完成期限为 2010 年。

朝 鲜
Korea (DPRK)

平 壤

 人口 城市人口为 330 万（2008 年）。

 公共交通 无轨电车和有轨电车服务。地铁由政府部门负责运营。

 地铁

➡ 运营类型：全部为地铁，1973 年开通首条地铁线路。

➡ 日均客运量：700 000 人次。

➡ 线路长度：22.5 km。

➡ 线路数量：2 条。　　　　➡ 车站数量：17 座。

➡ 轨距：1 435 mm。　　　　➡ 轨道：混凝土道床。

➡ 隧道：最深处为 150 m，采用钻孔和爆破法挖掘，大多为单体洞。

➡ 供电方式：825V DC，第三轨供电。

➡ 现状：列车全部在隧道内运行，车站全部为很深的地下站。

➡ 车辆：168 辆车。

　车型：Kim Chong The works（1973）　　M48；

　Ex-BVG Berlin　　　　　　　　　　M120。

➡ 运行间隔：高峰时段为 2 min，非高峰时段为 5 ~ 7 min。

➡ 首/末车时间：05:00/23:00。

➡ 票制：单一票价。

➡ 检票方式：投入币自动闸机检票，人工监督。

➡ 信号：多色信号灯；CTC。

韩国
Republic of Korea

大丘

 城市人口：251 万人（2009 年）。

 公共交通由私营公司负责运营。地铁正在扩建。

 地铁

➡运营类型：全部为地铁，1997 年开通第一阶段的线路。

➡年客运量：（2008 年）5 089 万人次。

➡线路长度：53.9 km。

➡线路数量：2 条。

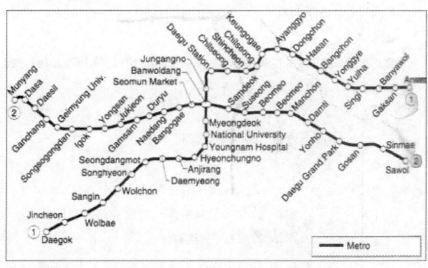

● 车站数量：56 座（Banwoldang 为换乘站）。

● 轨距：1 435 mm。

● 轨道：重量为 60 kg/m 的焊接轨道，铺设于混凝土路段。

● 隧道：箱体型 23.45 km，隧道型 4.15 km。

● 供电方式：1 500 V DC，接触网供电。

● 现状：1997 年 1 号线部分性线路开通，长度为 11.4 km，从 Wolbae 至 Daegu，1998 年 1 号线全线贯通运营。

　　1 号线连接市中心东边和西边的两个主要居住区。在东边商业区的主要韩国国家铁道铁路车站都设有乘客转车设施。

　　2002 年开通了从 Jincheon 至 Daegok 的 1 号线延长线。

　　2 号线从 Munyang 至 Sawol（29 km，26 座车站）的区段从 1996 年开始建设，2005 年 10 月修建完成。

● 发展概况：地铁系统远期发展的第一阶段，1 号线的延长线正在建设中，从 Ansim 到 Sabok，全长为 1.3 km。

● 车辆：64 列 6 节编组的列车（Hanjin/Siemens）。

● 运行间隔：高峰时段为 5 min，其他时段为 7 min。

● 首/末车时间：05:30/24:00。

● 票制结构：从自动售票机能够购买储值票、代用币自动检票系统设置在入口处。儿童票有优惠。

● 集中控制：4 个控制中心，ATC/ATO。

● 对老年人/残疾人的特殊服务：所有车站设有轮椅升降梯和盲文设施。

● 监控：一些区域设闭路电视系统。

仁 川

 人口　263 万人（2005 年）。

 公共交通　公共汽车由私营公司负责运营；地铁正在延伸经过 KORAIL 到达首尔。

仁川市政府交通运输局负责公共交通的规划管理。

 地铁　**仁川快速运输公司（IRTC）**

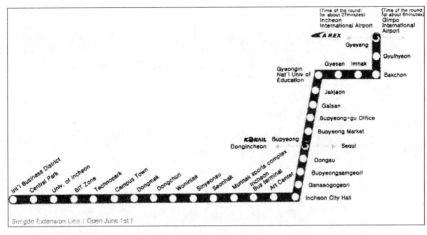

Songdo Extension Line (Open June 1st)

⮕职工数量：1 024 人。

⮕运营类型：全部是地铁，于 1999 年开通运营。

⮕日均客运量：

204 000 人次（2004 年）；   199 000 人次（2005 年）；

196 000 人次（2006 年）；   200 000 人次（2007 年）；

200 000 人次（2007 年）。

⮕线路长度：31.2 km。   ⮕隧道长度：29.4 km。

⮕线路数量：1 条。

⮕车站数量：29 座（27 座为地下车站）。

⮕轨距：1 435 mm。

⮕供电方式：1.5 kV DC，接触网供电。

⮕背景：1998 年公司注册成立。

⮕发展概况：仁川地铁 1 号线在 Bupyeong 站与首尔—仁川线相连。一条从 Gyulhyeon 至 Gyeyang 的延长线于 2007 年 4 月开通，这条线连接新的仁川机场铁路。

一条从 Dongmak 到国际商业区的延长线（6 座车站）于 2009 年 6 月开通，这条线连接 Songdo 国际城。

已经规划 2 条远期的线路。

⮕车辆：34 列 8 节编组的列车。

1998 年配置了 200 辆 Daewoo/Alstom 型列车。

2008 年配置了 72 辆 Hyundai-Rotem 型列车。

⮕运行间隔：高峰时段为 4.5 min，非高峰时段为 8.5 min。

⮕首/末车时间：05:30/01:00。   ⮕票制：分区设计价。

韩国

Repulbic of Korea

◗集中控制：控制中心，ACS，ATP。

◗对老年人/残疾人的特殊服务：所有车站设有盲文设施，为盲人提供声音引导系统；所有车站都有坡道和轮椅升降梯；每列车的第 3 节和第 6 节车厢设有轮椅和婴儿车。

釜 山

 360 万人。

 交通运输还在规划中，公共交通和运输管理由釜山城市交通运输管理局负责。公共汽车由私营公司负责运营。釜山交通运输公司负责运营地铁；轻轨正在建设中。

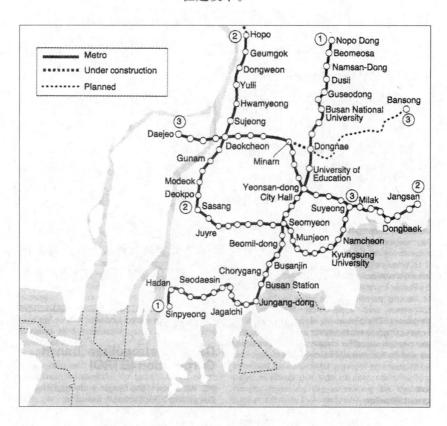

釜山交通运输公司

➡ 职工数量：2 600 人。

➡ 运营类型：全部是地铁，于 1985 年开通运营。

➡ 年客运量：31 800 万人次（2005 年）。

➡ 线路长度：95 km。　　　　➡ 线路数量：3 条。

➡ 车站数量：95 座。　　　　➡ 轨距：1 435 mm。

➡ 最小曲线半径：180 m。

➡ 供电方式：1.5 kV DC，接触网供电。

➡ 现状：釜山交通运输公司于 2006 年 1 月成立。

➡ 发展概况：2 号线二期从 Suyeong 至 Jangsan（6.8 km），于 2002 年开通。2 号线的延长线正在修建中，从 Hop'o 至 Bukjeong 11.3 km，设有 7 座车站，预计于 2012 年开通运营。

　　　3 号线一期从 Daejeo Suyeong 开始（18.3 km，设有 17 座车站），于 2005 年 11 月开通运营。3 号线向东至 Bansong 的分支线路正在修建中。

➡ 车辆：776 辆车，有 4 节编组、6 节编组、8 节编组及 10 节编组。

DC 列车

1 号线　　M270 T90；

2 号线　　M168 T168；

3 号线　　M40 T40。

➡ 运行间隔：高峰时间为 3.5min。

➡ 首/末车时间：05:00/00:40。

➡ 票制：分为 2 个区段，有单程票和学生优惠票。

➡ 检票方式：自动售票机卖票，有储值 Hanaro 和 Mybi 卡（非接触智能卡）；团体票优惠。

➡ 信号：ATO/ATC 设备。

➡ 运营成本资金来源：11% 来自票款收入。

➡ 对老年人/残疾人的特殊服务：老人、残疾退伍军人、使用相关 ID 卡的残疾人以及已确定"残疾等级"的残疾人能够免费乘坐地铁；所有地铁均设有轮椅升降机，机器设备上有盲文，10 座车站设有坡道。

Busan-Gimhae 轻轨运输有限公司（BGL）

➡ 运营类型：轻轨（在建设中）。

➡ 背景：Busan-Gimhae/Kimhae 轻轨运输有限公司是一家合资企业，其中

POSCO 占 49% 的股份，现代发展公司占 49% 的股份，SYSTRA 占 2% 的股份，三家公司共同运营 Busan-Gimhae/Kimhae 轻轨运输系统。这个项目的总体修建费用约为 97 380 亿韩元。

全自动高架系统的长度为 23.455 km，设有 18 座车站，计划于 2010 年 4 月开通运营。它能够将釜山地铁 2 号线、3 号线与 Gimhae 机场相连接。运输能力将为每日 176 000 人。

这个系统一旦修建完成能够转交给本地政府，运营最大年限为 30 年。

➲发展概况：2006 年 2 月，Busan Gimhae 轻轨运输有限公司为了 Busan Gimhae 轻轨运输举行了创新性的仪式。

Rotem 将会提供运营车辆、信号系统、供电装置、通信系统、车站设备和维修设备。

首 尔

 人口　城市 1 030 万人（2005 年），大都市区 2 300 万人。

 公共交通　公共汽车，包括 BRT 由私营公司运营，由政府部门监管。贯穿城市的地铁区段与 KORAIL 市郊线路联运。连接仁川的铁路正在建设中。

 地铁

首尔大都会地铁公司（SMSC）

➲职工数量：11 116 人。

➲运营类型：全部是地铁，1974 年开通第一阶段的地铁。

➲年客运量：

2007 年 14 亿人次；　　2000 年 14.2 亿人次；

2001 年 15.8 亿人次；

平均每天约 396 万人次。

➲列车走行公里：每天 64 000 车公里。

➲线路长度：134.9 km。　　➲线路数量：4 条。

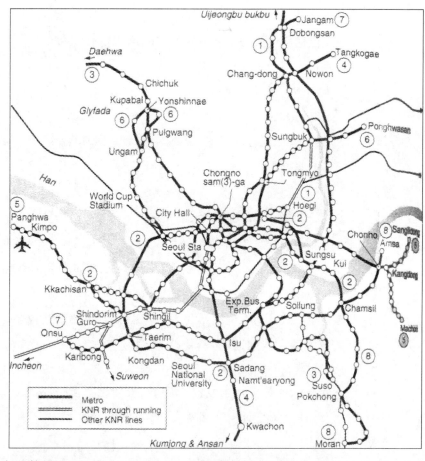

😊车站数量：117 座。　　　　　😊轨距：1 435 mm。

😊轨道：规格为 50 kg/m 或 60 kg/m 的轨道安装在枕木和碎石道床上；为了保护城市中具有历史性的东门和南门，轨道设有橡胶垫。

😊最大坡度：3.5%。　　　　　😊最小曲线半径：400 m。

😊隧道：明挖法；在东门和南门附近采用缓冲减震法挖掘。

😊供电方式：1.5 kV DC，接触网供电（KNR 市郊铁路的 1 号线和 4 号线采用双电压供电方式，25 kV 60 Hz 和 1.5 kV DC）。

😊发展概况：旧车的使用年限为 25 年。旧车可能出口到河内市和胡志明市。未来几年将会更换 65 辆车。

😊车辆：1 944 辆。

日立公司列车（1974 年）	M40 T20；
大宇公司列车（1977 年）	M24 T12；
大宇公司列车（1980 年）	M32；
现代公司列车（1982 年）	M24；

现代公司的列车（1983 年）   M100 T2；

美国通用电气公司公司列车（1984 年）M268 T134；

现代公司列车（1988 年）   M64 T68；

大宇公司列车（1990 年）   M138；

1991 年列车   M210；

1992 年列车   M144；

1993 年列车   M322；

其他公司列车   342。

☞ 运行间隔：高峰时段为 2.5 min，非高峰时段为 4～10 min。

☞ 与其他交通系统的连接：韩国铁路的仁川线和 Suweon 市郊线的列车与 1 号线贯通运营，并且能够到达 Sungbuk。同时，4 号线能够与韩国铁路的 Ansan 线和 Kwacheon 线贯通运营。

☞ 检票方式：所有地铁站和 51 座韩国国家铁路车站均设有 AFC 系统。

首尔大都会快速运输公司（SMRT）

☞ 职工数量：6 752 人。

☞ 运营类型：全部是地铁，于 1994 年开通首条线路。

☞ 日均客运量：80 300 万人次（2006 年）。

☞ 线路长度：152 km。   ☞ 线路数量：4 条。

☞ 车站数量：148 座。

☞ 轨道：规格为 60 kg/m 的轨道安装于木制轨枕和石砟道床上。

☞ 轨距：1 435 mm。

☞ 供电方式：1.5 kV DC，接触网供电。

☞ 现状：首尔大都会快速运输公司于 1994 年成立，负责运营地铁 5 号线、6 号线、7 号线和 8 号线，并与首尔大都会地铁有限公司共同承担首尔公共交通 35.6% 的客运量。

☞ 发展概况：公司计划到 2010 年建成一条连接 7 号线和仁川地铁 1 号线的线路，共设 9 座车站，长度为 9.8 km。这条线路将从 7 号线的 Onsu 站至仁川地铁 1 号线的 Pupyong-gu Office 站。

☞ 车辆：1 564 辆（6 节编组和 8 节编组）。

马来西亚
Malaysia

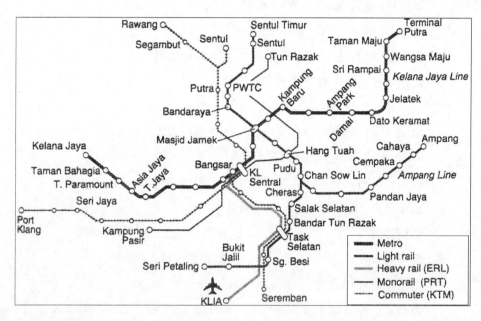

Metro
Light rail
Heavy rail (ERL)
Monorail (PRT)
Commuter (KTM)

吉隆坡

 城区 180 万人，大都会区 690 万人。

 在城市区域，公交服务包括由地区专营私人公司提供的经营迷你公交和政府许可的计程出租车，以及校车和厂车，市郊铁路、轻轨、迷你地铁、单轨铁路。

 Ampang 线（原为 STAR）。

➥运营类型：轻轨，于 1996 年首次运营。

➥年运量：（2006 年）4 900 万人次。

➥线路长度：27 km。

➥高架长度：9.4 km。　　　　➥线路数量：2 条。

➥车站数量：25 座。　　　　➥高架线路：8 条。

➡ 轨距：1435 mm。

➡ 供电方式：750 V DC 直流，第三轨供电。

➡ 发展概况：在 2006 年中期，Sri Petaling 线南端终点站 Sri Petaling 站将延长约 10km 到 Puchong 郊区。

➡ 车辆：90 辆。

Walkers / AEG（1995 年）　　　　　M34；

Walkers / AEG（1996 年至 1997 年）　　M56。

➡ 运行间隔：高峰时段 3 ~ 6 min。

➡ 首/末车时间：06:00 / 24:00。

➡ 票制结构：按里程收费，有单程票和储值票。

➡ 检票方式：所有车站自动售检票。

➡ 信号：非许可性自动闭塞，基于计算机制定时刻。

➡ 列车运行间隔管理系统（CTC）和列车自动监控系统（ATS）。

Kelana Jaya 线（原为 PUTRA）

➡ 运营类型：全自动驾驶轻轨，于 1998 年首次运营。

➡ 年运量：6 200 万人次（2006 年）。

➡ 线路长度：29 km。　　　　➡ 隧道长度：4.4 km。

➡ 高架长度：24.6 km。　　　　➡ 线路数量：1 条。

➡ 车站数量：23 座。

➡ 现状：Kelana Jaya 线服务于 Subang 公共汽车站到 Gombak 的 Putra 终点站。

➡ 发展概况：2006 年年底，庞巴迪公司和当地的合作者 HartasumaSdnBhd 与 Kelana Jaya 线签订了首付88 辆4 节编组的 ART Mk II 型车的购车合同。合同总价值大约为 16700 万欧元。对于剩余 52 辆车则另外签订其他合同，于 2008 ~ 2010 交付首期列车。

➡ 订购：88 辆庞巴迪（Bombardier）ARTMK II 车。

➡ 列车运行间隔：高峰时段 4 min。

➡ 首/末车时间：06:00/24:00（周日 06:00/23:30）。

➡ 票制结构：按里程收费；单程票和储值票。

➡ 检票方式：所有车站自动售检票。

➡ 信号：非许可性自动闭塞，基于计算机制定时刻表，运行间隔的列车管理系统（CTC）和列车自动监控系统（ATS）。

KL StarRailSdnBhd

◉运营类型：单轨，于 2003 年开通。

◉年客运量：1 310 万人次（2008 年）。

◉线路数量：1 条。　　　◉线路长度：8.6 km。

◉车站数量：11 座。

◉背景：吉隆坡政府与 KL Monorail System 签署了一份单轨 40 年特许经营的协议。2 亿元吉币（约 1 600 万美元）项目因资金问题被搁置两年多，吉隆坡单轨项目需要政府贷款 3 000 万吉币来完成。

　　单轨计划于 2002 年开始。吉隆坡单轨在 Brickfields 也被授予潜在盈利的发展项目。吉隆坡进一步注资和进行基础设施贷款，附加金额达到 87 000 万吉币，计划继续支持该公司的经营。

　　单轨全长 8.6 km，共 11 座车站，于 2003 年 8 月开通。此外，还预留一个较远的车站。5 辆单轨列车由马来西亚科技私人有限公司（MMT）制造，最初以 10 min 的间隔运营。运营时间从 07:00～20:00。

◉现状：单轨系统由列车自动防护（ATP）系统保护。

　　第二阶段，全部车队中有 12 辆车，实现高峰时运营间隔为 3 min。已完成的系统能够在每个方向保障运送 5 000 人次/h。

　　运营时间已经延长至 06:00～24:00。

◉发展概况：2007 年，Syarikat Prasarana Negara Berhad（SPNB）与 KL Monorail SysemsSdnBhd（KLMS）签署一份买卖协议。目前运营吉隆坡单轨系统的 KL StarRailSdnBhd 是 SPNB 的全资附属公司。

◉车辆：MMT 2 节编组车 12 辆。

◉运行间隔：高峰时段 3～5 min，非高峰时段 7～10 min。

◉首/末车时间：06:00/24:00。　　　◉单司机运行：全部列车。

◉票制：分区段计价；预付款票和储值卡。

◉操作控制：列车自动防护 ATP，集中控制。

◉平均列车速度：30 km/h。

◉与其他交通系统的连接：STAR（2 站），PUTRA（2 站），ERL（1 站），KTM（1 站）。

巴基斯坦
Pakistan

卡拉奇

 约 1 400 万人 。

 由私营公司提供巴士和小巴服务；有人力三轮车以及长度。有限的轨道交通；轻轨和快速公交系统正在建设中。

 经营公司：EDO

卡拉奇大容量交通项目（KMTP）

➲**现状**：卡拉奇大容量交通项目（KMTP）已经进行了许多年的研究论证，关于该项目的详细历史信息请查阅以前出版的简氏年鉴交通系统。

➲**发展概况**：当前，该项目已经升级成由卡拉奇环形铁路（KCRL）、新的轻轨运输系统（LRT）和快速公交（BRT）组成的交通网络。

亚洲开发银行（ABD）邀请 Expression of Interest（EOI）为其提供咨询服务，重新考察卡拉奇的大容量交通系统规划。EOI 在 2007 年 2 月完成了此项工作。

菲律宾
Philippines

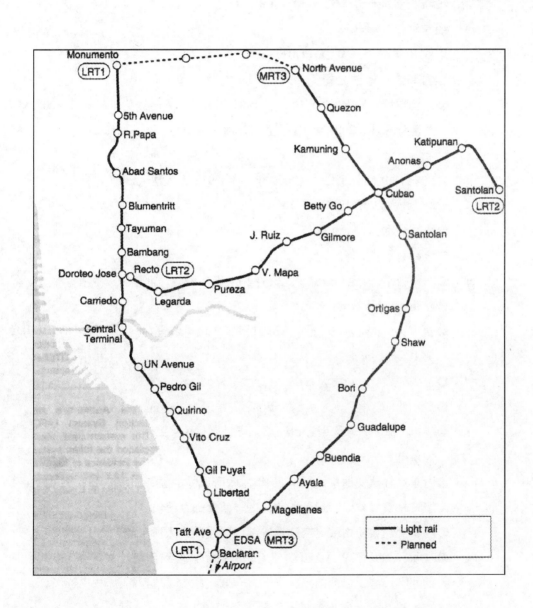

马尼拉

马尼拉大都会（金周边卫星城）共计 1 155 万人，城市中 166 万人（2007 年）。

公共汽车、小巴和出租汽车服务由独立运营的公司和一些个体经营者提供。轻轨系统由政府特许经营。郊区铁路运输由菲律宾国家铁路经营。

轻轨 1 号线——黄线（LRT Line 1）

经营单位：LRTA

地铁 2 号线——紫线（MRT-Line 2）

运营单位：地铁公司

➡ 运营类型：1 号线为轻轨，于 1984 年开通；2 号线为地铁，于 2003 年 4 月部分开通，2004 年 10 月全线开通。

➡ 年客运量：

　1 号线：9 686 万人次（2004 年），11 912 万人次（2007 年）。

　2 号线：2 067 万人次（2004 年），5 293 万人次（2007 年）。

➡ 线路长度：1 号线为 15 km；2 号线为 13.8 km。

➡ 线路数量：2 条。

➡ 车站数量：1 号线 18 座；2 号线 11 座。

➡ 轨距：1 435 mm。

➡ 轨道：1 号线为 50 kg/m EB50T，有砟轨道铺设在混凝土道床上；2 号线为 IUC 54 kg/m。

➡ 最大坡度：1 号线为 0.4%；2 号线为 5%。

➡ 最小曲线半径：1 号线为 250 m；2 号线为 175 m。

➡ 供电方式：1 号线为 750V DC，接触网供电；2 号线为 1 500V DC，接触网供电。

➡ 背景：轻轨交通集团是 1980 年由政府成立的国有控股公司。公司的主要职责是负责建设、运营菲律宾的轻轨交通系统。

➡ 轻轨交通集团由政府交通运输部门派出的 9 人所组成的委员会负责监管。

➡ 现状：2001 年 9 月，开始使用新的自动售检票系统。该系统用塑料材质的票卡代替了以前的纸质车票，有效地减少了逃票行为。

　2001 年，重新粉刷了轻轨 1 号线的车辆。

　2002 年 4 月，完成了轻轨 1 号线轨道的维护工程。

◉发展概况：2003 年 4 月 5 日，地铁 2 号线部分开通运营（Santolan-Cubao）。2004 年 4 月 5 日，地铁 2 号线二期工程（Cubao-Legarda）开通运营，只有一座车站尚未完成（Recto），该车站于 2004 年 10 月完工。

◉2004 年 7 月完成轻轨 1 号线第一代列车加装列车空调系统的工程和扩大运力的工程。

目前，轻轨 1 号线高峰小时单向运输能力由 27 000 人次扩大到 40 000人次。运力扩大工程包括新增 12 列 4 辆编组的空调列车、升级信号和通信系统、增加列车牵引力并重新分配、更新铁轨、增加自动售检票系统，此外还对一些车站的站台进行了扩建以容纳新的列车。

轻轨 1 号线向南的延长线工程于 2005 年开始动工。该延长线工程长 12 km，包括 10 座车站，其中 2 座车站将延后开工，服务于 Parañaque 和 Las Piñas 以及与它们毗邻的 Bacoor，日后还会修建长 11 km 的线路通往 Lmus，以及长 11 km 的线路，通往 Dasmariñas。新线路将与轻轨 1 号线设备兼容，线路相连，并能够实现跨线运营。

2003 年和 2005 年换乘设施的建设可以使乘客顺利地在既有线路间换乘。1、2、3 号线如今可以通过新修建的换乘设施连接。

地铁 2 号线延长线工程正在等待批准。这项工程将 2 号线向东延长 4 km，连接 Santolan 和 Masinag 两座车站。

地铁公司计划对其现有的自动售检票系统进行升级，引入一套统一的智能卡系统，与另一家公司运营的地铁 3 号线兼容。

◉车辆：163 辆。

1 号线：BN/ACEC 于 1984 年提供了第一代 3 辆编组的列车和第二代 4 辆编组的列车。

2 号线：Marubeni 于 1998 年提供 4 辆编组的列车。

◉运行间隔：高峰时段 2.5min；非高峰时段 3～5min。

◉首/末车时间：4:00/23:00。

◉票制结构：4 站之内 12 比索，超过 4 站后每 3 站增加 1 比索，最高 15 比索。

◉检票方式：在全部车站设置旋转式栅门，接受磁卡车票，自动售票机（2 号线）和安全保卫。

◉信号：1 号线 ATP；2 号线 ATO。

◉单司机运行：全部列车均为单人驾驶。

地铁 3 号线

运营单位：Metrostar Express

➲运营类型：轻轨，2000 年 6 月一期工程开通运营。

➲年客运量：12 250 万人次。

➲线路长度：16.9 km。

➲线路数量：1 条。

➲车站数量：13 座。

➲背景：该线路由 Metro Rail Transit 公司负责运营，25 年后转让给政府。

➲现状：3 号线一期工程于 2000 年 6 月完成。

2001 年 9 月，一套新的自动售检票系统开始使用。这套系统采用磁卡车票代替原来的纸质车票。

➲发展概况：该线路二期工程向北部延伸 5.5 km，有 3 座车站，目前正在建设中，原先规划为 3 号线的延长线，现在规划变更为轻轨 1 号线的延长线。

2009 年 6 月，3 号线为了迎合北部车站乘客的需求，延长运营时间至 00:01。相应的维修保养时间调整为 01:00 ~ 04:00。

➲运行间隔：高峰时段 3 ~ 7 min；非高峰时段 5 ~ 7 min。

➲首/末车时间：05:30/00:01

➲票制结构：区域票制，接受现金购票和储值卡，老年人可享受优惠。

➲所有车站为老年人和残疾人提供预约服务。

泰 国
Thailand

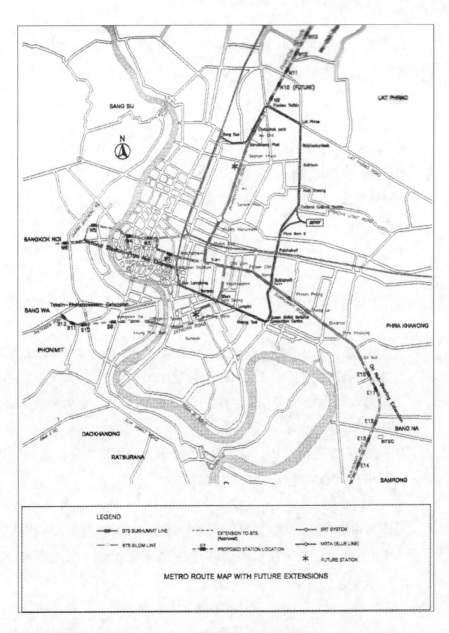

METRO ROUTE MAP WITH FUTURE EXTENSIONS

曼 谷

人口 700 万人。

公共交通 由运输部管理的曼谷公共交通局（BMTA）代表政府经营大部分公共汽车。私营公共汽车提供其他运输：出租车、三轮出租车、渡船。公共交通中还有郊区铁路、轻轨、地铁等。

地铁 运营单位：Bangkok Mass Transit System Public Company Limited- BTS Sky Train（BTSC- BTS）

重型地铁

➡ 运营类型：重型地铁，于 1999 年 12 月开通。

➡ 日均客运量：每天 422 695 人次（2009 年 3 月~12 月）。

➡ 线路长度：25.7 km。　　　➡ 线路数量：2 条。

➡ 车站数量：25 座。　　　➡ 轨距：1 435 mm。

➡ 供电方式：750V DC，第三轨供电。

➡ 背景：1999 年 12 月，曼谷运输系统公司从制造商联合公司接手管理地铁系统。1994 年 7 月，制造商联合公司接受了价值 130 万美元高架地铁系统交钥匙工程。

电力和机械工程费用大约 65 000 万美元，土木工程费用为 67 000 万美元。曼谷运输系统公司从完工便开始经营地铁，这条系统是建造—运营—转让（BOT）的形式，经营期限为 30 年。1999 年 12 月，地铁开始运营时，这个工程就交给了曼谷运输局。30 年后，电力和机器设备变成归曼谷运输局所有。

西门子公司（TS）维护系统的合同，合同期限延伸到 2005 年，为期 10 年（合同价值 5 400 万欧元）。

➡ 现状：系统轨道网络是 2 条线的高架线路。Sukhumvit 线长 16.5 km，有 17 座车站。运行间隔为 158 s，每 h 每个方向运行乘客 19 618 人。Silom 线长 6.3 km，有 8 座车站，运行间隔为 290 s，每 h 每个方向运行乘客 10 688 人。

轨距为 1 435 mm，目前的供电方式是保护铝面第三轨供电，电压 750 V DC，底部接触轨。有 12 座变电站和 2 座 25 kV 高压变电站。

在运营中使用列车中心控制系统（CTC）、列车自动控制系统（ATO），具有线路自动调整、列车调整、牵引、开门和在终点站折返等功能。

中心车站（Siam 车站）是换乘车站，乘客可以直接换乘线路。目前车辆是 3 辆编组，如果需要可以改为 6 辆编组，每小时单方向最大客运量为 51 660 人。目前运行间隔高峰期间为 2.58 min，以后将为 2 min。运营时间 06：00 ~ 24：00。

票价计算方式为计程车票，费用在 15 ~ 40 泰铢之间。在曼谷地区人们使用公共运输的比例为 40%，城市地区下降到大约 5%。

➡ 发展概况：Krungthep Thanakhom 公司租用曼谷运输系统（曼谷市交通局（BMTA）拥有这个企业大约 100% 的股份），2009 年 5 月，开通 2.2 km 的 Silom 延伸线，拥有 2 座新车站（Krung Thon 和 Wong Wian Yai）。

BMA 建设了从 Wong Wian Yai 到 Bang Wa 的线路，长 5.3 km。

目前 MRTA 负责设计和勘察 12 km 延伸线，从 Mo Chit 到 Saphan Mai，长 12.8 km，从 Baring 到 Samut Prakan，承担了下一步 7.7 km 线路的可行性研究，从国家体育馆到 Phran Nok，工程计划于 2012 年开始施工。

BTS 建立了合资公司经营电子付费系统，通过 BTS 的蓝天列车车票系统为蓝天列车和地铁之间提供换乘。

BTS 合作完成了在 BTS 和 MRT 系统之间无缝连接。在两个系统之间采用电梯系统连接 BTS Asoke 车站和 MRT Sukhunvit 车站，在 BTS 的 Sala Daeng 车站和 MRT 的 Lumpin 车站之间用步行和电梯系统完成连接，2005 年全部开通这些连接线路。

2007 年，订购了长春轨道客车有限公司（CRC）制造的 12 列 4 节编组列车，合同金额为 7 000 万美元。列车装备了庞巴迪运输的 MITRAC 动力和控制系统，于 2009 年年底开始交付车辆，2010 年中期，车辆投入运行。BTS 计划将对现有的 4 节编组列车增加运输能力。

➡ 车辆：35 列 3 节编组西门子运输系统装置。

➡ 订购：12 列 4 节编组 CRC 列车，计划 2009 年底开始交付。

➡ 首/末车时间：06：00/ 24：00。

➡ 票制结构：单程票和储值票。

➡ 售检票方式：自动售检票（AFC）。

⊃监控：全部车站设有 CCTV。

⊃运营类型：全部是地铁，2004 年 7 月开通（蓝线—Chaloem Ratchamongk-
hon 线）。

⊃年客运量：5 719 万人次（2005 年）；

5 781 万人次（2006 年）；　5 968 万人次（2007 年）。

⊃线路长度：20 km。　　　　　　⊃线路数量：1 条。

⊃车站数量：18 座。

运营商

单位名称： Bangkok Metro Public Company Ltd（BMCL）。

⊃现状：泰国公共快速运输局（MRTA），运输部管理的国有企业负责完
成泰国全部的公共快速运输线工作。目前 MRTA 负责第一条地铁，从
Hua Lamphong 车站到 Bang Sue 铁路车站（20 km），曼谷地铁公共有限
公司（BMCL）负责运行 Chaloem Ratchamongkhon 线（最初的蓝线），
按照运营合同期限为 25 年，将于 2029 年 7 月到期。MRT Chaloem
Ratchamongkhon 线的网络包括 18 座车站，全长 20km。线路从曼谷铁
路车站（Hua Lamphong）开始，依次沿着 Rama 4 号路、Ratchadaphisek
路、Lat Phrao 路、Phahon Yothin 路、Kamphaeng Phet 路，最后终点到
达 Bang Sue 铁路车站。总共 18 座地下车站，车站间距离大约 1 km。
全部车站设有扶梯、电梯、书报亭、公共电话，站内和车内都设有空
调系统。对于盲人和视力弱的乘客，电梯设有提示，楼梯台阶设有盲
文提示标志。

有 2 座 P&R 停放车辆建筑和 7 个地面停放车辆设施。

2008 年 3 月，根据内阁会议意见，指定 MRTA 负责延伸现有的公共
快速运输设施，建设 3 条 MRT 线/延伸线，全长为 75 km。

⊃发展概况：3 条 MRT 线/延伸线包括：

紫线

·Bang Yai-Bang Sue 区段：全长 23 km。

·第一个完成项目是一条高架线和 16 座车站。目前正在施工，预计
于 2013 年开通这条线路。

蓝线

蓝线延伸线如下 所示：

·Bang Sue-Tha Phra 区段：13 km 高架线，从 Bang Sue 到 Tha Phra，

有 10 座车站。

·Hua Lamphong-Bang Khae 区段：线路全长 14 km，其中 5 km 为地下线路和 9 km 为高架线路；有 11 座车站、4 座地下车站、7 座高架车站。

绿线

·Mor Chit-Phahonyonyothin – Sapan Mai 区段：总长 12km，从 Mor Chit 到 Sapan Mai，有 12 座车站。

·aring-Samut Prakan 区段：高架线路总长 13 km，从 Baring 到 Samut Prakan，10 座车站（计划）。

⮕车辆：19 列 3 节编组列车。

⮕首/末车时间：06：00/ 24：00。

⮕安全系统：在重要位置设有 CCTV，监测爆炸的 K9 装置；在入口处设有步行通过金属检测机器。

新加坡
Singapore

<table>
<tr><td>人口</td><td>城市人口 484 万人（2008 年）。</td></tr>
</table>

公共汽车运营公司要具有国家交通局颁发的执照。在白天，全部私人车辆进入商业中心需要出示特别执照牌并要付额外的费用。收费范围不包括公共汽车，计划提供便宜的小汽车停车场，鼓

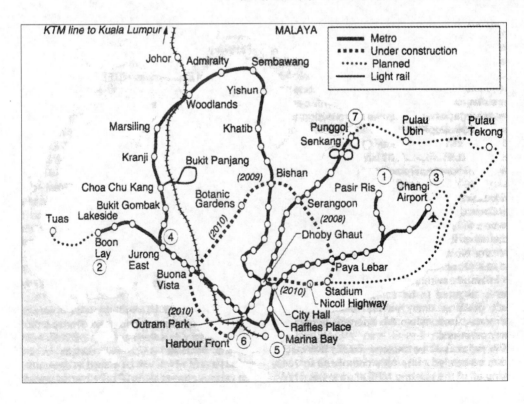

励乘客使用公共汽车或火车、地铁、摆渡、缆车；1999 年开通了轻轨快速运输线。正在建设其他线路。

运营单位：SMRT Corporation Ltd（SMRT）

◯ **职工数量**：5 445 人（2005 年）。

◯ **现状**：新加坡公共快速运输公司（SMRT）是一个以运输为商业核心的股份公司，2000 年 7 月，在新加坡上市交易。

今天，SMRT 是新加坡多种公共交通的运营商，提供公共汽车、出租车服务。另外，在新加坡和国外，它是提供铁路系统中维护咨询和项目管理的专家。

◯ **发展概况**：SMRT 是一个运输服务的提供商，提供公共交通全方位的服务，以便于乘客可以进行不间断的出行。公司通常采用乘客关注的改进意见，以此回报乘坐 SMRT 公共汽车、列车和出租车的旅客，包括通勤乘客换乘车站到达目的地、进入商业和生活中心、旅行和购物的联合换乘方式。

运营单位：SMRT Trains Ltd（SMRT Trains）

◯ **年客运量**：

40 260 万人次（2005 年）；	41 380 万人次（2006 年）；
43 490 万人次（2007 年）；	46 930 万人次（2008 年）；
51 020 万人次（2008 年）。	

◯ **列车走行公里**：

7511 万（2005 年）；	7 550 万（2006 年）；
7 710 万（2006 年）；	7 800 万（2007 年）；
8 520 万（2008 年）。	

◯ **线路长度**：89.4 km。　　　　　其中隧道长度：23.3 km。

◯ **线路数量**：2 条。　　　　　◯ 车站数量：51 座。

其中地下站数量：16 座（全部装有站台屏蔽门）。

其中高架站：34 座。

其中地面站：1 座。　　　　　◯ 轨距：1 435 mm。

◯ **线路**：75% 碎石木枕道床；隧道里是混凝土石板道床；接近敏感建筑物的浮式道床装有橡胶支承垫。

◯ **供电方式**：750V DC，底部接触第三轨。

➲ 现状：新加坡公共快速运输车辆公司（SMRT Trains Ltd）于 1987 年成立，公司经营第一条新加坡公共快速运输系统线路（MRT），在高密度运输线路上运行。该铁路全长 89.4 km 由南—北和东—西线路组成，共 51 座车站，每天运输乘客 100 多万人次。

➲ 发展概况：从 2008 年 2 月开始，SMRT 每周在早高峰及晚高峰期间增加 83 次列车运行，2008 年 5 月，每周在高峰和非高峰期间增加到 700 次列车运行。

2009 年 5 月，环线（CCL）第一段从 Bartley 到 Marymount（5.7 km，5 座车站）开通运行。剩余线路分为几个阶段，目前计划到 2011 年全线开通。当环线完工时，线路全长为 33.3 km，共 29 座车站，线路将与南—北线、东—西线相交叉。这条线路全部为地下轨道线路，与到城市的全部轨道线路相连接。使用 3 辆编组的阿尔斯通 Metropolis C830 列车全自动运行。此外，计划中的一条 Spur 线路到达 Marina 南部，计划于 2012 年开通。

➲ 车辆：106 列车，共 636 辆，6 辆编组。

➲ 运行间隔：高峰时段为 2~6min，非高峰时段为 7 min。

➲ 首/末车时间：05:11/00:56。

➲ 票制结构：分段计价。

➲ 检票方式：售票室和自动售票机售票。自动进/出闸机。全部由中心计算机控制；系统使用非接触卡。

➲ 信号：全部 ATO、ATP 和线路监控。

➲ 平均速度：45 km/h。

SMRT Light Rail Pte Ltd（SMRT Light Rail）

➲ 年客运量：1 400 万人次（2005 年）。

➲ 线路长度：7.8 km。　　　　➲ 线路数量：3 条。

➲ 车站数量：14 座。　　　　➲ 轨距：1 435 mm。

➲ 轨道：混凝土面导轨，胶轮运行。

➲ 供电方式：600 V AC 3 相系统。

➲ 现状：新加坡公共快速运输轻轨公司（SMRT Light Rail Pte Ltd）成立于 1997 年，管理新加坡第一条全自动轻轨快速运输（LRT）系统——Bukit Panjang 轻轨快速运输系统。轻轨快速运输系统包括大约长 7.8 km 的高架轨道线路，共 14 座车站。

➡车辆：19 列列车。

➡运行间隔：高峰时段为 2.5～5 min，非高峰时段为平均 6min。

➡首/末车时间：05:00/00:45。

➡票制结构：分段计价。

➡平均速度：25 km/h。

日本
Japan

北九州

 城市 101 万人。

 市政承担一部分地区的公共汽车运营服务，私营公司承担更大范围的公共汽车运营服务，同时也负责其他地区的公共汽车和铁路运输。轻轨线路由私营公司负责运营；单轨铁路由三方公司运营。还有 JR 郊区/长途铁路及轮渡服务。

➡️运营类型：高速轻轨。

➡️年客运量：

600 万人次（2005 年）；　　　　600 万人次（2006 年）；

600 万人次（2007 年）。

➡️列车走行公里：

290 万（2005 年）；　　　　290 万（2006 年）；

290 万（2007 年）。

➡️线路长度：16.0 km。　　　　➡️线路数量：1 条。

➡️轨距：1 435 mm。　　　　➡️供电方式：600V DC，接触网供电。

➡️票制：阶段票制；适用于通勤乘客的 1 个月，3 个月和 6 个月的月票和季票，适用于学生乘客的 1 个月和 3 个月的月票和季票。

➡️运营成本来源资金：100% 票款收入。

➡️车辆：16 列铰接车。

Hitachi Type 2000（1967 年）Kyushu Sharyo Type 2000（1967 年）。

Alna Koki Type 3000（1988/89/95/96 年）。

➡️高峰运行车辆数：22 列车（每小时 11 列车）。

大阪

 城市 264 万人（2007 年），大都市地区 1 860 万人。

 由市政当局提供公共汽车、地铁和高架自动导轨交通系统运输服务。有几条私营铁路、郊区铁路和国

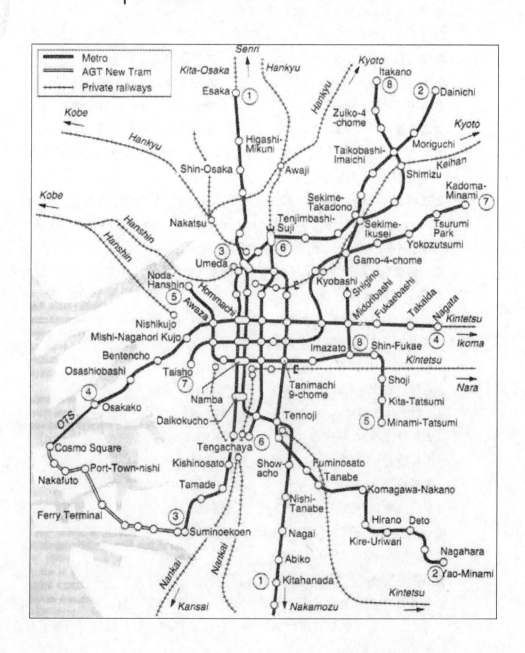

铁的运输服务,能够与地铁贯通运营。还有几条私营公共汽车、单轨、有轨电车以及 Yodo 河的轮渡服务。

 地铁

➡职工数量:5 690 人(包括新的有轨电车)。

➡运营类型:全部是地铁,首条线路于 1933 年开通。

➡年客运量:8.349 亿人次(2007 年)。

➡列车走行公里:10 109 亿(2007 年)。

➡线路长度:129.9 km。　　　　➡线路数量:8 条。

➡车站数量:123 座。　　　　➡地下车站:114 座。

➡轨距:1 435 mm。　　　　➡轨道:50 kg/m 平底轨道。

➡最大坡度:5.0%。　　　　➡最小曲线半径:83 m。

➡供电方式:750V DC,第三轨供电;1.5 kV DC,接触网供电(6 号线、7 号线和 8 号线)。

➡现状:1 号线与大阪北部快速电气化铁路相互衔接,6 号线与 Hankyu Senri 及 Kyoto 线衔接,4 号线与 Kintetsu Keihanna 线衔接。7 号线和 8 号线是小断面线路,使用直线电机列车。

➡发展概况:8 号线从 Imazato 到 Itakano(12 km,11 个车站),于 2006 年 12 月开通运营。

➡车辆:1 280 辆车,品牌有 Nippon、Hitachi、Kawasaki、Kinki, Tokyu 和 Alna Koki;全部装有空调。

1 号线有 10 列车	230 辆;
4 号线有 20 列车	96 辆;
1/2/3/4/5 号线各有 20 列车	572 辆;
2/3 号线各有 30 列车	78 辆
6 号线有 66 列车	138 辆;
7 号线有 70 列车	100 辆;
8 号线有 80 列车	68 辆。

➡运行间隔:高峰时段 2 ~ 5 min,非高峰时段 4 ~ 7.5 min。

➡首/末车时间:05:00/24:00。

➡票制:分为 5 个区段,按行程计价。

➡售检票方式及票种:所有车站均设自动闸机和售票机,并设有充值计程车票,所有车票都有磁性编码便于自动闸机的识别。票种有月票;IC 票卡, Osaka Pitapa。

➡对老年人/残疾人的特殊服务:提供用于公共汽车的免费票和优惠票。有

212 辆车设有停放轮椅的空间；120 个车站设有电梯。

◆ 运营成本来源资金：（包括新建有轨电车）86.1% 来自票款收入，8.5% 来自其他商业来源，5.4% 来自补贴。

◆ 补贴形式：88.4% 的城市补贴，10.8% 的国家补贴，83.4% 的城区补贴，0.8% 的区县政府补贴（包括新建有轨电车）。

◆ 与其他交通系统的连接：与新建有轨电车免费换乘，减少公共汽车/地铁的换乘票价；为了与一些区段的私营铁路联运，减少单程短距离车票价格。

◆ 信号：ATC、CTC 和自动闭塞；机车信号和 ATC（5 号线、7 号线和 8 号线）。

◆ 监视装置：所有站台均设有闭路电视。

东京

城市人口 870 万人（23 个行政区），东京共有人口 1 280 万人（2007 年），大都市地区超过 3 500 万人（包括千叶、川崎和横滨）。

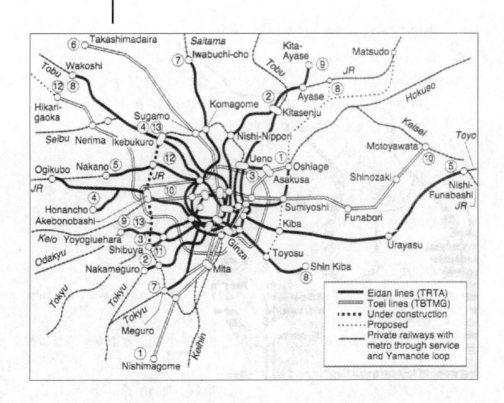

市政当局提供公共汽车、有轨电车和地铁的运营服务，第二个地铁系统由东京地铁有限公司负责运营。市郊铁路由一些私营的铁路公司和日本铁路公司负责运营，并且很多线路与地铁系统贯通运营；市内还有独轨和两条自动导轨系统。此外，公共汽车独立运营的许可由交通部负责颁发。在卫星城的城市圈内大约 80% 的乘客使用轨道交通；乘坐日本 JR 铁路公司和私营铁路公司运营的市郊铁路乘客各占 32%，其余的为地铁运量。

1985 年，交通政策委员会提出了投资修建轨道交通的规划，其中包括地铁、国铁和私营铁路。根据这个规划，将在东京中心 50 km 的范围内修建约 530 km 的线路，从而将服务扩展到郊区，分散交通，解决中心地区的交通拥堵问题，还能够在涩谷区建立副中心。

名为"SF"的储值票卡在关东地区（东京、横滨、川崎）的地铁和私营铁路都能使用。

东京都交通局

→职工数量：6 445 人。

→现状：Toei 负责运营东京 13 条地铁线路中的 4 条，138 条公共汽车线路，一条有轨电车线路和一条 0.3 km 的单轨铁路。

→职工数量：3 700 人。

→运营类型：全部是地铁，于 1960 年开通首条线路。

→年客运量：

74 200 万人次（2004/05 年）； 76 100 万人次（2005/06 年）；

78 800 万人次（2006/07 年）。

→列车走行公里：

11 300 万（2004/05 年）； 11 300 万（2005/06 年）；

11 500 万（2006/07 年）。

→线路长度：109.0 km。 →线路数量：4 条。

→车站数量：106 座。 →地下车站：98 座。

→轨距：

Mita 线 1 067 mm，Shinjuku 线 1 372 mm，Asakusa 线和 O-Edo 线 1 435 mm。

→轨道：50 kg/m N-rail；在道砟之上传统轨枕的，在混凝土平板轨道床上的轨枕。

→最大坡度：3.5%。 →最小曲线半径：161 m。

→隧道：明挖法、盾构法和混凝土沉箱法。

⊖供电方式：1.5 kV DC，接触网供电。

⊖现状：Asakusa 线和 Keisei，Hokuso 和 Keihin Kyuko 系统，Shinjuku 线和 Keio 铁路，Mita 线和 Tokyu Toyoko 线之间分别能够贯通运营。

　　1991 年开通了 Nerima 到 Hikarigaoka 之间的小断面 12 号线，另外 Nerima 到 Shinjuku 的 9.1 km 的线路于 1997 年开通，并完成了西北郊区和东京中心之间的辐射区之间的工程。从 Shinjuku 到 Kokuritsu Kyogijo（国际运动场）的 2.1 km 区段于 2000 年 4 月开通，剩余的 29 km 环绕东京中心，最后返回到 Shinjuku 的线路于 2000 年 11 月开通。这条线的 38 座车站中的 22 座车站可以与国铁和私营铁路换乘。

　　一条长度为 1.6 km、连接 Eidan's Namboku Line 的 Mita 延长线，可以贯通运行到 Meguro 和 Tokyu 的轨道上，这条线路于 2000 年 9 月开通。

⊖发展概况：一条从 O-Edo 线向西延伸 4km 至 Oizumi-Gakuen 的线路正处于计划阶段，一条从日暮里至舍人服务于 Adachi 行政区（东京北部）、长度为 9.7 km 的新运输系统线路，已于 2008 年 3 月开通。

⊖车辆：1 090 辆车，全部装有空调，目前为止还没有出现列车故障。

⊖运行间隔：高峰时段 2~4 min，非高峰时段 5~8 min；一些车辆会贯通运行至其他铁路线。

⊖首/末车时间：05:00/00:30。

⊖票制：分区段票制，有 1 个月、3 个月和 6 个月的通勤票和日票。

⊖对老年人/残疾人的特殊服务：78 个车站都提供轮椅。

⊖运营成本来源资金：82.4% 来自票款收入，6.6% 来自其他商业来源，11.0% 来自补贴。

⊖补贴来源：大都市政府。

⊖信号：三种颜色信号灯的自动闭塞和 ATS、司机室信号和 ATC。

⊖监控：站台设闭路电视系统。

 东京地铁有限公司（东京地铁）

⊖职工数量：8 427 人。

⊖运营类型：全部是地铁，首条线路于 1927 年开通。

⊖现状：东京地铁是一家交通运输公司，它的运输网络象征东京大都会地区轨道交通系统的核心。东京地铁线路的客运量占地铁乘客的 73.1%。随着 Fukutoshin 线于 2008 年 6 月开通，东京地铁现阶段共运营 9 条线路，总长度为 195.1 km。其他铁路公司运营的线路能够与东京地铁路网中的 7 条线（Hibiya 线、Tozai 线、Namboku 线、Yurakucho 线、Chiyoda 线、

Hanzomon 线和 Fukutoshin 线）贯通运营。

    作为日客运量为 636 万人的交通运输公司，维护和提高运营安全是首要任务。同时，东京地铁努力提升乘客所关注的服务，并且通过承担各种各样的附属业务支撑乘客的日常生活。东京地铁同时致力于实现更有效率的业务管理以及积极降低成本，提升服务质量。东京地铁致力于成为在较大范围内具有社会地位的公司。为此，东京地铁注重环保工作和灵活性管理工作的实施，同时坚持与当地居民保持密切的联系。

➡ 年客运量：

207 500 万人次（2004 年）；   210 200 万人次（2005 年）；

215 300 万人次（2006 年）；   227 700 万人次（2007 年）；

232 200 万人次（2008 年）。

➡ 列车走行公里：

25 400 万（2004 年）；   25 500 万（2005 年）；

25 800 万（2006 年）；   25 800 万（2007 年）；

27 600 万（2008 年）。

➡ 线路长度：1951 km。   ➡ 地下线路长度：168.6 km。

➡ 地面线路长度：26.5 km。   ➡ 线路数量：9 条。

➡ 车站数量：179 座。

➡ 轨距：1 435 mm（Ginza 线和 Marunouchi 线），其他线路 1 067 mm。

➡ 轨道：50 kg/m 和 60 kg/m 的轨道；隧道内为混凝土道床；地面上为碎石道床。

➡ 隧道：盾构法和明挖法。

➡ 供电方式：600 V DC，第三轨供电（Ginza 线和 Marunouchi 线）；其他线路 1.5 kV DC，接触网供电。

➡ 运行间隔：高峰时段为 1 min 50 s，非高峰时段为 3 ~ 8 min；一些列车能够在 7 条线路上贯通运行到其他私营铁路和国铁线路上。

➡ 首/末车时间：05:00/00:30。

➡ 票制：分段计价（按公里收费）；计次票（在东京地铁都营地铁，东京地铁/JR 东，东京地铁/私营铁路之间转乘）、乘车券、日票（只能在东京地铁和东京地铁转乘国铁都营地铁、公共汽车、有轨电车）；储值卡、SF 地铁卡（东京地铁/都营地铁/私营铁路）；PASMO 非接触智能卡。

➡ 检票方式：所有车站均设有 AFC。

➡ 运营成本来源资金：84.7% 来自票款收入，10.7% 来自多种运输收入，0.6% 来自出租轨道。

➡ 单人操作运行：Namboku Line、Chiyoda Line 支线和 Marunouchi Line 支线。

➡ 信号：所有线均为 CS-ATC（司机室信号）。

➡ 监控：站台设闭路电视系统。

➡ 车辆：2 546 辆。

线路名称（线路号）	车辆型号	车辆数量
银座线（3）	01	M114 T114；
丸之内线（4）	02	M171 T165；
日比谷线（2）	03	M168 T168；
东西线（5）	05、07	M223 T267；
千代田线（9）	6000、5000、06	M213 T156；
有禾田丁线（8）	7000、10000	M275 T255；
副都新线（13）		
半藏门线（11）	8000、08	M138 T112；
南北线（7）	9000	M84 T42。

➡ 发展概况：2008 年 6 月开通运营 Fukutoshin Line（13）。东京地铁运营线路长度为 195.1 km，共有 179 座车站。Fukutoshin Line 穿过东京的三个副中心，分别是池袋、新宿和涩谷，并且与主要的私营铁路运营商贯通运营，其中包括 Tobu 铁路（运营 Tojo 线）和 Seibu 铁路有限公司（有禾田丁线和池袋线）。到 2012 年，与 Tokyu 公司运营的 Toyoko 线将从 Shibuya 开始贯通运营。

　　一种名为 PASMO 的新型非接触智能卡已于 2007 年 4 月发行。PASMO 卡能够在东京大都市地区使用，从而为使用者提供极大的便利。PASMO 卡还能够在 Suica（JR East's 东日本铁路公司发行的 IC 卡）的分公司运营的线路上互通使用。乘客给予 PASMO 卡很高的评价，至 2008 年 1 月已售出 800 万张。

日本 Japan

横滨

 人口　360 万人（2007 年）。

 公共交通　公共汽车和地铁由市政交通局运营。铁路由日本铁路和私营铁路公司运营。另外还有一些公共汽车由私营铁路和私营公共汽车公司运营。还有跨横滨港的轮渡服务以及自动导轨系统。

◉职工：788 人。

◉运营类型：全部是地铁，于 1972 年开通运营首条线路。

◉线路长度：53.5 km。　　　　◉地下线路长度：43.4 km。

◉线路数量：3 条（其中有 2 条线路合为一条线路贯通运营）。

◉车站数量：42 座。　　　　◉轨距：1 435 mm。

◉最大坡度：3.5%。　　　　◉最小曲线半径：125 m。

◉供电方式：750 V DC，第三轨供电；4 号线的供电方式为 1 500 V DC 接触网供电。

◉运行间隔：高峰时段为 4 min 30 s，非高峰时段为 8 min。

◉首/末车时间：05：19/00：33。

◉信号：司机室全部为 ATC，还有 CTC。

◉运营成本资金来源：61.1% 来自票款收入，32.7% 来自其他商业来源，6.2% 来自补贴。

◉补贴来源：国家财政 7.3%，城市财政 89.3%，地区财政 3.4%。

◉车辆数：288 辆车，38 列 6 节编组的车，15 列 4 节编组的车。

1000 系列（1972/76/77/84）	M56 T28
2000 系列（1986）	M36 T18；
3000 系列（1992/93）	M32 T16；
3000 系列（1999）	M28 T14；
KHI 10000 系列的直线电机列车，4 车的动车组（2008）	M60。

◉发展概况：4 号线（绿色线）于 2008 年 4 月开通运营。它是第一条半环线。这条线的长度为 13.1 km，共设 10 座车站。4 号线能够在 Center-Kita 和 Center-Minami 与蓝色线换乘，同时在 Nakayama、Hiyoshi 分别与 JR 东的横滨线和 Tokyu 铁路的 Toyoko 线连接。

札幌

189 万人（2007 年）。

公共汽车、地铁和有轨电车由市政当局负责运营。市郊运输由私营汽车公司和 JR 提供服务。

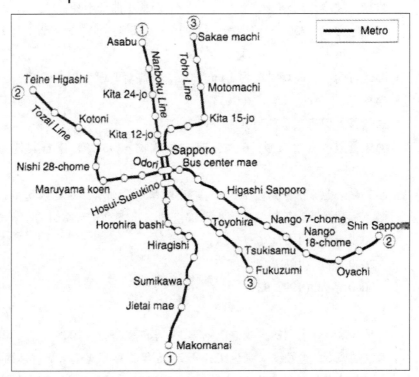

- ➡职工数量：1 225 人。
- ➡运营类型：全部是地铁，胶轮车系统，首条线路于 1971 年开通运营。
- ➡线路长度：48 km。　　　➡地下线路长度：43.3 km。
- ➡线路数量：3 条。　　　　➡车站数量：46 座。
- ➡轨距：胶轮列车运行在混凝土导轨上，1 号线的轨距为 2 180 mm；2 号线的轨距为 2 150 mm。
- ➡轨道：1 号线使用没有轨枕的混凝土板式轨道，表面铺设环氧树脂塑料制品；中间设有导向工字钢。2 号线的轨道与 1 号线相似，但是走行轨的表面设有钢制金属片；3 号线的轨道在混凝土轨枕上。
- ➡最大坡度：4.3%。　　　➡最小曲线半径：200 m。
- ➡隧道：通常都使用双轨，明挖法；有一个区段下穿 Toyohira 河，采用沉箱法建成。地上区段设有圆形铝制遮挡物，防止大雪影响运营。

➲供电方式：750 V DC，1 号线采用第三轨供电；1500 V DC，2 号线和 3 号线采用 RS-AFB 接触网导电系统。

➲车辆：404 辆。

1 号线 Kawasaki 3000   M40；

1 号线 Kawasaki 5000 M51   T51；

2 号线 Kawasaki 6000 M72   T72；

3 号线 Kawasaki 7000 M40   T40；

2 号线 Kawasaki 8000 M30   T8。

➲运行间隔：高峰时段为 3～5 min，非高峰时段为 5～7 min。

➲首/末车时间：06:15/24:00。

➲票制结构：分为 6 个区段；AFC 自动售检票系统可以在地铁与公共汽车相互间使用，并可以每次提供25%的优惠，包括通勤月票；地铁/公共汽车/有轨电车日票；一日 Eco 票。"With You Card"充值票能够用于乘坐地铁、公共汽车和有轨电车。"Common Card"型卡可以额外乘坐 JR Bus 和 Chuo Bus。

➲售检票方式：中心处理机，自动售票机和票款校准机，硬币收集装置和充值票卡识别自动门；在主要车站设有通勤车票自动售卖机。

➲对老年人/残疾人的特殊服务：在 24 个车站均设电梯。

➲运营成本资金来源：92% 来自票款收入，1% 来自其他商业收入，7% 来自补贴。

➲信号：全部 ATC 和 CTC。将信号设备连接起来的是 Subuay Total System 系统，它的主要系统包括光纤传输线控制、相关操作控制设备、电源控制、自动运行控制、火灾控制系统、自动监测车辆、售检票设备、公共区域监视。系统允许未载乘客的列车在与 Higashi 车辆段连接的 1.3 km 线路上自动行驶。

名古屋

224 万人（2007 年）。

市政企业负责运营地铁和公共汽车，市郊铁路由私营公司和 JR. Maglev 公司负责运营。

- ➡ 职工数量：2 781 人。
- ➡ 运营类型：全部是地铁，首条线路于 1957 年开通。
- ➡ 客运量：（每日）100 万人次。
- ➡ 线路长度：83.5 km（地下线路 80.4 km，地上线路 3.1 km）。
- ➡ 线路数量：6 条。
- ➡ 车站数量：80 座。
- ➡ 轨距：1 435 mm（1 号线、2 号线和 4 号线）；1 067 mm（3 号线、6 号线和 Kami iida 线）。
- ➡ 轨道：50 kg/m。
- ➡ 隧道：采用明挖法挖掘。
- ➡ 供电方式：600 V DC，第三轨供电（1 号线，2 号线和 4 号线）；1 500 V DC，接触网供电（3 号线、6 号线和 Kami-iida 线）。
- ➡ 运行间隔：高峰时段 2~8 min，非高峰时段 4~15 min。
- ➡ 首/末车时间：05:30/00:28。
- ➡ 单司机运行：仅 6 号线。
- ➡ 信号：自动列车控制（ATC）。
- ➡ 票制结构：分为 5 个区段，单程票、计次票；1 个月、3 个月和 6 个月的月票和季票（适用于所有线路的公共汽车/地铁，有通勤乘客、学生的票）；公共汽车/地铁车票（日票或月票）；"Yurika"卡（公共汽车/地铁，非高峰时段打折），"Environment"票（乘坐公共汽车使用）。
- ➡ 运营成本资金来源：85.5% 来自票款收入，6.2% 来自其他商业来源，7.9% 来自补贴；亏损 130.94 亿元。
- ➡ 车辆：756 辆车（所有车均装有空调）。

Hitachi/Nippon Sharyo

2000 Meijo Line（2）and Line 4（1989）	M 136 T68;
3000 Tsurumai Line（3）（1977）	M92;
3050 Tsurumai Line（3）（1993）	M29 T29;
5000 Higashiyama Line（1）（1980）	M88 T44;

5050 Higashiyama Line（1）（1992）	M108 T54；
6000 Sakura-dori Line（6）（1989）	M60 T40；
7000 Kami-iida Line（2003）	M4 T4。

➡现状：3 号线，Meitetsu's Toyota 线和 Inuyama 线贯通运营，Kami-iida 线和 Meitetsu's Komaki 线贯通运营。

一条 6 号线的延长线全长为 4.2 km，全部为地下车站，设有 4 个车站，将于 2014 年完成建设。

广 岛

 城市 116 万人（2007 年），大都市区 288 万人。

 公交、轻型铁路和有轨电车服务均由私营企业提供，包括三个主要的私有公交系统运营商和 18 个其他私有运营商。通勤铁路服务由西部日本铁路提供。

轻型铁路
➡职工数量：636 人（包括轻型铁路和有轨电车）。
➡运营类型：轻型铁路运输（Miyajima 线）。
➡线路长度：16.1 km。　　➡线路数量：1 条。
➡车站数量：20 座。　　➡轨距：1 435 mm。
➡供电方式：600V DC，直流接触网供电。
➡车辆：46 个铰接式有轨电车和 4 列 2 节编组列车，整体包括 1 个 Duewag 车（前多特蒙德）。
➡运行间隔：高峰时段为 3~4 min，非高峰时段为 7~8 min。
➡首/末车时间：5:50/23:55。　　➡单人运营：无。
➡票制结构：分段计费；当日票（有轨电车和轻型铁路），1 日内、6 日内票和六个月的通票；预付卡可以乘坐所有六个公交运营商、电车、轻型铁路和 Astram。
➡检票方式：从售检票机中购买车票。在 Hiroshima 站可以通过路边的移动售票机购买车票。

神 户

 人口

150 万人。

 公共交通

公共汽车和地铁由市政企业运营。市内还有自动导轨系统、私营铁路、JR 郊区铁路和缆车服务。

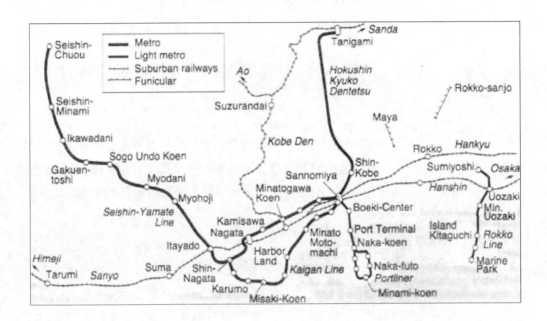

 地铁

➥ 职工数量：222 人。

➥ 运营类型：全部是地铁，首条线路于 1977 年开通运营。

➥ 年运量：1 210 万人次（2006 年）。

➥ 线路长度：30.7 km。　　　➥ 地下线路长度：23.5 km。

➥ 线路数量：3 条。　　　➥ 车站数量：25 座。

➥ 轨距：1 435 mm。

➥ 轨道：轨道重量为 50 kg/m，长焊接点的铁轨由两个弹性扣件固定在混凝土的轨枕上。

➥ 最大坡度：2.9%。　　　➥ 最小曲线半径：300 m。

➥ 隧道：开凿了单个轨道（盾构法），开凿了双轨道（矿山法），并且运用明挖法。

➥ 现状：Seishin 和 Yamate 线作为一条线运营，连接神户的中心城区与 Seishin 新区的大部分地区。它与 Hokushin-Kyuko 铁路线联运，并且是为了 Shin-Kobe 与 Tanigami 两条地铁线的贯通运营而设计。在 Portliner 的 Sannomiya 和 Shin-kansen 的 Shin-Kobe 设有立体交叉道。2011 年 7 月开通运营了一条 8 km 的 Kaigan 小断面线性电机地铁线路，是从 Shin-Nagata 到 Sannomiya，途经 Wadmisaki，有 5 000 辆 4 节编组的列车服务于这条线路。

⬥ 车辆：Seishan 和 Yamata 线有 168 列车，6 节车编组。

KaWasaki 1000   M72 T36；

KaWasaki 2000   M16 T8；

KaWasaki 3000（1993/94）   M24 T12；

Kaigan 线，500 列 4 节编组的列车。

⬥ 运行间隔：高峰时段 3~8 min，非高峰时段 7 min 30 s~8 min。

⬥ 首/末车时间：05:23/23:40。

⬥ 票制：分为 8 个区段，有 1 个月和 3 个月季票、公共汽车/地铁联运票、充值卡、通勤票。

⬥ 检票方式：闸机，在所有站都设有电子验票设备，AFC 设备。

⬥ 运营成本资金来源：19.3% 来自票款收入，10.3% 来自其他商业来源，70.4% 来自政府补贴。

⬥ 信号：机车信号，CTC 和 ATC。

⬥ 监控：每个车站均设有闭路电视。

京 都

 人口　城市 147 万人（2008 年）。

 公共交通：公共汽车和地铁由市政企业运营，私营公司也运营公共汽车。JR West 线提供郊区的运输服务，是一家私营的铁路和公共汽车公司。在关西的大

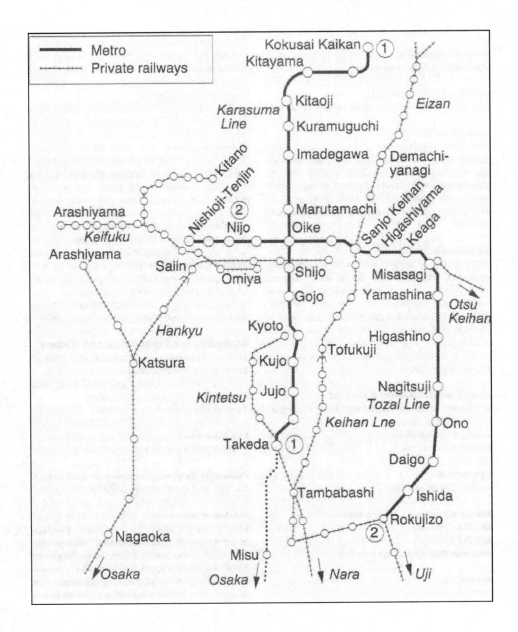

部分地区（大阪、神户、京都），能够使用名为"Surutto Kansai"的充值卡乘坐许多铁路和公共汽车线路。已经提议修建轻轨。

- ➡职工数量：544 人。
- ➡运营类型：全部是地铁，于 1981 年开通首条线路。
- ➡线路长度：31.2 km。 ➡线路数量：2 条。
- ➡车站数量：32 座。 ➡轨距：1 435 mm。
- ➡轨道：轨道重量为 60 kg/m；枕木在设有弹性垫的混凝土之上，部分常规的枕木在碎石道床上。
- ➡最大坡度：3.2%。 ➡最小曲线半径：260 m。
- ➡隧道：运用明挖法开凿隧道。
- ➡供电方式：1 500 V DC，接触网供电。
- ➡现状：一条从 Takeda 到 Nara（16 km）的地铁线路由 Kinki Nippon Railway 公司运营，使用 Kintetsu 的列车。
- ➡发展概况：向西延伸的 Tozai 线，从 Nijo 到 Uzumasa-Tenjingawa（长度为 2.4 km，包括 3 个新车站），于 2008 年 1 月开通运营。

  2007 年 4 月，引入 PiTaPa 智能卡预付费系统到地铁系统。
- ➡车辆：222 辆车，6 节编组。

  Hitachi/Kinki Sharyo Series 10　　　　　　120；

  Kinki Sharyo Series 50　　　　　　　　　102。
- ➡列车运行间隔：高峰时段 4～5 min，非高峰时段 6 min～7 min 30 s。
- ➡首/末车时间：05:21/23:28。
- ➡票制结构：分为 4 个区段；优待票，单程票，1 天或 2 天的车票/乘车券，Surutto Kansai 区域和 Kyoto 本地交通的非接触式智能卡。
- ➡检票方式：AFC。
- ➡对老年人/残疾人的特殊服务：与公共汽车相同，无障碍进入车厢；依据收入优惠票价。
- ➡运营成本来源：83.3% 来自票款收入，5.1% 来自其他商业来源，11.6% 来自补贴。
- ➡信号：CTC 和 ATC。

- ➡现状：京都正在考虑引入轻轨系统。2007 年 1 月，一辆实验汽车在 Imadegawa 街道开始运营，目的为了试验计划中的 LRT 系统的工作情况，同时鉴定所有区域是否有问题。

Keihan 电气铁路有限公司

⮕ 线路长度：21.6 km。　　⮕ 线路数量：2 条。

⮕ 车站数量：27 座。　　⮕ 轨距：1 435 mm。

⮕ 供电方式：1 500 V DC，接触网供电。

⮕ 现状：Keishin 线长度为 7.5 km，从 Misasagi 至 Hama-Otsu，与地铁 Tozai 线联运。长度为 14.1 km 的 Ishiyama-Sakamoto 线是南北走向的线路，贯穿 Otsu，在 Hama-Otsu 与 Keishin 线连接。

⮕ 车辆：62 辆车组成 8 列 4 节编组的列车和 15 列 2 节编组的列车。

    Keihan Type 600（重建于 1984/88）　　M20；

    Keihan Type 700（重建于 1992/93）　　M10；

    Kawasaki Series 800（1997）　　M32。

⮕ 票制结构：分区段计价；预售优惠票、季票；本地智能卡。

Kerfuku 电气铁路有限公司

⮕ 运营类型：轻轨。

⮕ 线路长度：11 km。　　⮕ 线路数量：2 条。

⮕ 车站数量：20 座。　　⮕ 轨距：1 435 mm。

⮕ 供电方式：600 V DC，接触网供电。

仙　台

城市 103 万人（2003 年），大城市地区 150 万人。

由市政和私营公司提供公共汽车运营服务，及地铁和郊区铁路的运输服务。

⮕ 职工数量：316 人。

⮕ 运营类型：全部是地铁，于 1987 年开通首条线路。

⮕ 线路长度：14.8 km。　　⮕ 地下线路：11.8 km。

⮕ 线路数量：1 条。　　⮕ 车站数量：17 座。

⮕ 轨距：1 067 mm。　　⮕ 最大坡度：3.5%。

⮕ 最小曲线半径：160 m。

⮕ 供电方式：1.5 kV DC，接触网供电。

⮕ 列车运行间隔：高峰时段 3 min，非高峰时段 7 min。

⮕ 首/末车时间：05:35/23:55。

⮕ 票制结构：分等级票；多次乘坐票、汽车/地铁换乘票、日票、学生月票和季票；通勤月票、季票和半年票；预付卡。

- 检票方式：全部 AFC。
- 单司机运行：全部列车。
- 信号：全部 ATO，ATC。
- 运营成本来源：53.6% 来自票款收入，43.8% 来自其他商业来源，2.6% 来自补贴。
- 补贴形式：国家补贴 15%，地方政府补贴 85%。
- 车辆：21 列 4 节编组的列车。

Kawasaki 1000（1987 年） M42 T42。

- 高峰运行车辆数：18 列。
- 现状：Nanboku 线是仙台的第一条地铁线路，将北部的 Izumi-Chuo 与南部的 Tomizawa 连接起来。
- 发展概况：已经计划开通第二条地铁线路 2 号线，该线路为东西走向，线路长度为 13.9 km，共有 13 座车站。

福冈

 城市 142 万人（2007 年），市区与郊区总计 250 万人（2005 年）大都市区 506 万人（2004 年）。

 由私营公司承担公交服务，同时也运营两条独立的通勤铁路。地铁则由市政府运营；郊区铁路服务则由日本铁路公司提供，日本国内的渡船服务来自于 Hakata 港口。

 福冈地铁

福冈城市公共交通局

- 职工数量：650 人。
- 运营类型：全部是地铁，首条线路开通于 1981 年。
- 线路长度：40.2 km。　　　　- 隧道长度：29.4 km。
- 线路数量：3 条。　　　　- 车站数量：35 座。
- 轨距：1 067mm（Nanakuma 线为 1 435mm）。
- 供电方式：1.5 kV DC，接触网供电。
- 现状：1 号线为 KuKo 线连接着在 Meinohama 的 JR Chikuhi 线，在福冈机场和 Nishikaratsu 间采用地铁和日本铁路公司提供的全部车辆服务。2 号线的换乘在 Hakozaki 线和 Nishitetsu Miyajidake 线的 Kaizuka 站。

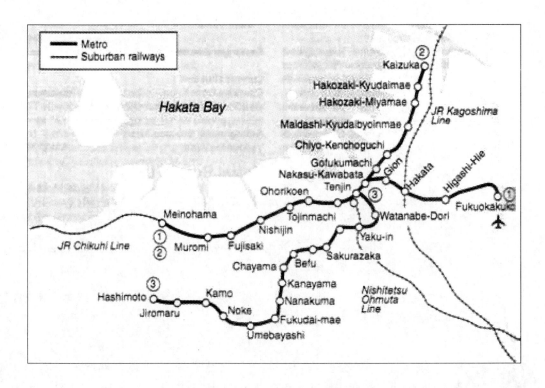

● 发展：3 号线开通于 2005 年，该线连接着福冈市中心的 Tenjin 和西部郊区的 Hasimoto，1 435mm 轨距的铁路上运行着线性动力驱动的六节编组列车。扩展线路已经规划完毕但尚未授权建设，这些线路包括从 Tenjin 到 Hakata 海滨以及从 Watanabe-dori 到 Hakata JR 车站，共计 4 km。

● Hakataken 智能卡已经于 2009 年的早期被引进系统中。

● 车辆：144 辆从早期车辆到 6 节编组系列。

● 采用东芝、日立和三菱

1000 系列	MT 60 T30；
1000N 系列	MT12 T6；
2000 系列	MT24 T12；
30000 系列暂未提供。	

● 运行间隔：高峰时段为 3 ~ 4 min，非高峰时段为 4 ~ 9 min。

● 首/末车时间：5∶30/0∶25。

● 车票结构：根据距离不同划分为五个相关等级；日票、1 日内、6 日内票和六个月的通票；预付费性质的 F 卡、Yoka-Net 和 Wai Wai 卡；对小孩和残疾人将会有一定程度的折扣。

● 检票方式：全部使用 AFC。

➡对老年人/残疾人的特殊服务：超过 70 岁的老人和严重的残疾人免票。

➡单司机运行：所有列车。

➡信号系统：全部是 ATO、ATC。

➡运营成本来源：车票为 38.8%，其他商业来源为 3.2%，补贴/补助为 30.6%。

印 度
India

艾哈迈达巴德

 城市 370 万人，大都市区 510 万人（2006 年）。

 公交系统由政府所有，地铁正在筹备中。

 地铁（筹备中）

新德里轨道交通公司正在筹备艾哈迈达巴德地铁项目，此项目于 2005 年 6 月征得艾哈迈达巴德政府批准。

目前被提议建设的有两条新线。1 号线是从 Aksardham 至 Vasage，约 32.65km，2 号线开往 Thartej，约 10.9km，两条线共 43.55km，共耗资约 4 200 万卢比。

班加罗尔

 670 万人。

 公交由都市交通公司提供服务，公交车、迷你公交和自动人力车都归国家拥有，地铁和郊区铁路系统均在筹备中。

 班加罗尔城市轨道交通公司 Namma 地铁

➡运营类型：大型快速轨道交通系统（建设中）。

➡现状：班加罗尔地铁轨道系统整合了全区的交通系统。

➡Namma 地铁将连接班加罗尔地区商业区和住宅区，地铁将采用双轨线

路，第三轨供电方式，贯穿南北和东西共 41.8 km，41 个车站，东西 18.1 km，南北 23.7 km，大部分线路采用高架方式。

🔹 地铁列车初次设置 4 min 运行间隔，后期设想达到 3 min 间隔，东西线预计全程行驶 33 min，南北线 44 min。系统设计最高时速 80 km/h，商业速度 32 km/h。采用标准轨距（1 435 mm）。班加罗尔地铁设计高峰时每小时运送 4 万人，预计每日客流量 2011 年达到 122.2 万人次，2021 年将达到 197.2 万人次。

🔹 发展概况：目前正在建设高架线部分从 Baiyappanahaili 到 Mahatma Gandhi 路，共 7km，连接 1 号线，于 2007 年 1 月开始修建，预计 2012 年 9 月开通运营。

🔹 全部项目总共经费预计为 6395 万印度卢比，共 33km，经费 30% 来自股权形式募集，25% 来自股东投资，45% 来自次级债务募集。60% 次级债务来自日本国际公司机构基金，其余债务来自当地银行。

2009 年 1 月，南北线路贯通从 Yeshwanthapur 至 Hesaraghatta，线路长 5.6km，共设 6 个车站全部是高架线，从 RV 路至 Puttenhalli3.7 公路，共 3 个车站，全部是高架线。

2009 年 8 月项目

🔹 公共设施改道：水管和污水管，电线和电线杆，交通灯和电话线等。

🔹 环境：准备移栽 15 000 棵树苗和 1 500 棵树。环境基准线监测已经连接，在新德里国家物理实验室检验噪声震动，为了班加罗尔地下隧道工程 ⅡSc。

🔹 高架线路工程：

1 号线建设（Baiyappanahalli 至 Cricket Stadium）于 2007 年 4 月开始实施。高架线共有 6 座车站，已全部建成。

2 号线（Magadi 路至 Mysore 路）已建成 6 座高架线车站。

3 号线（Yashwantpur 至 Swastik）的 7 座高架线车站已建成 3 座。

4 号线设计完成，目前 5 座高架线已经完成 3 座。

🔹 地下线工程：

车站：

1 号线 Baiyappanahalli：站台建设已经基本完成。

3 号线 peenya：车站建设即将全部完成。

车辆：2009 年年初，BEML 签署 150 辆地铁列车合同，其中 1 期工程将于 2010 年 10 月交付。合同价值为 1 672 500 万印度卢比。此次订购包括 50 辆 3 节编组列车，将交付给由 BEML、Rotem 和 Mitsubishi 组成的财团拥有。公司预计将额外订购 63 辆地铁列车以满足班加罗尔地区未来地铁延长线使用。

孟买

 人口 城区人口 1 390 万人，大都市区人口 2 090 万人（2008 年）。

 公共交通 公交车和摆渡由市政拥有，市郊区域由州立公路交通公司拥有。城市中重点使用市郊中心及西部铁路线网，广泛使用出租车、电动人力车、私家公司车和校车。地铁正在建设当中，单轨铁路还在计划中。

 地铁

德里地铁公司

➔ 运营类型：地铁（建设中）。

➔ 现状：2003 年孟买都市区域发展委员会（MMRDA）委派德里地铁公司负责开发孟买地铁，同时也得到了当地政府的认可。发展委员会提出了发布两条线路的建议，一条是从 Versova 到 Andheri 到 Ghatkopar（共 11 km，高架线，12 座车站），另一条是从 Colaba 经 Charkop（共 36 km）。孟买地铁建设三期工程将完成总长为 146 km 的地铁网络，以覆盖整个区域，并与已建成的郊区铁路达成接驳。目前一期工程的建设总长为 62. 44 km。

➔ 发展概况：2006 年 6 月，首相亲自参加地铁 Versova 经 Andheri 至 Ghatkopar（VAG）线的动工仪式。本项目建成后，将于 2009 年 10 月实现每天载客 47. 5 万人次。此线路采用 4 节编组列车，三显示色自动信号系统和集中控制中心，车站安装自动售检票系统，并设有残疾人用直梯。新系统将实现公交车、出租车和摆渡的整合，并实现和市郊铁路换乘，预计总花费达 970 300 万印度卢比。

全线旅行时间 21 min，运行间隔为 5min，在高峰时段的运行间隔可达到 3. 5 min。轨道采用标准轨距（1 435mm）。

车站运营控制中心将设在 D N Nager。

孟买地铁第一有限责任公司由政府组织成立，此公司获得 VAG 线的

经营权。

　　孟买地铁于 2006 年动工。孟买都市区域发展委员会占有项目26% 股权，并拥有 35 年的物业所有权。1 号线建成将实现与 Harbour 铁路线和 Mankhurd 线及 Bandra 西部铁路线接驳。

　　2 号线计划于 2006 年获批，与 1 号线在 Bandra 连接，3 号地下线同样在 Bandra 连接，开往 Colaba。2 号线计划于 2011 年开通，到时将实现每日客流量 120 万人次，孟买都市区域发展委员会仍占有 26% 股权，35 年物业所有权，政府提供 1 600 万卢比支持建设 2 号线。

加尔各答

 城市为 460 万人，大都市区为 1 470 万人。

 公交系统由州政府所有。私人公交和迷你公交由运营商所有。电车、市郊铁路和地铁由印度铁路局所有。

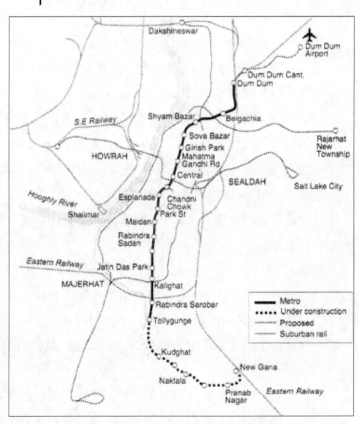

地铁 Bhavan

- 运营类型：地铁，于 1984 年开通。
- 年运量：

  10 787 万人次（2005/06 年）；　　　11 481 万人次（2006/07 年）；

  12 062 万人次（2007/08 年）。

- 线路长度：16.45 km。　　　　　　　- 高架线长度：1.6 km。
- 线路：1 号线。　　　　　　　　　　- 车站数量：17 座。
- 轨距：1 676 mm。
- 轨道：UIC 60kg/m，强化混凝土轨枕。
- 最大坡度：2%。
- 最小曲线半径：300 m。
- 供电方式：750 V，第三轨供电。
- 现状：全线从 Tollyganj 至 Dum Dum 于 1995 年开始运营，但系统已经老化。最大的问题是设备维护和运营中的破损。目前正在开始全方位的改造计划，改造后将提高客流量和增加收入。

  目前，大量公交和迷你公交及地铁线路重复，这导致交通利用率不高，通过线路的合理规划，目前已经基本解决此问题。

- 发展概况：延长线从 Tollygunge 至 Garia（全长 8.5km，共 6 座车站，于 1999 年~2000 年获批价值 907 690 万卢比，目前还在建设中。另一个项目由政府投资，线路开往 Tolly's Nullah，此线路大部分采用高架结构，共设六座车站。这条延长线将连接南 24Parganas 区和 Kolkata 中心商业区，减少了 Sealdah 南部郊区的交通压力。

  铁路部门对延长线 Dum Dum 经 Barangar 至 Dakshineshwar 进行初步调查，目前已经完成调查。

  2009 年年初将引进 13 辆空调车，预计于 2009 年其中两辆将上线。

  全线将升级信号和售检票系统，信号系统将升级为自动列车保护和报警（TPWS）系统，此系统可将列车间隔缩小到 4 min。

  已经在四个站安装新的自动扶梯，在 2009 年将实现全线安装自动扶梯。

  为增加安全性，车站内安装 270 个摄像头并设有集中控制室，并且全站设有金属探测仪，每站还配备武装保安保护乘客安全。同时车站还准备安装炸弹探测仪，X 光探测仪以及配备警犬。

➲ 车辆：144 辆。

　ICF A　　　　　　　　M108；

　ICF B　　　　　　　　T36。

➲ 订购：7 辆 8 节编组列车，向 ICF 订购。

➲ 运行间隔：高峰时段 6～8 min，非高峰时段 10～15 min。

➲ 首/末车时间：周一至周六 07：00/21：45，周日 14：00/21：45。

➲ 票制：分三个区间。有单程和双程票、多程限制折扣票、多程无限制票、多程通票、团体票、智能折扣票。

➲ 检票方式：磁卡票、可存储信息票、智能票。

➲ 逃票控制：AFC 磁卡和微信息控制进出口。

➲ 与其他交通系统的连接：有专用公交系统连接。

➲ 信号：红绿灯，CATC 系统。设计运行间隔 4.5 min。

➲ 监视：闭路电视和保安。

➲ 对老年人/残疾人的特殊服务：每列车厢安排 24 个残疾人专座，14 个女性专座。

Kolkata 地铁公司

➲ 运营类型：地铁（计划中）。

➲ 线路数量：1 条。

➲ 线路长度：13.7 km。

➲ 车站数量：12 座。

➲ 轨距：1 435 mm。

➲ 供电方式：750 V DC，第三轨供电。

➲ 隧道：车站采用随挖随填法，通道采用 TBM 法。

➲ 背景：2007 年年末，政府批准 122 000 万卢比标准轨距"东西线地铁"项目。全部完成预计花费 4 676 000 万卢比。

➲ 现状：Kolkata 地铁公司（KMRC）负责东西线地铁的建设、运营和维修。

　东西线地铁项目长 13.7km，共 12 个车站，从 Howrah westwards 至 Salt Lake。项目一期工程准备先完成高架线部分，于 2012 年开通，全线预计于 2014 年完成。

　新线计划和现在既有线路配置相同的售检票系统，并引进新车提供服务。

　列车上和地下线路将安装空调，车站站台安装屏蔽门。

2014 年预计年客流量为 300 万人次，2021 年达到 340 万人次。

◑发展概况：2008 年 11 月，已经确定 4 个短期具有资格的承包人，负责建设高架线部分。

　　下一步准备 64 辆 4 节编组列车（M_2T_2），预计于 2009 年 1 月交付。

◑车组：76 辆（4 节编组，可升级为 6 节编组）。

◑票制：分区计价。

◑检票方式：AFC 系统。有磁卡和智能卡票。

◑信号：司机室信号和不间断列车控制的自动列车保护系统。综合系统采用光纤电缆、SCADA、列车广播以及通讯系统。

◑与其他交通系统的连接：与南北线地铁在中心交汇，连接郊区线，与长距离铁路线和公交线在 Howrah 站和 Sealdah 站交汇，与渡船在 Howrah 站交汇。

马德拉斯（钦奈）

城市 434 万人（2001 年），大都市区 805 万人（2009 年）。

大部分的公共交通需求由都市部门的国有运输公司提供的公共汽车服务系统来满足。市郊轨道服务由南方铁路的三条路线提供，在 1997 年完成区域地铁中最初的 9.2 km 路段的延长地铁。

钦奈地铁有限公司（CMRL）

◑运营类型：地铁（规划）。

◑现状：钦奈地铁有限公司属特别用途车辆，由泰米尔纳德邦政府创立于 2007 年 12 月，负责执行钦奈地铁项目。

　　新德里地铁有限公司准备了一份详细的项目报告，在项目第一阶段提出了两条初始路线。泰米尔纳德邦政府已原则上批准了这两条路线。此项目的估计成本是 1 460 亿卢比。中央政府及联邦政府将预计投入成本的 14%。差额将向日本国际合作机构进行贷款。

　　两条线路总长 45 km，将在第一阶段进行建设。24 km 走地下隧道，21 km 走高架。

　　线路一（长 23.1 km，14.3 km 为地下隧道，8.8 km 为高架）将经

由 Anna Salai，从 washermanpet 至机场。

线路二（长 22 km，9.7 km 为地下隧道，12.3 km 为高架）将经由 Koyambedu 从钦奈市中心至 St Thomas Mount。

线路一从 washermanpet 至 Anna Salai 的 Saidapet，线路二的 Periyar EVR Salai 及 Thirumangalam 将走地下隧道，其余部分则走高架。

提出的地铁系统将运行在高架电气化线路上。网络计划采用具有列车自动保护（ATP）系统、列车自动运行（ATO）系统、光纤传输系统（FOTS）、自动检售票（AFC）系统及列车自动监控系统（ATSS）的列车连续自动控制（CATC）系统。

● 发展概况：钦奈地铁有限公司（CMRL）目前已转换为由印度政府及泰米尔纳德邦政府同等持股的合资企业。

印度政府于 2009 年 1 月 28 日批准了钦奈地铁项目的第一阶段。

第一阶段计划于 2014～2015 年完成。

钦奈捷运系统（MRTS）
区域地铁（RTS）

● 运营类型：捷运系统（MRTS），第一部分开始于 1997 年。

● 线路长度：27 km。　　　● 线路数量：1 条。

● 车站数量：17 座。

● 轨道：高架部分为无砟轨道；部分轨道在 PSC（预应力混凝土）桁梁上。

● 现状：从钦奈海滩至卢斯（现为蒂鲁玛莱）的城市环线的初始部分随着 Chepauk-luz 分部的设立于 1997 年 10 月开始全面运行。从海滩至 Park 镇的 2.75 km 有 3 个车站位于地面上，余下的 6.2 km 有 5 个车站在高架上；电气化为 25 kV。随着推广工作的进行，又一个高架车站已经完工。

捷运系统的服务已大量增加，并引入了三辆编组列车。这些措施受到了乘客的广泛欢迎。

● 发展概况：钦奈捷运系统的第二阶段是将捷运系统由 Thirumayilai 延伸至 Velachery，覆盖 11.166 km 的距离，已完工，并于 2007 年 11 月向乘客开放。克服了 Perungudi 与 Velachery 之间弱底土层的阻拦，轨道已铺设在由延伸的岩锚桩支撑的 PSC 大梁上。该项目的显著特点是铺设在 Thirumayilai 与 Taramani 之间的无砟轨道上。Thirumayilai-Velachery 捷运系统项目已完工，成本为 733.39 亿卢比。该成本由地铁公司与泰米尔纳德邦政府之间以 1：2 的比例分担。

捷运系统从 Velachery 至 Saint Thomas Mount 的 5 km 支线也正在建设中。此工作预计将于 2010 年 12 月完成，成本为 496 亿卢比。

➡ 车辆：6 节编组列车。

➡ 首/末车时间：6：00/21：30。

➡ 运行间隔：高峰时段为 10 min，非高峰时段为 20 min。

➡ 票制结构：计程制；单程票及往返票，月度及三个月通票，儿童及学生优惠票价。

➡ 售检票方式：现金，纸质车票；推荐使用一体化票务。

➡ 与其他交通系统的连接：所有车站均与巴士连接。

德 里

 城市为 1 380 万人（2001 年），大都市区为 2 150 万人。

 公交车服务由德里政府公共交通公司提供，德里地铁（1、2、3 号线）和私人公交车以及迷你公交车由州交通局所有。市郊铁路服务由北铁路局提供，单轨铁路正在筹备中。

 德里地铁有限责任公司

➡ 运营类型：地铁（一期工程于 2006 年 11 月完工，二期工程第一阶段于 2008 年 6 月完工，第二阶段于 2009 年 2 月完工，第三阶段于 2009 年 5 月完工，二期工程于 2010 年全部竣工）。

➡ 年客运量：260 万人次。

➡ 线路长度：76.66 km（1 号线 25.1 km，2 号线 17.36 km，3 号线 34.2 km）。

➡ 隧道长度：14.11km（2 号线 11.94 km，3 号线 2.17 km）。

➡ 高架长度：57.05 km（1 号线 20.6 km，2 号线 5.42 km，3 号线 31.03 km）。

➡ 线路数量：3 条。　　　　➡ 车站数量：68 座。

➡ 轨距：1 676 mm。

➡ 供电方式：25 kV AC，接触网供电。

➡ 现状：德里地铁有限责任公司于 1995 年注册，由印度德里政府参股。由公司特别策划组组织执行此项目，主要解决城市复杂环境问题以及紧迫

的时间问题。一期工程耗时大约 7 年零 9 个月完成，预计耗资 21 亿美元，一期工程预计于 2006 年 11 月开通。

2008 年 6 月 4 日，二期工程开通，比预计提前 7 个月开通。线路高架部分长 3.1 km，从 Shahdara 至 Dilshad Garden，是一号线延长线，共 3 站。

二期工程另一条线于 2009 年 2 月 4 日开通，比预计提前 9 个月，线路长 6.36km，有 1 座地下站和 3 座高架站。

二期工程第三条线于 2009 年 5 月 10 日开通，比预计提前 2 个月。线路长 2.1 km，是 3 号线延长线，从 indraprastha 至 Yamuna Bank。

2009 年 11 月 3 号线 Yamuna Bank 至 Anand Vihar 线路开通，线路长 6.17 km，共 5 个车站。

目前，公司拥有 70 辆 4 节编组列车，均安装了自动列车保护系统（ATP）和自动列车运营系统（ATO）。三条线路列车运行间隔均可达到 3 min 30 sec 到 4 min。Kashmere 站和 Rajiv Chowk 站分别为 1 号线和 2 号线的换乘站、2 号线和 3 号线的换乘站。

售检票采用自动票务收集系统（AFC），还为残疾人提供特别服务设施。

➡ 发展概况：德里地铁一期工程完成时间比预期提前 3 年。德里地铁有限公司正在建设二期项目。二期工程完成后，地铁线路总长将达到 128.06 km。目前已经完成 11.56 km。连接 Jahangirpuri 和 Badli 长 3.42 km 的线路正在等待政府审批。二期工程全部完成预计在 2010 年。

全线中有 1 km 在地面，81.84 km 采用高架，30.24 km 在地下，三条线均将采用标准轨距。

德里地铁公司的成功鼓励了其他城市开建地铁。德里地铁公司被委任为科技地铁顾问和孟买地铁顾问。德里地铁公司还负责班加罗尔、加尔各答、孟买、艾哈迈德巴德、钦奈、卢迪亚纳地铁可行性报告，同时还编写班加罗尔机场、加尔各答机场的可行性报告。

在国际上，德里地铁还被印度尼西亚雅格达地铁作为特别项目顾问组，其他国家也表示了对德里地铁公司的兴趣，包括印度尼西亚、斯里兰卡、孟加拉、爱尔兰和越南。

➡ 车辆：目前，德里地铁公司拥有 280 辆标准轨距列车（70 辆 4 节编组列车）。下一步选择订购 8 节编组列车。二期工程，公司获得 620

辆列车合同，目前已经交付 12 辆列车。合同其中包括 424 辆 8 节编组庞巴迪列车，另外 196 辆列车来自三菱公司、现代公司。现在已经运至印度。

➡ 运行间隔：高峰时段 3.5 min

➡ 票制：计程制，单程和往返票，有优惠的单程和往返充值票。

➡ 检票方式：自动检票系统 AFC，转杆式闸机单进门，地铁硬币，智能卡。

➡ 对老年人/残疾人的特殊服务：全站设有残疾通道、盲人指示标。

➡ 安全设施：全站设有监控设施、地铁保卫、警察。

海德拉巴

 人口 700 万人。

 公共交通 公交车、私人公交、迷你公交和自动人力车由州交通公司所有，南部中心铁路、地铁正在筹备中。

 地铁

大型快速交通系统

➡ 运营类型：地铁（筹备中）。

➡ 现状：德里地铁公司目前正在准备地铁可行性报告，海德巴拉城市人口密集，城市中心是商业中心和政府所在地，城市将建设三条地铁线，Tarnanka 至 Hitech Ciy（20km），Miyapur 至 Chatanya puri（26km）及 Secundrabad 至 Falaknuma，政府已经投资准备高架线技术。

➡ 发展概况：2005 年 8 月，政府邀请国际团队进行设计、发展、建设、运营和维护高架线路，由建筑运营运输团队负责。

以色列
Israel

耶路撒冷

 人口 73.2 万人。

 公共交通 大部分公共汽车服务由当地国家运输合作社成员提供；轻轨在建。

 轻轨

交通部

➥ 运营类型：轻轨（建设中）

➥ 现状：轻轨初始线将为 13.8 km，有 23 个车站，轨距为 1 435mm，750V 直流架空电气化，从城市北部的 Pisgat Ze'ev 经由 Jaffa 路至 Mount Herzl。公共汽车服务将进行重组，并作为新线路的补充，而非竞争关系。市中心的 Jaffa 路将作为行人专用区。

为解决乘客在车站上车前，需提前购买车票的问题，提出了与公交系统的上车验证及票务集成的建议。届时，将会有巡回检票员。车站及车上将装有终端显示车次信息。

将建停车及转乘设施缓解市中心的交通堵塞。

➥ 发展概况：2004 年年初，国家和 CityPass 财团之间签署了一项协议，以 ALSTOM 为首，包括两家以色列公司 Ashtrom 和 Polar 投资公司。特许建设和运营第一条轻轨线，为期 30 年。此线路计划于 2010 年开始运营，有 23 辆 ALSTOM Citadis 302 型低地板轻轨列车。

通过延长及增加支线，此系统将进一步拓展，将总共包括 8 条线，长 54 km，共 75 个车站。交通部及市议会计划分阶段开展和运作计划，由私营部门提供资金和运行。

特拉维夫-雅法

 人口 城市为 384 600 人，大都市地区为 320 万人。

 公共交通 一些私营公司组成协作组织，共同运营大部分的公共汽车线路。还有郊区铁路运营线路；轻轨正在建设中。

 地铁

NTA-大都市轨道交通系统有限公司

➡ 现状：1998 年，NTA 完成了关于特拉维夫市运输的一个全面的可行性研究，随后编制了总体规划，在这个规划中，定义了初始的可执行阶段。

这个总体规划被批准为国家法定规划，该规划详细设计了特拉维夫市的铁路线路分布。

这个总体规划包含：

红色线路：线路全长 22 km，包含地上线与地下线。该线路包含了 31 个车站和 10 条隧道。该线路起始于南部的 Bat Yam，经过位于雅法的耶路撒冷大道到达耶路撒冷的 Arlosoroff Terminal，然后经亚博廷斯基大道到达 Petach-Tikva。

绿色线路：一条 14 km 的轻轨线路，从里雄莱锡安出发，经过霍隆到达耶路撒冷市中心，终点到达 Arlosoroff。

黄色线路：该线路全长 26 km，大部分为地上线，共有 48 个车站，连接了 7 个城市，目前正在设计阶段。

红色线路：红色线路的地下部分在特拉维夫中心商业区的下方。地面线路行车间隔为 3 min，地下线路行车间隔为 1 min 30 sec。在高峰小时，在单向高峰性个面上每小时 15 000 ~ 20 000 客流量。

➡ 发展概况：红色线路已经开始准备工作。

2007 年 3 月，由以色列非洲、德国西门子、EGGED 巴士公司、中国 CCECC、Da Costa Soares、葡萄牙和 HTM、荷兰等构成的 MTS 集团与以色列签订特许权协议。这条线路采用 BOT 模式（建设—经营—转让模式）建设，由 MTS 公司运营 32 年。然而，财务协议仍然未完成。

红色线路计划于 2008 年早期开始建设，预计于 2013 年完工。

土耳其
Turkey

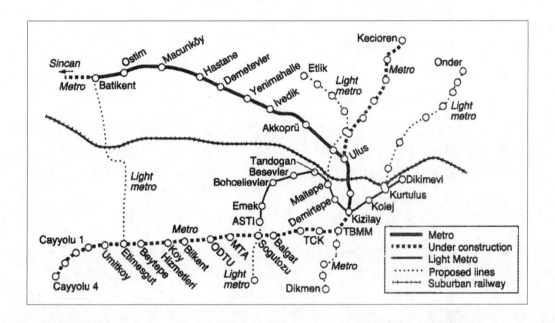

安卡拉

 人口　　430 万人（2005 年）。

 公共交通　　市政局经营公共汽车、地铁和轻轨/地铁运输。国家铁路经营郊区铁路。私营运营商经营小公共汽车和传统公共汽车。

 轻轨　　单位名称：Light Metro-Ankaray

➡ 运营类型：轻型地铁，于 1996 年开通。

➡ 年客运量：6 390 万人次（2006 年）。

➡ 线路长度：8.5 km。　　➡ 线路数量：1 条。

➪车站数量：11 座   ➪轨距：1 435 mm。

➪供电方式：750 V DC，第三轨供电。

➪现状：这条轻型地铁作为地铁建造主要项目的一部分，于 1996 年开通。线路全部分隔开独立运行（大部分在地下），沿着东—西公路连接 Diki-mevi 和 Bohcelievler、ASOT 公共汽车终点站。线路可以与市中心 Kizilay 的重型地铁换乘。

➪发展概况：计划延伸线从 Maltepe 到 Etlik（全长 5.7 km），从 Kurtulus 到 Hasly（全长 4 km），Dikimevi 到 Dogukent（全长 7.7 km）。

➪车辆：33 辆。

➪高峰运行车辆：27 辆。

➪运行间隔：3 ~ 5 min。

➪首/末车时间：06:15/24:00。

➪运营类型：全部是地铁，于 1997 年开通。

➪年客运量：4 950 万人次（2006 年）。

➪线路长度：14.6 km。

其中隧道长度：6.5 km。

其中高架线长度：3.2 km。

➪线路数量：1 条。

➪车站数量：12 座。

➪轨距：1 435 mm。

➪线路：UIC54 轨道固定在混凝土道床、道砟道床上。

➪供电方式：750 V DC，第三轨供电。

➪现状：在市中心的 1 号线连接 Kizilay 和西部 Batikent 新的居民住宅区，沿着繁忙的 Atatürk Boulevard 大道路运行。线路是全部分开独立运行的，开通时单方向断面运输能力达到 1 500 人次/小时，到 2015 年在高峰时运送乘客上升到 103 042 人次/h。

平均站间距离为 1.2 km，车辆运行平均速度为 38 km/h。从 Batikent 到 Kizilay 的运行时间为 22 min，环线路 Batikent-Kizilay-Batikent 运行时间为 48 min。

➪发展概况：有三条延伸线在建，从 Kizilay 到 çayyolu（全长 18 km，16 座车站）；从 Ulus 到 Keçiören（全长 7.9 km，6 座车站）和 Batikent 到

Sincan（全长 18 km，11 座车站）。计划一条延伸线从 TBMM 到 Dikmen（全长 4.8 km，5 座车站）。

➡ 车辆：108 辆，6 辆编组。

庞巴迪（1995/97）　　　　　　　M108。

➡ 列车运行间隔：高峰时段 3～5 min，非高峰时段 8～9 min。

➡ 首/末车时间：06:00/24:00。

➡ 票制结构：单一票制；1～10 次乘车票。

➡ 检票方式：磁卡票，检票转栅门闸机。

伊斯坦布尔

 都市地区 1 030 万人（2007 年）。

 市政府负责提供传统公共汽车、地下电缆铁路和传统电车运输服务；IETT 监督私营公共汽车运营；私营者经营分担出租车"Dolmus"和小公共汽车运营；还有郊区铁路、公共和私营轮船运输，以及轻轨和电车服务。2000 年开通地铁。

 运营单位：Istanbul Ula şim Sanayii ve Ticaret AS-Istanbul Ula şim Transportation Co

➡ 职工数量：800 人。

➡ 旅客行程次数：（全部交通方式）。

20 500 万人次（2006 年）。

➡ 现状：为了承担铁路系统的运营和维护工作，1988 年，成立了伊斯坦布尔 Ula şim。作为伊斯坦布尔都市附属单位，伊斯坦布尔 Ula şim 已经经营了公共交通 19 年。

作为城市中地铁、轻轨、电车和电缆铁路的经营商，伊斯坦布尔 Ulaşim 为城市居民提供交通运输，在 Esenler 的总部中心协调运输。52 km 的市区铁路，伊斯坦布尔 Ula şim 一年运送乘客达到 20 000 万人次。

伊斯坦布尔 Ula şim 已提出持续发展线路的建议，并于 2005 年签订了 UITP 持续发展的计划。

➡ 发展概况：2006 年开通新的 Kabatas-Takism 电缆铁路，为电车和地铁系统之间提供了连接线。

这条电缆铁路每天运送乘客 20 000 人次。

正在建设的项目和考虑建设的项目包括：

· Marmaray Bospphorus Tube Crossing；

· 第 4 Levent-Ayazağa 地铁线（3.6 km）；

· 中心公共汽车站-Baġcilar 轻轨线（20 km）；

· Taksim-Yenikapi 地铁线（5.2 km）；

· Aksaray-Yenikapi 轻轨延伸线（0.7 km）；

· Edirnekapi-Sultaniftliġi 轻轨线；

· Kadiköy-Karatl 轻轨线（22 km）。

伊斯坦布尔 Ulaşim 负责进行车辆维修，以及系统项目研究发展工作。

➲运营类型：轻轨/电车，于 1989 年开通首条线路。

➲年客运量：8 750 万人次。

➲线路长度：轻轨 20 km，电车 14 km。

➲车站/电车站数量：轻轨 18 座，电车 24 座。

➲轨距：1 435 mm。

➲供电方式：750V DC，接触网供电。

➲现状：伊斯坦布尔 Ulaşim 也经营 Kadiköy-Moda 怀旧的老式电车、Maçka-Taşkişla 缆车和 Eyüp-Piyer Loti 缆车系统。

➲发展概况：2006 年，电车系统延伸到 Baġcilar。这条线在 Zeytinburnu 车站和 Akaray 车站与轻轨线连接。同年，Kabatas-Tasim 新的电缆线路开通，为电车线和地铁系统提供连接。电缆线路每天运输乘客 20 000 人次。

➲车辆：55 辆。

ABB（1988/89）   M55。

➲运行间隔：5 min。

➲首/末车时间：06:00/24:00。   ➲票制结构：单一票价，通票。

➲检票方式：轻轨线使用可重复使用的磁卡或接触卡开启站台通道门，电车使用预先购买的纸制车票，人工检票。

 ➡年客运量：6 570 万人次（2006 年）。

➡线路长度：8 km。　　　➡线路数量：1 条。

➡车站数量：6 座。　　　➡轨距：1 435 mm。

➡车辆：8 列 4 节编组列车。

　GEC／ALSTOM　　　　　M32。

➡运行间隔：高峰时段 4 min，非高峰时段 6～15 min。

➡检票方式：代币或 Akbil 接触卡。

伊兹密尔

 城市 310 万人，都市 380 万人（2007 年）。

 公共交通：大伊兹密尔市政府（GIM）负责伊兹密尔都市地区中的公共交通。

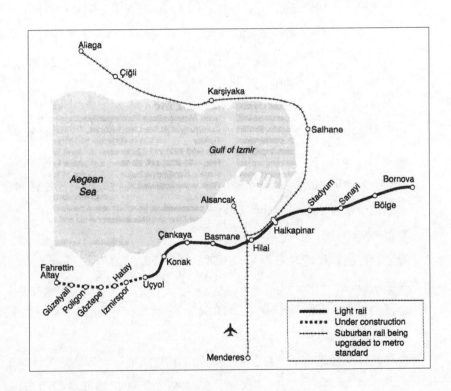

　　两个市政企业提供公共汽车运输，市政缆车运营；地铁/轻轨（2000 年 8 月开通），国家铁路提供铁路通勤运营；私营运营商在固定收费、固定线路基础上分担出租车"Dolmus"运营和运输，私营公共汽车也为工业雇员、商业和学校提供运输服务。

运营单位：Izmir Metro SA

Greater Izmir Municiplity

◐ 职工数量：264 人。

◐ 运营类型：轻轨，2000 年 8 月开通首条线路。

◐ 背景：伊兹密尔地铁 SA 负责伊兹密尔地铁运营。

◐ 年客运量：3 000 万人次。

◐ 线路长度：11.6 km。　　其中隧道长度：4.5 km。

　　其中高架线长度：2.5 km。

◐ 线路数量：1 条。　　◐ 车站数量：10 座。

◐ 轨距：1 435 mm。　　◐ 线路：49 kg/m 焊接轨道，混凝土道床。

◐ 供电方式：750V DC，第三轨供电。

◐ 现状：2000 年 8 月开通 11.6 km 轻轨线路。这条线路从南部 Üçyol 到东北部
　　Bornvoa，共 10 座车站。在市中心有 5.2 km 的线路为隧道区段，2.5 km 为高
　　架线路。从 Üçyol 通过市中心到达 Halkapina 形成规划网络中的核心线路。

　　　预测线路将有相当大的客流量，最初一列车为 3 辆编组，运输能力
　　为 18 000 人次/h。以后列车为 5 辆编组运行，列车运输能力上升到
　　37 000 人次/h。在开通运行的几个月中每天运输 80 000 人次，是预测客
　　流量的两倍。现在每天客流量达到 100 000 人次。

◐ 发展概况：现有系统第二阶段的土木工程，线路从城市北部到南部。该
　　工程已经开始，预计于 2007 年完工。新线有 5.5 km 隧道区段，从 Üçyol
　　到 Fahrettin Altay，共设 6 座车站。这条线路通过人口稠密地区和商业区，
　　到达市中心西端 Fahrettin Altay——一个主要汽车终点站。

◐ 首/末车时间：06:00/24:00。

◐ 运行间隔：高峰时段为 4 ~ 5 min，非高峰时段为 7 ~ 15 min。

◐ 单司机运行：100%。

◐ 票制结构：单一票价（1.25TRL），Kentkart 卡（接触卡），全部公共交
　　通方式有效车票和代币。

◐ 与其他交通系统的连接：在公共汽车和渡船上也可以使用 Kentkart 卡。

◐ 对老年人/残疾人的特殊服务：60 多岁老人使用降低费用的年通票，残
　　疾人（邮递人员和警察）免费乘车。

◐ 车辆：45 铰接车辆，3 辆、4 辆、5 辆编组列车。

　　Adtranz（1998/99 年）。

伊朗

Iran

德黑兰

 人口 城市 779 万人，大都市地区 1 340 万人（2006 年）。

 公共交通 公共汽车与电车服务由政府部门提供，政府部门同时也监管其他城市的公共汽车服务及小巴的运营。地铁和市郊铁路扩展的运营正在建设中。

 地铁 **德黑兰市区及郊区铁路公司（TUSRC）**

➡ 职工数量：3 535 人。

➡ 运营类型：地铁，第一部分开始运营于 2000 年。

➡ 背景：TUSRC 是为发展及建设伊朗首都的城市铁路网服务的。

TUSRC 由德黑兰直辖市控制，正在建设这个城市的地铁系统。

2007 年，TUSRC 重组为一家控股公司，拥有附属的、独立的公司负责运营、建设、采购、机车车辆制造和车站管理等。

➡ 年客运量

2.095 5 亿人次（2004 年）；　2.534 4 亿人次（2005 年）；

3.005 4 亿人次（2006 年）；　4.156 1 亿人次（2007 年）。

➡ 轨距：1 435 mm。

➡ 供电方式：750 V DC，第三轨供电。

➡ 线路长度：96 km。

➡ 隧道长度：53.6 km。

➡ 线路数量：4（包括 5 号线）。

➡ 车站数量：55 座。

➡ 现状：1 号线是一条贯穿南北，长 28.1 km 的路线，共有 22 个车站，每天运营 17.5h，高峰时每 3min 一班。

2 号线是一条贯穿东西，长 20 km 的路线，共有 19 个车站，运营时间、高峰列车间隔与 1 号线一致。

5 号线是郊区线，长 41.5 km，共有 9 个车站（还有 2 个车站在建），运营时间与 1 号线一致，高峰时每 10 min 一班。

⮞发展概况：1 号线将向北延伸约 7.8 km，再建 7 个车站。列车间隔时间将缩短至 2min。向南延伸至机场的计划也在考虑之中。

2 号线将向东延伸约 4 km，再建 4 个车站。列车间隔时间将缩短至与 1 号线一致。

在未来德黑兰地铁网络中，计划发展为 9 条市区线及 4 条特快线，总长约 430 km。特快线将连接西部的 Karaj 与东部的 Pakdasht、Parand 与国际机场至德黑兰北部，东部的 Pardis 与南部的国家铁路，连接德黑兰北部至 Varamin 城。

2007 年 7 月，德黑兰地铁公司主席 Mohsen Hashemi 与工业矿山银行董事总经理 Mehdi Razavi 签署了一份合同，拟投入 1 亿美元开始执行德黑兰地铁 3 号线的运营。3 号线将在地下 24 km 建 23 个车站，在地面上 11 km 建 7 个车站。这个项目将分 5 个阶段至 2014 年完工。项目的第一阶段已开始实施，将建 7 km，包括 1.1 km 的隧道，将于 2009 年投入运营。这条线从 Islamshahr 的最南部经由 Chahardangeh、Rah-Ahan、Monirieh 和 Vali-e Asr 广场，到达 Shahid Beheshti 街和 Imarm Ali-Shahid Zeinuddin 路口，终点在 Lashgarak。这条线的总成本估计为 7.7 亿欧元。

4 号线的头两个阶段已开始。目前 4 号线长为 7.5 km，有 7 个车站，还在进一步建设中。4 号线由西向东穿过德黑兰，总长将为 21 km，有 22 个车站，将连接西部的 Ekbatan 与东部的 Shahid Kolahdoot 广场，并将在 Darvazeh Dolat 站与 1 号线换乘，在 Azadi 和 Darvazeh Shemiran 站与 2 号线换乘。4 号线将使用 161 辆地铁车辆进行运营。

⮞车辆：518 辆地铁车辆（74 列 7 厢列车）。

⮞首/末车时间：5:30/23:30。

⮞票制结构：分区计费：市区（1、2、4 号线）；有折扣的非接触式智能卡（CSC）；周票及月票。

⮞自动控制：交通控制中心（TCC）；联锁信号系统；列车自动保护系统；列车自动控制 TVM300 设备（CS 交通）。

➡监控：在售票大厅、走廊及月台均装有闭路电视监控系统。

Tehran-Karaj-Mehrshahr 特快线（5 号线）

➡运营类型：地面通勤线，始于 1999 年。

➡线路长度：41.5 km。　　　　➡线路数量：1 条。

➡车站数量：9 座（2 座在建）。　➡轨距：1 435mm。

➡供电方式：25 kV 50 Hz，接触网供电。

➡现状：5 号线由德黑兰中央向西，在 Sadeghieh 与德黑兰地铁系统 2 号线
进行换乘，5 号线将卫星城 Karaj、Mehr-Shahr 连接起来。提供去 Karaj 的
服务始于 1999 年。

　　5 号线由中国国际信托投资公司、中国国家进出口公司及中国北方
工业公司进行建设及提供设备。

➡发展概况：5 号线正在建设一段 1.4 km 的路段，将服务于 5 号线西部终
点的设备维修厂。

➡机车车辆：24 辆电力机车，88 辆双层巴士，每列车 8 节编组。

株洲电力机车 TM1 级　　　　　　　12 辆；

株洲电力机车 TM2 级（2005 年）　　12 辆；

长春铁路车辆厂双层巴士　　　　　　88 辆。

阿拉伯联合酋长国
United Arab Emirates

迪 拜

人口

230 万人（2008 年）。

公共交通

政府管理者在城市和周边提供公共汽车服务。在公有和私有联合经营下，建议开发电车网络。其他交通模式包括载客渡轮（Arab）线路，是为了穿过迪拜港湾提供的额外连接线路。2009 年，开通第一段地铁线，下一步是在私人投资下建议开发的独轨铁路。

地铁

迪拜地铁

➡运营类型：地铁，2009 年 9 月开通第一段。

➡线路数量：1 条（另外 1 条正在建设中）。

➡线路长度：52.1 km。

➡车站数量：10 座（目前开通）。

➡轨距：1 435 mm。

➡供电方式：750V DC，第三轨供电。

➡背景：建立铁路机构，提供铁路运输的全部交通模式，包括地铁、高速铁路和电车，缓解迪拜城市的交通拥挤。

1997 年，开始研究开发地铁，可行性研究为已知的 R7100 号研究。这项研究在 1997～2000 年期间完成。

2000～2002 年期间，进行了 PS002 迪拜运输选型研究，研究包括最初详细的 R700 研究结果和主要轨道交通走廊、商业中心区（CBD）环路开发的最早设计理念，精心推敲基础设计图纸和线路。

2002～2004 年期间，委托进行更详细的规划研究 PS007，其中有迪

拜地铁的准备工作和初步工程的设计理念、技术性能和设计建设合同招标。2004 年 10 月，在 FIDIC 结构基础上，进行了工程招标工作。

2005 年 7 月，设计建筑合同交给迪拜铁路线联盟（DURL），包括日本公司、三菱重工、三菱公司、Obayashi 公司和 Kajima 公司，土耳其 Yapi Markezi 公司。

➡ 现状：目前正在建设两条自动化线路，第一段红线（全长 52.1km，29 座车站，其中高架 24 座，地面 1 座，地下 4 座），第二段绿线（全长 22 km 15 km 高架，8 km 在隧道中），20 座车站（加上换乘车站，12 座高架，8 座地下）。有两座换乘车站在 Burjuman 和 Union Square。地铁在市中心为地下（全长 18 km）其他还有高架线路运行。

目前红线完工，计划于 2010 年投入运营，绿线于 2010 年 6 月开通。一旦工程完工，在路网上将有 100 系 KinkiSharyo 5 辆编组列车（3M + 2T）运行。对妇女和儿童提供隔离区和"黄金等级"车辆。

红线在 Rashidiya 和 Jumeirah Islands 设有停车场。地铁与其他公共交通运输紧密结合。公共汽车线路和车站围绕地铁网络组织运行，在主要地铁车站有出租车站和停车场。全部公共交通运输的收费系统是通用的。

Serco、UK 已经得到经营合同，负责最初两条线路的运营和系统维护。

➡ 发展概况：地铁在全部车站有直升梯/扶梯、导盲道、宽的收费闸机门和自动收费系统、站台屏蔽门所有高架车站大厅和站台有空调系统，有互联网和 CCTV。公共通告分为播音和可视两种方式。

正在制造地铁车辆，2008 年已经交付了第一批车辆。

计划将来有蓝线和黄线，及到达 Abu Dhabi 边界的红线延伸线。

2009 年年初建设紫线（全长 49 km，8 座车站）。这条线路从迪拜国际机场到 A1 Maktoum 国际机场（目前在建）和一条快速线路。目前这条线路计划于 2012 年开通。

47 km 蓝线运行在迪拜国际机场及 Jebel Ali 新机场之间。

2009 年 9 月，红线部分线路开通。目前有 10 座车站运营，有 11 辆列车，运行间隔 10min。Ramadan 之后，网络运营时间为 06：00 ～ 24：00（周六～周四），14：00 ～ 24：00（周五）。

公共汽车线路，已经与地铁连接。

➡ 车辆：11 列 5 节编组（目前车辆运行在红线部分开通的线路上）。

乌兹别克斯坦
Uzbekistan

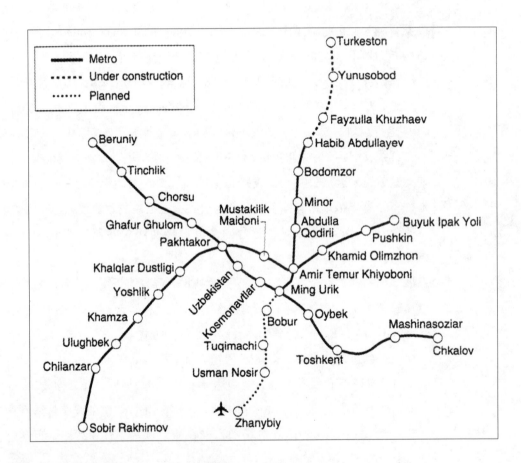

塔什干

 人口   197 万人（2006 年）。

 公共交通   由联合股份公司负责运营公共汽车、无轨电车和有轨电车，现阶段正在重组。地铁的延长线正在建设。铁路由乌兹别克斯坦铁路公司负责运营。

塔什干地铁

➡运营类型：全部是地铁，于 1977 年开通首条线路。

➡年客运量：每年 126 700 万。

➡线路长度：39. 1 km。

➡线路数量：3 条。

➡车站数量：29 座。

➡轨距：1 524 mm。

➡最大坡度：4% 。

➡最小曲线半径：400 m。

➡供电方式：825 V DC，第三轨供电。

➡现状：2011 年开通了 3 号线第一个区段，长度为 7. 6 km。

➡发展概况：3 号线的延长线向北延伸至 Turkeston，目前正在建设中。

　　已经计划修建一条向南的延长线，作为第四条 8 公里线路，并命名为 Sirgali 线。

➡车辆：146 辆，4 节编组。

Mytischy EJ-T　　　　　　　　　　M146。

➡运行间隔：高峰时段 2 min。

➡首/末车时间：06：00/01：00。

➡票制结构：单一票制。

➡检票方式：持预购车票，通过十字转门闸机。

越 南
Vietnam

胡志明市

人口 城市 712 万人（2009 年），大都市地区 900 万人。

公共交通 公共汽车由国有企业运营（西贡公共汽车）私营的联合风险公司（西贡明星公共汽车公司）和其他私营的运营商负责运营。地铁路网正在计划中。单轨铁路和有轨电车正在研究阶段。

地铁

➡ 现状：计划修建覆盖整个城市的公共交通，并于 2007 年通过决议，包括一个 6 条线路的地铁、2 个单轨铁路和有轨电车系统。

地铁路网的建设工作由胡志明市地铁管理委员会负责监督。现阶段已有 2 条获得可靠的投资：

1 号线：Ben Thanh 至 Suoi Tien（全长 19.7 km），总投资为 109 800 万美元。

2 号线：Tay Ninh 公交枢纽至 Thu Thiem（19 km）。第一阶段长度为 11.2 km，连接 Ben Thanh 和 Tham Luong。总投资为 124 700 万美元。现阶段已经完成了一份可行性报告，批准贷款方面的谈判正在进行中。

现阶段关注的其他 4 条线的计划是：

3 号线：这条线计划分为 2 部分修建，即 3a 号线和 3b 号线。3a 号线：Ben Thanh 至西部公交枢纽（12.14 km）。3b 号线：Ben Thanh 至 Hiep Binh Phuoc（11.5 km）。

4 号线：第 12 行政区至 Hiep Phuoc 工业区（34 km）。

5 号线：Can Giuoc 新的公交枢纽至 Saigon 大桥（17 km），于 2009 年 6 月开始可行性研究。

6 号线：Ba Queo 至 Phu Lam（6 km）。

Spanish 建设公司完成的 4、5、6 号线可行性研究已经被采纳。

阿塞拜疆

Azerbaijan

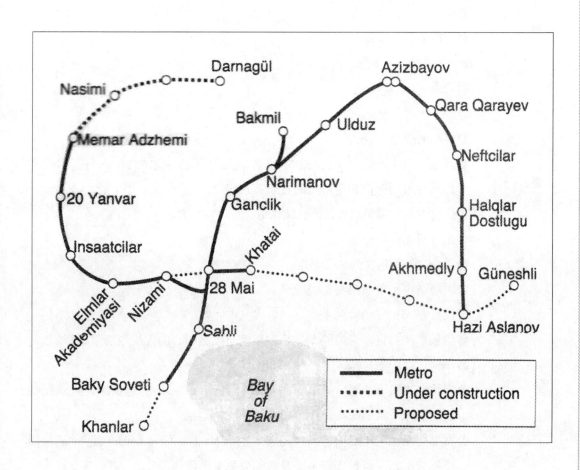

巴库

 城区 210 万人，大都市区 300 万人。

 公共汽车、有轨电车、电缆公共运输服务。地铁及远郊铁路系统的服务主要由阿塞拜疆铁路公司承担。

巴库地铁公司（BM）

➲职工数量：4 100 人（大约）。

➲运营类型：全部为地铁，于 1967 年开通第一条地铁线。

➲日客运量：40 万人次（据统计）。

➲线路长度：31.5 km。

➲线路数量：2 条。

➲车站数量：20 座。

➲轨距：1 520 mm。

➲最大坡度：6%。

➲最小曲线半径：300 m。

➲隧道：巴库市隧道建设的基本思路是克服当地不良的地质条件，因此多数站台采用明挖和全封闭的建筑模式。

➲供电方式：825V DC，第三轨供电。

➲运行间隔：2 min。

➲首/末车时间：05:30/24:00。

➲票制结构：单一票制；智能卡。

➲检票方式：自动检票系统。

➲信号系统：自动到站停车、行驶车辆与控制中心的无线电通信系统。

➲车辆：221 辆。

➲现状：2002 年新建一小段从 hmendli 到 hazi asianov 的地铁线，这条线的建设延伸了从 khatai 开往 gunashli 的地铁线路。

➲发展概况：三年之内的发展规划是在 badamadar 区和 heydar aliyev 机场修建新的车站。将投入资金普及智能公交卡的使用。

欧洲
Europe

北美洲

欧洲

亚洲

非洲

南美洲

大洋洲

奥地利
Austria

格拉茨

 289 636 人（2008 年）。

 公共汽车、电车和缆车服务由市政府提供，部分公共资源的贸易公司负责提供天然气、电力和供水的服务；通勤铁路服务由私人公司提供。

 ➜现状：一项让市区和郊区共享现有联邦铁路和地方铁路路线的区域性轻轨网络建议已被提出。

维也纳

 城市 168 万人（2009 年），大都市地区 227 万人（2007 年）。

 公共汽车、地铁、轻轨和电车服务由市政府负责提供。市郊铁路的营运由联邦铁路（ÖBB）和维也纳地方铁路（WLB）负责。一些公交路线则由私营公司进行运作。在运输协会管辖的东部城市（VOA），整合后的车票可以乘坐所有公交工具，包括维也纳境内的火车。在工作日中约有 35% 的市民使用公共交通工具。

 ➜运营类型：地铁（地下），始建于 1976 年。

➜年客运量：

30 970 万人次（2004 年）；　　　31 540 万人次（2005 年）；

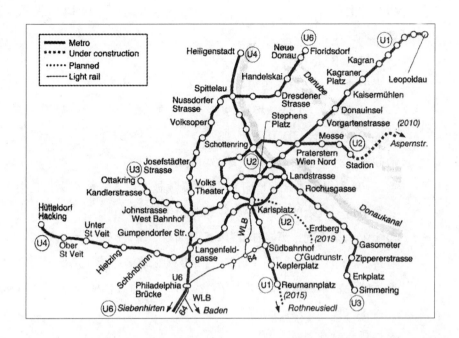

33 780 万人次（2006 年）；　　　36 330 万人次（2007 年）；

37 950 万人次（2008 年）。

➡列车走行公里：

4 490 万 km（2004 年）；　　　4 500 万 km（2005 年）；

4 820 万 km（2006 年）；　　　5 190 万 km（2007 年）；

5 660 万 km（2008 年）。

➡路线长度：52.1 km。　　　其中隧道长度：35.8 km。

➡线路数量：4 条。　　　➡车站数量：71 座。

➡年客运量：

11 040 万人次（2004 年）；　　　11 200 万人次（2005 年）；

11 210 万人次（2006 年）；　　　11 310 万人次（2007 年）；

11 860 万人次（2008 年）。

➡列车走行公里：

1 460 万 km（2004 年）；　　　1 440 万 km（2005 年）；

1 450 万 km（2006 年）；　　　1 510 万 km（2007 年）；

1 540 万 km（2008 年）。

➡线路全长：17.4 km。　　　其中隧道长度：5.1 km。

其中高架线长度：10.4 km。　　　➡线路数量：1 条。

◑车站数量：24 座。　　　　　◐供电方式：750V DC，接触网供电。

◐车辆：180 辆。

　　庞巴迪 Rotax E6（1979 年）　　　　　　M30；

　　庞巴迪 Rotax C6（1979 年）　　　　　　T35；

　　庞巴迪 Rotax T 低地板（1993/94/95 年）　M78；

　　庞巴迪 Rotax LRV（2006/08 年）　　　　M37。

◐高峰运行车辆：100 辆（2008 年）。

◑订购：为 U6 号线路已订购 46 辆低地板庞巴迪轻轨车辆，其中 43 辆已经交付，其余的将于 2009 年 4 月交付。

◐ 运行间隔时间：高峰时段为 2.5~5 mim，非高峰时段为 4~7.5 min。

◑首/末车时间：04：16/01：04。　　◑票制结构：统一票价。

◑运营经费来源：55.33% 为车费，0.07% 为其他商业来源，津贴/补助占 44.6%（2008 年）。

◐信号：磁性列车控制。

维也纳地方铁路公司

◑职工数量：300 人。

◑年客运量：

　　876 万人次（2005 年）；　　　　935 万人次（2006 年）。

◑现状：维也纳地方铁路公司 90% 的经营权由维也纳市政府掌握，目前该公司经营 1 条城铁线和 7 条接驳线路。

◐补贴来源：奥地利政府、维也纳市政府、下奥地利州土地管理局。

◑年客运量：1 000 万人次/年（据统计）

◑现状：该条轻轨全长 30.4 km（轨距 1 435 mm，电力设备为 850V DC）。电力轻轨从维也纳歌剧院开往巴登，全线包括地面和地下，并且享有行驶优先权。

◑发展概况：2004 年 7 月与庞巴迪交通运输公司签署关于开发 4 列 3 节编组 LRV_s 轻轨电车（型号 TW400）的合作协议。该合同价值 1 200 万欧元，合同涉及的车辆将于 2006 年正式投入使用。

◑车辆：36 辆电车。

　　Duewag SGP T6（1979/87/92/93 年）；

　　BWS TW 400 三节低地板式（2000/06 年）；

　　内燃动车机组（1976 年，2001/02 年）。

英 国
United Kingdom

伯明翰

城市 100 万人，West Midlands（西米德兰）卫星城 260 万人。

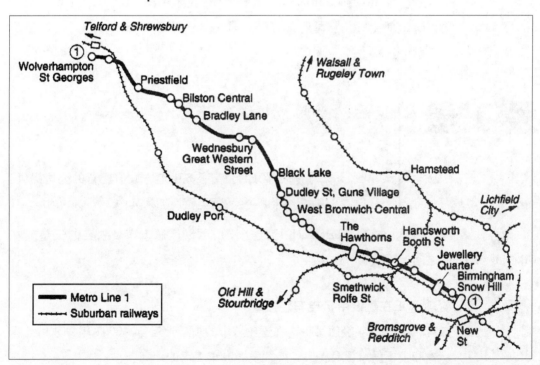

主要由一个私营公司和 20 多个独立公司经营公共汽车运输，同时也经营商业运输。一些运营商与提供运输设备的 West Midlands 旅客运输局（Centro）签订合同，地方铁路设备的提供也与该运输局签订合同。西米德兰（West Midlands）地区包括 Conventry、Wolverhampton、Walsall、Dudley、Solihull 和 West Bromwich 的周边地区。轻轨线运行在伯

明翰（Birmingham）和 Wolverhampton 之间。

 轻轨

⤷运营类型：传统轻轨。

⤷年客运量：

490 万人次（2002/03 年）；　500 万人次（2004/05 年）；

520 万人次（2005/06 年）。

⤷线路长度：20.4 km。　　⤷预留线长度：18.4 km。

⤷车站数量：23 座。　　⤷轨距：1 435 mm。

⤷供电方式：750V DC，接触网供电。

⤷车辆：16 辆。

Ansaldo（1998 年）。

⤷现状：1999 年开通 Midland 地铁 1 号线。1 号线使用以前的铁路线连接伯明翰和 Wolverhampton，以及 Wolverhampton 城中心 2 km 的街区段。为期 23 年的设计/建设/运营和维护的合同给予了 Altram 联合公司，其中包括 Ansaldo Transporti 和 John Laing 土木工程公司。Traver West Midland 加入联合公司后，其子公司 Traver Midland Metro 经营这一运输系统。

爱丁堡

 人口　457 830 人（2005 年）。

 公共交通　大部分的公交服务由地方政府经营的公司提供，也有一些私营运营商加入其中。

地方铁路设施、轻轨在建。Stagecoach 已经建议用可以运送 150 名乘客的气垫船在 Kirkcaldy 和 Leith 之间运输乘客，这项服务于 2007 年年底开始运行。

 轻轨

轻轨（正在建设中）电车过渡线

⤷现状：1955 年轻轨第一次在这座城市的街道上运行。2007 年，苏格兰运输和爱丁堡市议会提出了继续发展电车工程的计划。

爱丁堡市的公正交易公司及运输创新有限公司（TIE）进行了爱丁堡电车线路最初的线网准备工作。由电车网络中的一条线路通过 Leith 和 Granton 经过市中心到达爱丁堡西部，包括爱丁堡公园和爱丁堡机场的这项工程正在建设中。从 Haymarket 换乘到 Granton 有可能增加另外的运行线路。

目前正在进行更换有用的地下电缆和电线，计划 2009 年初开始铺设线路。新电车线路包括的预留线路的重要的一部分。

电车线路分段建设，第一段 16km 在爱丁堡机场和 Waterfront 之间，经过 Haymarket 和王子街。

轻轨车辆制造商 CAF 是优先提供 27 辆车的投标商。

➜ 发展概况：2008 年开始施工。

格拉斯哥

城市 580 690 人（2006 年），市区 119 万人，大都市地区 230 万人。

在格拉斯哥和周边地区的主要公共汽车运输由私营公司经营，有小部分私营者经营郊区/通勤线路。

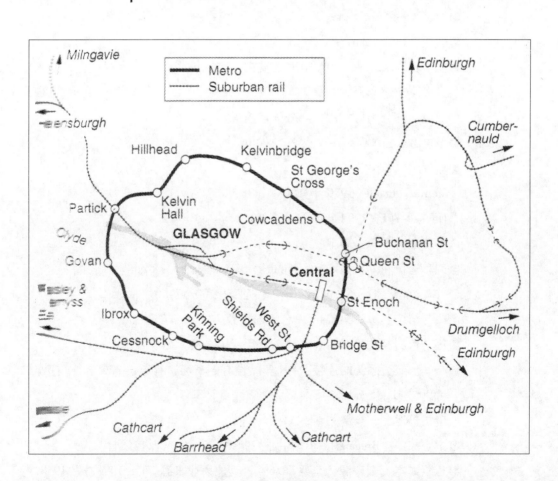

2006 年，Strathclyde 运输合营公司（SPT）取代了旅客运输行政机构。地区运输合营公司（RTP）负责苏格兰西部。这是在 2005 年建立的覆盖这个郡的 7 个 RTPs 运输政策之一。Strathclyde 运输合营公司接管了 Strathclyde 旅客运输行政机构实施相关职责和功能。保持 SPT 品牌和品牌认知度，减少由此变化而带来的费用，利用 SPT 30 的年运输经验和促进行动，把信誉和认知度作为资本。

　　SPT 继续在地方轨道网络投资新实体，苏格兰运输规定了线路、时间表，以及在 Strathclyde 和沿地区一定线路之内的车票和每个列车运输和车站的质量标准。SPT 继续在发展战略性轨道计划中起着重要作用。

　　CalMac 轮渡有限公司提供轮渡运输。

- ➲职工数量：333 人。
- ➲运营类型：小断面微型地铁，于 1896 年开通。
- ➲年客运量：1 320 万人次（2005/06 年）。
- ➲线路长度：10.4 km。　　➲车站数量：15 座。
- ➲轨距：1 220 mm。
- ➲轨道：38 kg/m BS80A 轨道铺设在装有减震橡胶垫的水泥板上，并固定到混凝土道床上。
- ➲隧道：部分为盾构法，部分为盖挖法。
- ➲供电方式：600 V DC，第三轨供电。
- ➲车辆：41 辆。

　　Metro-Cammell（1979 年）　　　M33；

　　Hunslet TPL（1992 年）　　　　T8。

- ➲高峰运行车辆：36 辆。
- ➲列车运行间隔：高峰时段 4 min，非高峰时段 6~8 min。
- ➲首/末车时间：06:30/23:30；星期日 10:00/17:50。
- ➲票制结构：单一票价。　　➲检票方式：AFC。
- ➲逃票控制：在检票门查票，车上及现场查票。
- ➲与其他交通系统的连接：4 座车站设有停车场，有车位 826 个，2 座车站可以与 First ScotRail 换乘。
- ➲单司机运行：全部列车，ATO。
- ➲中心控制：Broomloan 车站中心控制系统，CCTV 监控站台和大厅。
- ➲运营成本资金来源：车票 78.6%，其他商业来源 2%，PTA 补贴 19.4%。

利物浦

 人口 城市 436 100 人（2005 年），市区 816 900 人（2006 年），Merseyside 郡地区 137 万人。

 公共交通 私营公司提供主要公共汽车运营。在本地区联合委员会和商业 Merseytrave 指导下，旅客运输局直接负责渡船运营、Mersy 道路隧道、给予 Merseyside 郡轨道运输和非商业公共汽车运营补贴，包括中央地区地铁环线，按合同经营，提供公共汽车站设备；计划修建轻轨（Merseytram）。

 轻轨

轻轨（Merseytram）（规划）

➡ 运营类型：轻轨电车。

➡ 现状：计划修建具有 3 条线路的轻轨网络。1 号线经 Croxteth 到 Kirkty。原来计划在 2007 年年底完工，为 2008 年欧洲首都文化节开通服务。2005 年年末，英国政府撤销 1 号线资金，并保留了 Merseytrave 允许建造 1 号线的法律权利。但是在短期内的补偿措施是沿这条线路开发高质量的公共汽车设施。

伦敦

 人口 大伦敦 770 万人（2007 年），大伦敦市区 828 万人（2001 年），大都市地区 1 200 万人。

 公共交通 大伦敦议会负责公共汽车、电车和地铁运营，伦敦市长领导这项工作。市长主持伦敦运输（TfL）组织，负责伦敦的全部公共交通。

在英国唯一的特许经营权下，大部分私营公司按照合同经营城市和都市中的公共汽车，其余的国营公共汽车是按照商业化的管理和经营方式运营。

大部分私营公司经营延伸的郊区铁路运营网络线路。轻轨系统在道克兰地区运行，按照特许规定经营，在 Croydon 也有郊区轻轨网络。

 地铁

运营单位：London Underground Ltd

➡ 职工数量：12 300 人。

➡ 运营类型：全部是地铁，于 1863 年开通第一条线路。

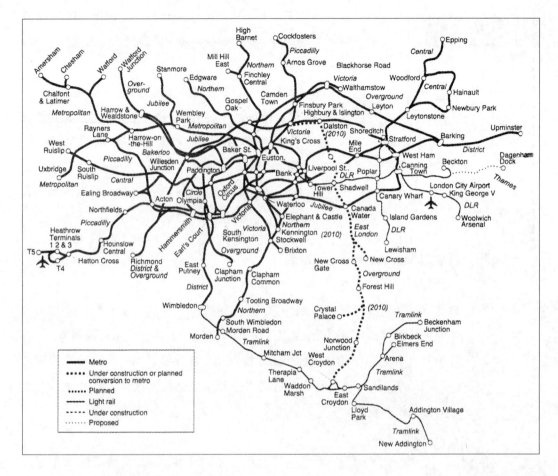

🔘 年客运量：10 亿人次（2006/07 年）。

🔘 列车走行公里：9 760 万 km（2004/05 年）。

🔘 线路长度：402 km。   其中隧道长度：181 km。

🔘 线路数量：12 条。   🔘 车站数量：270 座。

🔘 轨距：1 435 mm。

🔘 线路：走行轨，47 kg/m BH 和 54 kg/m FB，接触轨（露天和地面），
74 kg/m BH 和 53 kg/m FB，接触轨（地下隧道），64 kg/m 矩形；传统
道砟道床（隧道里是混凝土道床）。

🔘 隧道：盾构单线（隧道）和盖挖双线，5 条线盖挖，剩下的是盾构隧道，
隧道在线网中的比例为 45%。

🔘 供电方式：630 VDC，第三轨和第四轨供电。

🔘 背景：1985 年成立伦敦地铁有限公司（LUL）。

伦敦地铁是 PPP（公共事业公私合营制）的一部分，由一个私营公

司负责维护地铁线路，负责 Jubilee、北部和 Piccadilly 线路的地铁线路维护和更新。Amery、Bechtel 和 Jarvis 组成地铁线路联合公司。

伦敦运输（TfL）负责深入地层的 Bakerloo、Victoria、Waterloo 和城市线路维护及结构更新。伦敦运输已经接管负责地下环线、地区、都市、Hammersmith 和城市、伦敦东区线路的维护和结构更新。

伦敦地铁有限公司是世界上最老的地铁系统，第一部分运行线路建于1863 年，从 Farringdon 到 Paddington。自从 1890 年以来，人们就知道了伦敦管道式的地下铁道，当时开通了深层的第一条电气铁路线。1908 年，Underground（地铁）名称第一次在车站出现。1908 年，伦敦地铁有限公司著名的标识"圆环形状"（水平蓝色棒横穿红色圆圈）第一次出现。

➡ 发展概况：2009 年，伦敦地铁赢得了 2009 年度欧洲最好地铁的荣誉，击败了来自巴黎、马德里、柏林和哥本哈根等城市地铁的竞争。乘客满意度也达到新的高度，平均分为百分制评比的 79 分。到 2008/09 年伦敦地铁有限公司持续 3 年每年运送 10 多亿人次。2008/09 年，每年地铁乘客达到 108.900 万人次，达到 146 年来地铁运输历史的最高点。

东伦敦线（ELL）延伸线

伦敦地铁东伦敦线（ELL）的北部延伸线正在施工，在 Shoreditch、Hoxton、Haggerston 和 Dalston Junction 将建成新车站。南部延伸线利用这条线到达西部 Croydon，运行到 New Cross Gate、Brockely、Honor Oak Park、Forest Hill、Sydenham、Penge West、Anerley 和 Norwood Hunction，有一条支线到 Crytal Palace。预计于 2010 年开始运营。已经公布了 ELL 延伸线的下一步计划，延伸北部到 Highbury & Islinton 西部到 Clapham Junction。

最大的 ELR 将不再是伦敦地铁的部分。正在移交到伦敦运输的新部门——伦敦铁路（LR）。伦敦运输和伦敦铁路提出在 4 条线路开始运行时，从 2007 年 11 月到目前形成 Silverlink 地铁，并承诺做到实质性改进。ELR 和北部伦敦铁路——前 Slverlink 线路将形成更大的路网，有些线路为直通运行方式。

Heathrow 机场终点站 T5 航站楼

2008 年 3 月，伦敦地铁有限公司将皮卡迪利线延伸到 Heathrow 机场终点站。皮卡迪利线运行到机场终点站 T5 航站楼，为了给乘客提供方便。这座新 T5 车站，按照伦敦运输预算按时递交使用，Heathrow 快速运输也使用这座车站。1999 年，自从 Jubilee 线延伸到 Stratford 以来，这是

第一条延伸地铁网络的延伸线。这条新地铁运行到机场的 T5 车站,最主要的改进是皮卡迪利线为地铁运营,预计于 2014 年完工。这次升级将使用新列车、新信号控制中心和新线控制中心。

Heathrow 机场有限公司提供延伸到 T5 终点站线路的全部资金,BAA 补贴资金。BAA 通过 Heathrow 快速运输公司经营 T5 航站终点站。

Metronet

2008 年,Metronet Rail 转让给伦敦运输,过了下一个财政年,伦敦运输在 8 条地铁线投资列车、信号和车站,这些以前是由 Metronet 负责承担,预计为 14 亿英镑。第一批新车和信号系统已投入到运营线路上,投资 9 亿英镑用于 Victoria 线路改造。目前正在测试列车,预计 2009 年第一批列车投入运营。列车有 CCTV、轮椅入口。列车通风良好并且改进了声音—视频顾客信息系统。全部改造按照约定预计于 2013 年完工,但是奥林匹克和残疾人运动会在 2012 年召开,按计划完成改造的这项主要工作,推迟到 2011 年末期。继续改造车站,39 座车站已经完工,目前正在进行下一步的 22 座车站改造。

➡ 车辆:4 149 辆。

➡ 地铁车辆(小断面)

地铁——Cammell

(1972 年) Mk l/ll Bakerloo/北线	M238T175;
(1967/72 年) 维多利亚线(配备 ATO)	M172T172;
(1973 年) 皮卡迪利线	M349T174;
ABB 运输(1992 年)中央/W&C 线	M700;
GEC 阿尔斯通(1996/97 年)Jubilee 线	M354;
GEC 阿尔斯通(1997/98 年)北线	M636;
地面车辆(正常剖面)Cravens A60/62 都市/E 伦敦线	M226T227。

地铁——Cammell

C69/C77(1969/77 年)地区/环线/Hammersmith 线	M138T138;
D78(1978 年)地区线	M300T150。

➡ 运行间隔:中心地区高峰运行间隔为 2 min。

➡ 检票方式:在全部车站装有全自动系统的自动服务机器,在全部中心地区和一些郊区车站的进出口自动检票,车上流动检查,逃票罚款。

➡ 单司机运行:除了北部的全部线路。维多利亚线装有全自动列车控制系

统 ATO/ATP。

→ 监控：大部分车站装有 CCTV。

→ 运营管理：在全线上双向通信。

→ 运营成本资金支持：票款占 125%（折旧和改造之前）。

→ **运营单位：Docklands Light Railway Ltd（DLR）**

→ 运营类型：自动轻轨系统，于 1987 年开通。

→ 背景：道克兰轻轨（DLR）是伦敦运输系统的一部分，于 1987 年开通运行，花费资金 770 万英镑建造的中型铁路线，在道克兰地区最早的开发区运行，途经 15 座车站，共有 11 辆车。

→ 现状：现在道克兰轻轨价值为 10 亿英镑，31 km 铁路线有 94 辆车运行，共有 39 座车站。线路已经扩展到银行（1991 年）、Beckton（1994 年）、Lewisham（1999 年）和伦敦市机场（2005 年），它在伦敦道克兰的改造中起到了关键作用。

在欧洲，DLR 是技术最复杂的轻轨网络。它采用无人驾驶运营，计算机控制系统。在英国本土也是最可信的铁路，列车准点率达到 97%。

今后，一系列延伸线的建设和原有线路的扩大，让道克兰轻轨为本地发展和 2012 年奥林匹克和残疾人运动会的运输做出贡献。也有助于满足激增的乘客需要。

2009 年，乘客数量从目前的 6000 多万人次增加 8000 万人次。

→ 发展概况：伦敦机场延伸到 Woolwich Asenal 的工程正在施工。到 Woolwich Asenal 的延伸线长 2.5 km，是伦敦运输 5 年投资计划 100 亿英镑的一部分，线路从道克兰轻轨的国王乔治 V 车站与 Woolwich 城中心连接，在泰晤士河下运行。

计划于 2009 年 2 月开通，线路连接 Woolwich 运行到伦敦市机场的时间为 5 min，到 Canary Wharf 为 19min，到 Bank 为 27 min。本地居民将因交通的改进，获得更多的就业和教育的机会，在 Woolwich 和南部 Royal Dock 将有新工作地点、新住宅、新商店和休闲场所。

奥林匹克运动会期间，延伸线将到达 Woolwich 的 Royal Artillery Barracks，那里有奥林匹克公园和其他比赛地点。

道克兰轻轨进一步的延伸线也在建设中，到达斯特拉特福国际，计划于 2010 年开通。同样由伦敦运输投资计划提供资金，在 Canning 城和斯特拉特福之间，建设转换伦敦北部线路到道克兰轻轨线，包括 Royal

英
国

United Kingdom

Victoria、Canning 城、西 Ham 和斯特拉特福现有的车站，新车站在 Star Lane、Abbey Road、斯特拉特福大街和斯特拉特福国际，后边的线路在英吉利海峡隧道轨道线上运行。沿着 Lower lea 河谷低端，延伸线为将来发展提供扩展容量和灵活性，并提供更多方便和可靠的服务。

这条线路在 2012 年运动会期间起到了重要作用，它连接奥林匹克公园，每小时运行经过 27 座车站，单方向每小时运送乘客 13500 人次。道克兰轻轨工程已经开始施工，在 Bank/Tower Gateway 到 Lewisham 最繁忙的线路上，列车从 2 辆编组改成 3 辆编组。2009 年中期，加长的列车开始运行。

2010 年，道克兰轻轨线增加了 55 辆新车，进一步提高了运输能力。

在较长时间内，道克兰轻轨正在计划延伸能够到达 Dagenham Dock 的铁路线，不断满足持续增长和发展的运输需要。延伸线将包括 5 座新车站——Beckton Riverside、Creekmouth、Barking Riverside、Goresbrook 和 Dagenham Dock，计划的延伸线将为批准的河岸发展服务。如果 2008 年初期获得有关批准，并努力提交资金 ATWA 申请，2015 年就可以开通这条延伸线。

❍年客运量：

4 850 万人次（2003/04 年）； 5 010 万人次（2004/05 年）；
5 300 万人次（2005/06 年）； 6 130 万人次（2006/07 年）；
6 660 万人次（2007/08 年）。

❍线路长度：31 km。

❍线路数量：5 条。

❍车站数量：39 座。

❍轨距：1 435 mm。

❍线路：走行轨，40 kg/m FB 和 54 kg/m FB，第三轨 kg/m 管套钢/铝复合材料；在道砟上铺设混凝土轨枕，和混凝土无砟轨道。

❍供电方式：750VDC，第三轨供电，底部接触。

❍运行间隔：在城市线路上 2 min。

❍首/末车时间：05:30/00:43。

❍票制结构：使用 LT 卡区域计价。

❍收费方式：在大部分有人售票的车站也有乘客自助购票服务机器，车上检票（Bank、Island Gardens、海洋格林尼治 Cutty Sark 和伦敦市机场是人工售票式）。

⮕ 列车控制：ATO、ATP 和 ATS，没有路边信号或司机驾驶，但每辆车尾部都有紧急驾驶位置。由阿尔斯通提供的基于 SACEM 的 CBTC 自动移动闭塞系统。

⮕ 监控：列车 CCTV 监控，控制中心使用录像记录事件，监控无人管理车站，乘客在站台上的报警。

⮕ 对老年人/残疾人的特殊服务：轮椅通过坡道和电梯进入。

⮕ 车辆：94 辆铰接车辆。

庞巴迪 B92（2003 年）。

⮕ 订购：55 辆。

Tramlink

⮕ 职工数量：150 人。

⮕ 运营类型：轻轨，于 2000 年开通。

⮕ 线路长度：38 km。　　　⮕ 线路数量：3 条。

⮕ 车站数量：39 座。　　　⮕ 轨距：1 435 mm。

⮕ 现状：Tramlink 是一个有 3 条线路的轻轨系统，长 38 km，线路连通伦敦南部地区，包括 Croydon 和 Wimbledon。2000 年 5 月 30 日全部开通运营，伦敦大约 50 年没有重新采用轻轨。

Firt Tram Operation 代表伦敦运输管理 Tramlink。

⮕ 发展概况：2008 年，伦敦运输直接管理 Tramlink 运营，并获得了 Tramtrack Croydon Ltd，Private Firance Initiative（PFI）转让股份经营 Tramlink。

现在伦敦运输的 London Rail 管理局管理 Tramlink，允许伦敦运输开发 Tramlink 首都综合公共交通网络的关键部分。

计划延伸 Tramlink，从 Harrington Road 到 Anerley 及 Crystal Place。尽管伦敦运输已经有发展计划，但是缺少政府资金来完成这个项目。伦敦运输正在进行广泛的研究，与 Croydon Council 和其他股东紧密合作，评估 Tramlink 如何改进从而满足伦敦外部的运输需要。伦敦运输提出了给政府递交的建议，包括延伸电车线作为将来投标的部分。

⮕ 车辆：庞巴迪 Flexity Swift 24 轻轨车辆

⮕ 运行间隔：高峰时段 7 ~ 10 min。

⮕ 票制结构：单程，现金买票，条形卡和打折预付卡，儿童、学生、老年人、残疾人使用特许证件可免费乘坐。

➜ 与其他交通系统的连接：有 7 座车站连接铁路，有 1 座车站伦敦地下铁道车站，有 2 座车站与公共汽车线衔接。一些旅行卡在该系统中有效。

➜ 对老年人/残疾人的特殊服务：每列车有两个可放置轮椅的地方，高龄老人和残疾人使用特许证件可免费乘车。

曼彻斯特

城市 396 300，大曼城都会共有 255 万人（2006年）。

私营公司在大曼彻斯特都市区提供公共汽车运输，大约 800 辆车，还有先前的 2 个] GM 公共汽车公司，现在为英国大型汽车集团的子公司。PTE 邀请投标人提供不盈利和能够满足社会需求的汽车设施及商业运营商不能提供的设施。在大曼彻斯特地区，有一条延伸的轻轨网络与本地轨道系统一起提供集中运输服务。

轻轨——地铁连线

由以下公司特许经营

单位名称：Stagecoach Metrolink

➜ 职工数量：340 人。

➜ 现状：Metrolink 由大曼彻斯特旅客运输部门（GMPTE）所有，GMPTE 与大曼彻斯特旅客运输局开发了 Metrolink。1992 年，Metrolink 第一段线路，经过曼彻斯特市中心连接卫星城北部 Bury 到北部的 Altrincham。大曼彻斯特 Metrolink 有限公司按照 DBOM 合同建设了 31 km 的线路。1997年该系统被重新授予给 Altram 联合公司，包括 Laing、Ansaldo 和 Serco Group。1999 年年底，延伸线开通到 Salford Quays，2000 年 7 月，延伸线开通到达 Eccles。2007 年 7 月，Stagecoach 从 Serco 处接管线路，负责运行这条电车线直到 2017 年。它负责所有线路，包括到 Oldham、Rochale、Droylsden 和 Chorlton 的新线。合同规定 8 辆庞巴迪 Flexity Swift 轻轨车辆于 2009 年交货。每辆轻轨车长 28.4m，可以运输乘客 200 人/辆。

大曼彻斯特 Metrolink 网络被列为英国最成功的轻轨系统之一，每年运输乘客近 2 000 万人次。

1992 年，开通 Bury 和 Altrincham 线路（第一段），Metrolink 成为英国第一条沿街道运行的轻轨系统。现在 Metrolink 全长 37 km（23 英里），2000 年，Salford Quays/Eccles（第二段）完工。

◗发展概况：2008 年，庞巴迪运输与合作伙伴 Vossloh Kiepe 一起签订了方案，再提供 28 辆轻轨车。这个方案是 2007 年 4 月签订的合同，最初是 8 辆车，及另外 4 辆车。附加合同价值大约 7 800 万欧元（6 200 万英镑），庞巴迪的份额总共大约 5800 万欧元（4 600 万英镑）。如果将来要进一步扩大 Metrolink 网络，合同的方案中提出要求提供更多的车辆。

2009 年，计划提供第一批车辆。作为联合公司的领导者，庞巴迪正在 Bautzen、德国和维也纳、奥地利设计和制造车辆。庞巴迪的 Siegen 工厂负责转向架交货，联合公司伙伴 Vossloh Kiepe 提供电气设备。

新型曼彻斯特车辆是在庞巴迪 Flexity Swift 轻轨车辆系列基础上制造的。轻轨车辆长 28.4 m，宽 2.65 m，乘客容量为 200 人。

2008 年，英国政府宣布投入总共 24 400 万 ~ 38 200 万英镑，扩大 Metrolink 网络服务，运行到达 Oldham、Roachdale 和 Chorlton，更新改造现有的网络，使其成为更快速和更常用的交通工具。

GMPTE 也正在进一步投入资金，建设延伸线以便连接到 Metrolink 网络，到达城市东部的 Droylsen。

延伸到 Oldham 和 Roachdale 的线路，计划于 2012 年开通，线路长度 23 km。工程包括：

Oldham 现有的环线轨道转换到 Metrolink 网络运营，这样就可以直接进入曼彻斯特市中心和皮卡迪利轨道车站。

在曼彻斯特南部的 Chorlton 区段长 4 km，计划 2011 年开通。在 Trafford Bar 和 Chorlton 之间废弃的铁路线将转换到 Metrolink 运行，一直到 St Werburgh。

延伸线改进衔接方式，从 Firstwood 和 Chorlton 的人口密集地区到曼彻斯特市中心和连接线路，直接到达能增加就业机会的 Oldham-Roachdale 走廊，在 Salford Quays 有 1 个换乘点。

目前有关部门正在考虑进一步延伸到 Metrolink 的线路，包括在大曼彻斯特内运输改造资金的投标。

◗运营类型：轻轨。

Bury 到 Altrincham 线路

郊区重轨线转换运行到市中心街道地面轻轨线路，于 1992 年开通。

➲线路长度：31 km。

市中心到 Eccle 线路

在地面街道上与其他车辆分道行驶。1999 年 12 月开通到达 Salford Quays 的线路，2000 年 7 月开通到达 Eccle 的线路。

➲线路长度：6.4 km。

➲年客运量：

2000 万人次（2007 年）。

➲线路数量：2 条。　　　　➲车站数量：37 座。

➲轨距：1 435 mm。

➲供电方式：750 kV DC，接触网供电。

➲运行间隔：Bury 到 Altrincham：高峰时段 6 min，非高峰时段 12 ~ 15 min；Eccle：高峰时段 12 min，非高峰时段 12 ~ 15 min。

➲首/末车时间：星期一至星期六 06:00/24:00，星期日 07:00/24:00。

➲票制结构：乘客自助购买单程和往返车票，预先从特许地点购买有效的通票。

➲逃票控制：流动检查和现场抽查。

➲对老年人/残疾人的特殊服务：轮椅通过坡道到达提高的站台，GMPTE 有权提供车票方案。

➲与其他交通系统的连接：在几个车站有公共汽车支线，还有一些停车场。

➲车辆：32 辆。

GEC 阿尔斯通- Firema。

➲高峰运行车辆：28 辆。

纽卡斯尔

 纽卡斯尔 273 600 人，Type 和 Wear 都市地区 190 万人。

 私营公司经营城市主要设施和长途线路。旅客运输机构（Nexus）经营地铁和轮渡，并且是 3 个地方轨道运输中享受补贴的一个单位。PTE 地区覆盖了 Type & Wear 周边的城区（包括 Gateshead 和 Sunderland）及纽卡斯尔。

在纽卡斯尔地区，已经提请计划修建 8 条电车线路和一条导轨线路。Cramlinton、Walbottle、Team

Valley、 Bensham、 Washington、 Sunderland、 South Shields、Shiremoor 和 Percy Main 线路的计划有所进展。

2006 年，英国交通部门公布了对 Eldon Square 汽车站的改造资金。

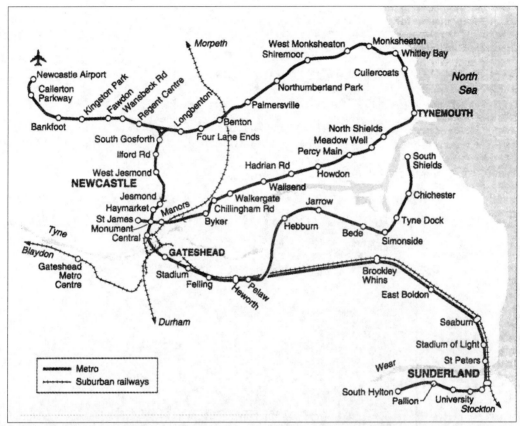

🔁运营类型：全部为地铁，于 1980 年开通首条线路。

🔁年客运量：

3 580 万人次（2005/06 年）；3 790 万人次（2006/07 年）；

3 980 万人次（2007/08 年）。

🔁线路长度：77.5 km 。   其中隧道长度：7.1 km。

                🔁线路数量：2 条。

🔁车站数量：60 座。   🔁轨距：1 435 mm。

🔁线路：在中心和北部运行的隧道内为混凝土道床上的轨枕铺设 BS113A 轨道；

    地面线路为混凝土道砟、和枕木；在 Byker 高架桥上为 PACT 平板轨道。

🔁供电方式：750 kV DC，接触网供电。

🔁最大坡度：3.3%。

⊖最小曲线半径：210 m。

⊖供电方式：1.5 kV DC，接触网供电。

⊖现状：轻轨列车在中心地区隧道预留轨道上运行。

　　　　为城市的东、南和北部地区提供运输。部分线路运行在以前的重轨线上。

⊖车辆：90 辆。

Metro-Cammel（1979/80 年）　M90。

⊖运行间隔：7 ~ 8 min—10 ~ 15 min。

⊖首/末车时间：05:22/00:14。

⊖票制结构：分区计价。

⊖与其他交通系统的连接：高水平一体化交通，全郡范围的火车票，还有大范围内的联运单程通票网络（Metrolink Transfare），到机场的联运通票来自于全国范围内的轨道车站。

⊖售检票方式：Crouzet 自动售票机，流动检查车票。

⊖信号：复示的二显示线路信号，感应列车停车的设备，防止冒进信号，CSEE 进路自动排列。

⊖运营费用财政支持：84% 来自中央和地方政府，16% 来自欧洲社会基金。

谢菲 尔德

 人口：城市人口为 516 100 人（2004 年）。

 私营公司提供公共汽车运营。轻轨系统归乘客运输行政部门所有，由具有特许经营权的私营公司管理运营。PTE 的权限包括 Doncaster、Rotherham、Barnseley 及其他的周边城市地区，并且提供轨道交通服务。Robin Hood Doncaster-Sheffield 机场的新车站位于 Finningley，车站建造在 Doncaster-Lincoln 线路上。这是 2006 年公布的信息。

　　运输改进的 10 年规划，主要是处理公共交通中的拥挤状况，提高安全和加大投资。2006 年公布了 Yorkshire 和 Humber 地区的情况，规划包括先进行南部 Yorkshire 的 Yorcard 智能卡实验，2007 年在南部 Yorkshire，能让乘客使用智能卡按照意愿选择乘坐公共汽车和轨道线路。

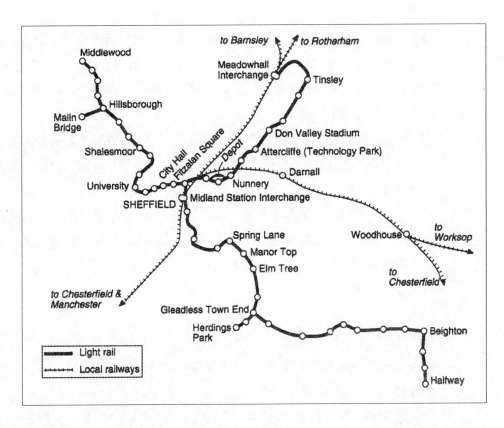

 单位名称：Stagecoach Supertram

➡ 运营类型：轻轨，1994 年开通。

➡ 年客运量：

    1 230 万人次（2003/04 年）；   1 280 万人次（2004/05 年）；

    1 310 万人次（2005/06 年）；   1 400 万人次（2006/07 年）；

    1 480 万人次（2007/08 年）。

➡ 线路长度：29 km。   ➡ 线路数量：3 条。

➡ 车站数量：48 座。   ➡ 轨距：1 435 mm。

➡ 轨道：部分采用传统道砟道床，混凝土平板轨道。

➡ 供电方式：750 kV DC，接触网供电。

➡ 最大坡度：10%。   ➡ 最小曲线半径：25 m。

➡ 供电方式：750 V DC，接触网供电。

➡ 现状：在谢菲尔德市中，公司经营 29 km 的轻轨网络，有 3 条线路。

    1997 年，Stagecoach 股份公司花费 110 万英镑购买了运营特许权，得到 26 年特许经营权，南部 Yorkshire 旅客运输局（SYPTE）拥有其线路的所有权。

➡ 发展概况：2008 年，在轻轨评比中，谢菲尔德轻轨运营赢得了荣誉，在伦敦典礼会赢得"最好的项目"奖项。公司取得年计划项目，"更新"计划——300 万英镑改造项目，与南部 Yorkshire 旅客运输局（SYPTE）合作进行这项工作。

更新计划主要是让乘客增加电车的乘车体验。提高乘客的舒适度和安全水平，进行设备改进。另外的改造设施，是帮助行动不便利的乘客乘坐这条线路。

部分计划，25 辆车中的每一辆车要通过 42 天改进计划，包括重新装潢座位，确定优先座位区域，改进地板面，以及为提供安全和更好信息系统进行的内部 CCTV 设备改造。

➡ 车辆：25 辆。

Siemens-Duewag 铰接车（1993 年）　M25。

➡ 高峰运行车辆数：22 辆。

➡ 运行间隔：高峰时段 10 min，非高峰时段 20 min。

➡ 首/末车时间：06：00/24：00。

➡ 票制结构：区段计价，日票和周票，与公共汽车联合车票。

➡ 售检票方式：现金交付给列车员。

➡ 逃票控制：检查员检查车票，罚款。

➡ 对老年人/残疾人特殊服务：低地板车。

➡ 信号：在道路连接处优先运行。

布里斯托尔

 城市人口为 421 300 人（2008 年），市区人口为 551 000 人，大都市地区人口为 100 万人。

 First 公司经营城市和周边地区大部分公共汽车。First Great western 公司经营地方列车，轮渡由私营公司经营。

 Ultra 轻轨（建议）

➡ 背景：在城市与布里斯托尔码头区的大东轮船之间，布里斯托尔电动轨道车辆有限公司已经经营了 Ultra 轻轨（ULR）运输，使用 Parry People Mover 飞轮供电的轻轨车辆（布里斯托尔 No 238）。

◉发展概况：布里斯托尔电动轨道车辆有限公司正在积极准备计划，在布里斯托尔市发展新的轻轨计划。新的商业计划也已提出，布里斯托尔市的组织将一起帮助布里斯托尔政府完成在 Asthon Gate 和市中心之间的轻轨连接线。这个项目已经在地方运输计划了多年，但因缺少城市资金，或 DfT 资金，还没有开始这个项目。

布里斯托尔电动轨道车辆有限公司已经组成技术联合 Sustraco 有限公司，促进布里斯托尔以外的其他项目。Sustraco 已经计算了 Asthon 的 1km，将每年减少 CO2 排放 250 t。

2007 年，布里斯托尔电动轨道车辆有限公司和技术联合 Sustraco 有限公司加入 UITP，继续承担主要的城市公共运输项目。

诺丁汉

 人口 292 400 人（2009 年）。

 公共交通 由市政部分公司提供城市和郊区的大部分公共汽车运输，由私营公司运营。有地方轨道运输和轻轨。

 轻轨

单位名称：Nottingham Express Transit（NET）

◉运营类型：轻轨，于 2004 年 3 月开通。

◉年客运量：

840 万人次（2004/05 年）；　　970 万人次（2005/06 年）；

1 010 万人次（2006/07 年）。

◉线路数量：1 条。　　　　　◉轨距：1 467 mm。

◉供电方式：600 V，接触网供电。

◉背景：1995 年私营合作公司，包括制造商 Adtranz（现在的庞巴迪运输）、土木合同商 Tarmac（现在的庞巴迪运输）、运营商 Transdev 以及诺丁汉城市运输，所参加的创办人去开发这项计划，现在知道的是 Arrow 联合公司在 1997 年被批准转让经营 30.5 年，负责设计、建造、运营和维护线路。

Transdev 也是一个股份合作公司，与诺丁汉市地方局合作，联合经营、公共汽车和电车运输。诺丁汉快速运输 1 号线经营商是诺丁汉电车联合公司。

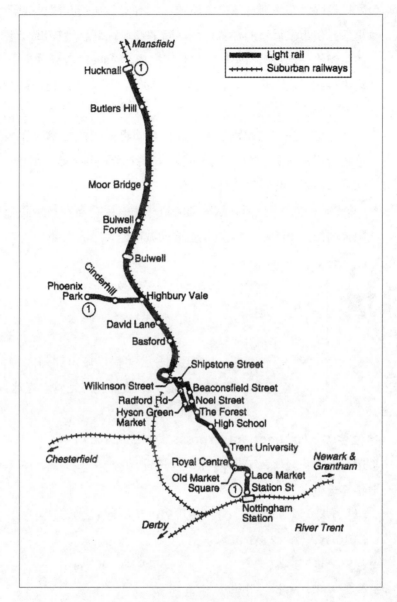

现状：诺丁汉快速运输 1 号线从 Hucknall 开始，在到达市中心之前，穿过 Bulwell、Basford 和 Hyson Green，终点站在诺丁汉铁路车站。在 Phoenix Park，M1 号线的末端，有可以停放车辆的支线（连接线 26）。

每辆电车载客人数 200 人，车速最高为 80 km/h。

列车员收费；司机控制列车门，司机室安装的 CCTV 可以监视每辆车的侧边。

2004～2005 年期间，根据电车乘客数量持续上升的趋势，2005 年年初，重新调整了电车的运行间隔为 5 分钟，满足了在这段时间内乘客上下班的需求，新的运行间隔在早晨 07∶15～09∶30 之间，晚间 15∶00～18∶30 之间施行。目前的 11 辆车，需要增加到 13 辆车运营。另外需要 1 辆备用，1 辆通常在维修中。

2005 年 10 月，改进了周末运行时间，在 10∶30～18∶00 之间的运行间隔为 7～8 min。

在第二年公司进行的客流调查中，有的 98% 提出将向朋友和家人推荐使用电车，80% 的人希望诺丁汉快速运输进一步延伸线路。超过 30% 的乘客使用停车场（Park&Ride）。

⊙发展概况：目前诺丁汉快速运输开发组正在为计划延伸线进行工作，如：途经 Wilford 到达 Clifton，以及途经 Beeston 和 QMC 到达 Chilwell 的线路。这些总的来说，是诺丁汉快速运输的第二段电车线路。英国政府已经确定意向，从财政上支持诺丁汉快速运输第二段电车项目，批准这个项目进入运输部门的（DFT）地方政府主要计划程序。

2007 年 4 月 26 日，诺丁汉快速运输第二段项目的环境运输及工务局法订单（TWAO）被提交到运输部门。2007 年 11 月～12 月，举行了公共调查听证会。2009 年年初，国家运输大臣同意在 TWAO 做出决定。

遵照国家运输大臣的决定，在开始竞争投标程序期间，私营公司将对建筑工程和运行扩展的诺丁汉快速运输系统进行投标。接着在 2010 年年初，开始建设新的延伸线，将于 2013 年年初，开通运营线路。

⊙车辆：15 辆，庞巴迪 Incentro 5 节铰接式电车。

⊙检票方式：列车长流动检票。

⊙对老年人/残疾人的特殊服务：所有车站均有方便乘车的设施。

法 国
France

城市为 226 014 人，大都市区为 109 万人。

里耳/鲁贝/土耳匡大都市圈，包括 87 个城镇的公交、有轨电车和自动化地铁服务由与 Lille Metropole Communauté Urbaine（LMCU）签订合同的私有公司运营，同时私有公司签订合同运营郊区公交线路。郊区轨道服务由 SNCF 提供。

里耳 鲁贝 土耳匡

地铁（VAL）

➡ 运营类型：全部自动化（非人工操作）地铁（橡胶轮胎），VAL 系统，于 1983 年开始运营。

➡ 年客运量：8 600 万人次（2007 年）。

➡ 列车走行公里：

1000 万人次（2005 年）。

➡ 线路长度：45 km。 ➡ 线路数量：2 条。

➡ 车站数量：60 座。

➡ 轨距：H 型导向杆之间 2 060 mm，并由导向杆供电。

➡ 轨道：预制混凝土纵形构造的轨枕，由嵌入轨枕的电缆提供轨道加热。特别针对系统自动化控制的轨道装置包括 170 mm 带宽的传送发射线；用于交通指挥、控制和调节的铝盘接触器；每个车站入口和出口的超声波收发设备。

➡ 供电方式：750V DC，由导向杆制动器收集。

➡ 运行间隔：高峰时段 1 min，非高峰时段 3 ~ 6 min。

➡ 首/末车时间：05:12/00:12。

⊙ 票制结构：单一票制，针对所有模式的通用收费。

⊙ 检票方式：带触屏并可以接收信用卡的自动售票机，在所有站台入口处设置验票闸机。

⊙ 与其他交通系统的连接：在一些站，包括在 Gares、Roubaix 和 Tourcoing 与 Le Mongy 连接的电车线和公交支线，5 个驻车换乘车站提供 1 150 个停车位。

⊙ 集中控制：VAL 是欧洲第一个全自动化无人驾驶的地铁；通常运行 VAL 的车站无人工操控。由控制室中与 24 台 TV 监视器连接的 444 个 CCTV 摄像头进行监视。

⊙ 车辆：143 列 2 节车厢编组。

CIMT	M88；
Alsthom VAL 206	M78；
Matra/Siemens VAL 208	M120。

⊙ 现状：从 CHR B Calmette 经由 Lille Flandres 车站的 1 号线，从 St Philbert 到 Tourcoing 的 C H Dron 经由 Lille Flandres 和 Lille 欧洲车站、Croix 中心、Roubaix 和 Tourcoing 的 2 号线，两条线在 Gares 和 Porte des Postes 换乘。

运行时间间隔高峰时期是 1min，运行速度是 40km/h，据 Matra/Siemens 制造商报告，VAL 系统承担了 50% 的公共交通乘客，但是只占全部公共交通费用的 33%。

2 号线分 3 个阶段延长，到 2000 年 10 月延长至 Tourcoing Hopital Dron。

里 昂

城市为 470 000 人，市区为 178 万人（2007 年）。

公交、有轨电车、地铁和两家与里昂当地交通管理局 Sytral（www. sytral. fr）签订合同的缆车服务公司，包括具有代表性的 Département du Rhône 和 Communauté Urbain。郊区轨道服务由法国国家铁路（SNCF）运营。

Société Lyonnaise des Transport en Commun（TCL）

⮕ 运营类型：全部为胶轮地铁，首条线路开通于 1978 年，自动化线路 D 开通于 1992 年，另外 C 线并入已建的齿轨铁路。

⮕ 年客运量：

17 800 万人次（2005 年）；　18 000 万人次（2006 年）；

16 500 万人次（2007 年）。

⮕ 线路长度：29.1 km，包括齿轨铁路 2.3 km。

⮕ 地下线路：28.8 km。　　　⮕ 线路数量：4 条。

⮕ 车站数量：42 座。

⮕ 轨距：1 435 mm（标准安全轨距）。

⮕ 轨道：充气橡胶轮胎通过侧面的导向杆在 68kg/m 金属板上运行，安全铁轨铺设在在 RS 型混凝土枕木上，聚酯绝缘枕木支撑导轨，并由导电轨供电。整个轨道系统固定在 Stedef 型混凝土道床上，C 线为钢轮运行在钢轨上。

⮕ 最大坡度：6.5%；C 线为 20%。

⮕ 最小曲线半径：100m；C 线为 80m。

⮕ 隧道：主要为盖挖法。

⮕ 供电方式：750 V DC，由侧面的导轨供电；C 线为接触网供电。

⮕ 现状：D 线，是完全自动化 Maggaly 系统，于 1991～92 年期间分阶段开通。与 Lille 相比，在站台上没有屏蔽门。相反，依靠红外线来探测掉落至轨道的人和障碍物。列车车门具有灵敏移动功能，从而不会夹住乘客的衣服。

B 线在 2000 年 9 月从 Jean Macé 延长 2.4km 到 Stade de Gerland，设 3 个新车站。

⮕ 发展概况：延长 B 线，包括隆河下游的主要工厂。目前计划于 2013 年落成。预计每天大约有 20 000 乘客。

⮕ 运行间隔：高峰时段 2.5～5 min，非高峰时段 3～7 min，晚间 6～11 min。

⮕ 首/末车时间：05:00/00:20。

⮕ 票制结构：单一票制

⮕ 与其他交通系统的连接：公交、有轨电车、缆车与地铁服务相结合，车票可以联用。

⮕ 信号：CTC、ATC 和 ATO。

⮕ 车辆：178 辆。

A 线和 B 线的 Alstom　　　M64 T32；

C 线的 Alstom Rack   M10；

D 线的 GEC Alstom（1991） M72。

◆高峰运行车辆数：130 辆。

马 塞

 城市 839 000 人（2006 年），市区 160 万人（2007 年统计）。

 公交、有轨电车、无轨电车和地铁服务由市政事业提供，由马赛城和 Bouches du Rhône Département 监管，并由独立的地铁建设管理局经营地铁。公交线路到达与 Aubagne、La Penne、Allauch 和 Plan de Cuques 相毗邻的郊区。几条郊区轨道服务均由法国国有铁路（SNCF）运营。

 电车（Metro Tramway Marseille）

◆运营类型：传统电车，首期于 2007 年开通。

◆年客运量：1 200 万人次（2008 年）。

◆线路数量：2 条。

◆线路长度：11 km 。

◆车站数量：27 座。

◆轨距：1 435 mm。

◆电压：750 V。

◆最大坡度：6.5%。

◆背景：由 RTM 运营。

◆现状：三线电车系统目前处于发展阶段。

◆发展概况：2007 年，电车系统的第一期开通，2008 年延长至 T2。开始运营两条线路，即在 Les Caillols 和 Noailles 之间的 T1，在 La Blancarde 和 Euroméditerranée/Gantes 之间的 T2。

  T2 延长 0.6 km 到 Euroméditerranée/Arenc，预期于 2010 年后期开通。

  T1 的延长线正在建设中。

◆车辆：26 辆。

Bombardier FLEXITY Outlook 32 m，5 节，双向，低地板式（2006/07 年）M26。

⊃ 运行间隔：高峰时段 4.3 ~ 5.2 min，非高峰时段 7 ~ 8 min。

⊃ 首/末车时间：05:00/00:30。

⊃ 对老年人/残疾人的特殊服务：车辆全部为无障碍通行；车厢内有预告和可视化显示系统。

⊃ 监督：车辆上安装闭路电视。

南 特

 城市为 281 500 人，市区为 580 000 人，大都市区为 804 000 人（2008 年）。

 郊区和大都市圈的公交服务由 SEMITAN 提供，属于半公共事业，65% 的拥有权由 21 个地区性的当地管理局组成的"Le 区"共同体通过代理委员会控制，并由成员管理局的交通委员会负责监管。私有公司通过签订合同运营线路。另外还有轻轨、渡口航运服务、市郊往返列车服务。

 ⊃ 运营类型：轻轨，首条线路开通于 1985 年。

⊃ 年客运量：

5 720 万人次（2005 年）；　　　　6 350 万人次（2007 年）；

6570 万人次（2008 年）。

⊃ 列车走行公里：

400 万（2005 年）；　　　　　　　430 万（2006 年）；

450 万（2007 年）；　　　　　　　480 万（2008 年）。

⊃ 线路长度：42 km。

⊃ 线路数量：3 条。

⊃ 车站数量：80 座。

⊃ 轨距：1 435mm。

⊃ 轨道：街区为 Ri60 槽型轨，其他为普通的道砟式轨道 UIC50。

⊃ 供电方式：750V DC，接触网供电。

⊃ 发展概况：2007 年，3 号线从 Dieu 宾馆火车站延长到南部，从 Hotel Dieu 车站到在 Rezé 的 Gare de Pont-Rousseau 设为新延长线的终点站。2009 年，3 号线延长到北部（一座新车站并有驻车换乘）。

➲车辆：79 列车。

   阿尔斯通铰接式车辆（1984/88/94）   M46；

   庞巴迪低地板式   M33。

➲运行间隔：高峰时段 2.5 ~ 6 min，非高峰时段 6 ~ 7 min。

➲首/末车时间：04 : 30/00 : 30。

➲票制结构：单一票制、各种通票/联票。

➲检票方式：自动售票机，车上的验票器。

➲与其他交通系统的连接：19 个驻车换乘站。

巴 黎

 城市 220 万人（2009 年），市区 1 200 万人。

 公交、地铁、轻轨和缆车由巴黎交通管理局（RATP）运营，由包括政府和当地管理局代表（STIF）在内的委员会（辛迪加）全面控制。STIF 也监管由 RATP 和法国国家铁路（SNCF）共同控股的区域性城际地铁（RER），以及 SNCF 延长到郊区的服务。一些由私营公司运营的郊区公交线路也被并入 STIF 的管理之下。

 职工数量：9 967 人。

➲运营类型：全部为地铁运营，首条线开通于 1900 年。

➲年客运量：（包括缆车）

   147 200 万人次（2009 年）。

➲列车走行公里：24 130 万。

➲线路长度：201.8 km。

➲线路数量：16 条（包括 2 个"bis"线和一条缆车线）。

➲车站数量：300 座。

➲轨距：1 435 mm。

➲供电方式：750 V DC，第三轨供电。

➲运行间隔：最小 1 min 35 s ~ 3 min。

➲运营时间：星期五、星期六和公休日之前的时间为 5 : 30 ~ 01 : 15/5 : 30 ~ 02 : 15。

➡️票制结构：单一票制。

➡️检票方式：自动检票门和流动票检查员。

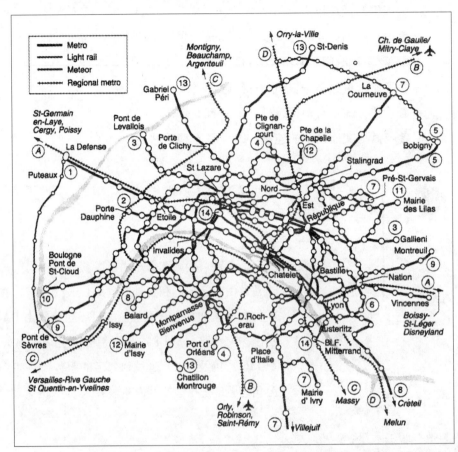

➡️与其他交通方式的连接：对于任何地铁线单程乘车时，单程票是最好的
方式，包括不考虑票价区域的地铁换乘，以及仅在巴黎城区内允许与
RER 的换乘。导航订购者和社会通票持有者可以在已选择的付费区域内
自由地从一种交通模式向另一种交通模式换乘。

➡️信号：所有线都与中心控制和监控室（PCC）相连接，中心控制和监控
室（PCC）接收车辆移动和定位时的所有数据，并发送合适的数据，远
程控制所有的轨旁装置，以及所有线上 ATO。

➡️机车车辆：71 列 MP59 列车设备，46 列 MP73 列车设备，52 列 MP89 CC
列车设备，21 列 MP89 CA 列车设备，385 列 MF67 列车设备，196 列
MF77 列车设备，9 列 MF88 列车设备，9 列 MF01 列车设备。

　　MP 车辆采用的是橡胶轮胎，MF 钢轮，新一代地铁列车有可控制的
轮轴，在两节车厢之间有独立的车轮和全宽度的通道。

➲ 订购：MF01 列车已经开始在 2 号线运营，这些车辆由包括 ALSTOM、Bombardier 和 AREVA TA 的共同体建造。一旦 2011 年线路开始全自动化运营，MP05 列车将取代 1 号线的 MP89CC 列车。MP89CC 将被转移至 4 号线。RATP 已经从 Alstom 订购了 49 列 6 节编组的橡胶轮 MP05 地铁列车，用以重新装备 1 号线，从 2008 年年中至 2010 年年末相继交付。合同估价是47 400 万欧元，包括可以选择另外 10 辆列车设备。

➲ 发展概况：自动化的 14 号线延长到 Gare Saint-Lazare，于 2003 年 12 月开通。

在 2007 年 6 月该线向东延长 1.4km 到奥林匹亚。4 号线现在 1 天运送乘客达 450 000 人。

地铁的延长线预计于 2012 年开通的有：4 号线：Mairie de Montrouge；8 号线：Créteil-Parc des Sports；12 号线：Mairie d'Aubervillers。

由 RATP 和 SNCF 联合运营。

➲ 职工数量：3 115 人，以及 3 232 名维修人员。

➲ 运营类型：区域快速列车。

➲ 年客运量：（RATP 线）

468 700 万人次（2008 年）。

SNCF 线人数包括总的郊区线路。

➲ 线路长度：366 km，其中 115 km 由 RATP 运营，251 km 由 SNCF 运营。

➲ 线路数量：4 条线，均有多条支线（A 线和 B 线由 RATP/SNCF 联合运营，C、D 线和 E 线仅由 SNCF 运营）。

➲ 车站数量：158 座（其中 RATP 67 座，SNCF 94 座）。

➲ 轨距：1 435mm。

➲ 供电方式：1.5 kV DC 和 25 kV 50Hz，接触网供电。

➲ 车辆：RATP，113 辆 MS61 型列车，119 辆 MI79 列车，73 辆 M184 型列车，43 辆 M12N 型列车。

➲ 发展概况：已经重新修复 MS61 列车。正在全面修复 M179 列车。下一代双层 M109 列车已订购。

➲ 运营类型：轻轨，首条线路于 1992 年开通。

➲ 年客运量：79 800 万人次（2008 年）。

➲ 线路长度：31.4 km。

➲ 线路数量：3 条。

⮕ 车站数量：56 座。

⮕ 轨距：1 435mm。

⮕ 供电方式：750 V DC，接触网供电。

⮕ 运行间隔：高峰时段为 4min，非高峰时段为 8min，晚间为 15 min。

⮕ 首/末车时间：05：00/01：15，周五、周六和公休日之前为 05：00/02：15。

⮕ 票制结构：6 个区间车票；单程票，日、周、月或年通票，社会通票（允许换乘公交）。

⮕ 检票方式：自动售票机，车载验票器。

⮕ 车辆：82 列铰接式车辆。

⮕ 现状：轻轨 T1 线在东北郊连接 Saint Denis 和 Bobigny。多数线路在街道上拥有优先通行权；有 28 个公交支线。T1 线目前正在向西部延长至 Asnières-Gennevilliers，并计划 T1 线从 Noisy 向南延长。

另一段 11.3 km 的轻轨线路 T2，于 1997 年开通，运营线路长度超过从前 SNCF（法国国营铁路公司）线路的从 La Défense 到 lssy Val-de-Seine。它将在 2009 年末延长至 Porte the Versailles。T2 线经过 SNCF 的其余三轨郊区线路从 Puteaux 到 lssy Val-de-seine 享有优先运行权，但于 1993 年取消，并从 Puteaux 到 La Défense 向北部延长。有轨电车 T3 线于 2006 年 12 月开通，从 Pont du Garigliano 到 Porte d'lvry，连接巴黎南部边界，享有优先通行权。

⮕ 发展概况：从 Saint-Denis 到 Asnières-Gennevilliers 的 T1 线和从 La Défense 到 Pont de Bezons 的 T2 线的延长工程正在进行阶段，预期于 2011 年开通。

T3 线的主要延长工程已向东部进行，预期于 2012 年开始到达 Porte d'Aubervilliers 的运营。

斯特拉斯堡

 城市 27 000 人，市区 420 000 人，大都市区 702 000 人。

 公交和轻轨服务由特许经营公司 CTS 提供，它主要由 Communauté Urbaine de Strasbourg（CUS）（52%）和 Bas-Rhin Département（26%）拥有，也运营地区线路。CTS 由包括来自城市、CUS 和郊区铁路的代表组成的委员会管理。

➲运营类型：轻轨，首条线路于 1994 年开通。

➲年客运量：

4 750 万/人次（2007 年）；　5 960 万/人次（2008 年）。

➲车辆走行公里：

375 万（2007 年）。　　554 万（2008 年）。

➲线路长度：53 km。　　➲线路数量：5 条。

➲车站数量：66 座。　　➲轨距：1 435 mm。

➲供电方式：750 V DC，接触网供电。

➲发展概况：2007 年 8 月，C 线从 Esplanade 延长至 Neuhof，D 线从 Etoile Polygone 延长至 Aristide Briand。E 线开通，自 Baggersee 运行至 Robertsau Boecklin。

2007 年 11 月，E 线新增 3 个车站。

2008 年 1 月至 5 月，B 线延长到 Lingsolheim Tiergartel。

所有的车站均设有电子显示屏，显示下一列车的目的地及等候时间。

➲车辆：94 列 LRV。

Bombardier Eurotram（1994）　M53；

Alstom Citadis（2005）　　　M41。

➲运行间隔：高峰时段 2.5 min。

➲首/末车时间：04:30/00:30。

➲票制结构：城区为单一票；城镇间为分区票。

➲检票方式：从司机处购买的单程和往返票有效期一个小时，并且可以免费换乘，或者预先购买一本车票在车上验票；月或年度通票；停车加上返回乘坐有轨电车票；乘坐 CTS/SNCF 的 Alsaplus 通票；Badgeo 预先付款的无接触灵通卡。

➲与其他交通方式的结合：9 个驻车换乘地点，设有 4 190 个停车位。重新建设公交线路以便衔接到有轨电车线路中。

法国

France

139

格勒诺布

城市为 157 900 人，大都市区为 560 200 人。

公交服务主要由城区内 26 个当地管理局组成的公司提供并经过合同许可，被提供的公交服务大约 17% 由 VFD（www. vfd. fr）和 Transdev Dauphiné（www. transdev-dauphine. com）轻轨网络管理。

⮕ 经营类型：轻轨，1987 年开通首条线路。

⮕ 年客运量：

3 370 万人次（2004 年）；　　　3 370 万人次（2005 年）；

3 810 万人次（2006 年）；　　　4 150 万人次（2007 年）；

4 270 万人次（2008 年）。

⮕ 车辆走行公里：

260 万（2004 年）；　　　260 万（2005 年）；

340 万（2006 年）；　　　415 万（2007 年）；

400 万（2008 年）。

⮕ 线路长度：33.6 km。　　　⮕ 线路数量：4 条。

⮕ 车站数量：67 座。　　　⮕ 轨距：1 435 mm。

⮕ 轨道：55 kg/m 35G 型槽型轨安装在双节块轨枕上，带有弹性扣件，通过橡胶垫安装在混凝土道砟上。

⮕ 供电方式：750 V DC，接触网供电。

⮕ 运行间隔：高峰时段 3 min，非高峰时段 6 ~ 10 min。

⮕ 首/末车时间时间：04:34/01:36。

⮕ 票制结构：单一票制；在 1 h 之内可以免费换乘的单程票；本票/通票。

⮕ 与其他交通系统的连接：3 个主要城市中心换乘站；公交线路被重新规划作为支线；13 个车站的驻车换乘；轮椅可以无障碍通过。

⮕ 车辆：88 辆。

Alsthom-Francorail（1986/87 年），Alsthom-Francorail（1989 年），6 轴低地板铰接式 GEC Alsthom（1996 年）　　　M53；

Alstom Citadis 双向低地板式（2005/06 年）　　　M35。

⮕ 高峰运行车辆数：72 辆。

➡ 现状：A 线从 Grand' Place 向西南延长 3.4km 到 Echirolles Delaune，分 1995 年和 1996 年两个时段开始运营。1997 年 12 月 A 线从 Echirolles 进一步延长 0.5 km 到密集住宅区 Village Ⅱ。B 线向北部延长 1 150 m 到 Palais de Justice，1999 年 11 月开通，并进一步延长 500 m 到 Europole，于 2001 年 2 月开通。

B 线在 2006 年 3 月延长到 Gières 车站，新线 C 线（9.6 km，19 座车站）于 2006 年 5 月建成。

➡ 发展概况：D 线于 2007 年 10 月建成。

计划延长 1.5 km 到 B 线国际科技区 MINATEC，于 2011 年开通。

同时也有一些建设新线的计划，如 E 线（10 km）。

图卢兹

 城市 435 000 人（2004 年），市区 917 000 人（1999 年）。

 城市公交服务和地铁由 Syndicat Mixte des Transports en Commun de I'Agglomération Toulousaine（SMTC）大都市圈和其周边地区组织提供，包括 Toulouse 和 83 个周围的自治区。

SMTC 由大土鲁斯管理局、Sicoval 公共管理局和 SITRRT 财团组成。SMTC 负责运营公共交通网（财产和业务管理）的运营，并制定交通政策和票价制度。

公交和地铁的运营商是 Tisséo Réseau Urbain（自 2006 年 1 月 1 日起）

Tisséo-SMTC 也管理航空飞机服务和适用于残障人士的特别服务（移动公交）。

法国国家铁路（SNCF）在一些区域内，提供部分铁路郊区服务。C 线和 D 线是标准的铁路服务，现在被并入城市票务收费区。

E 线，一条 10.9 km 的轻轨线设有 18 个车站，将从 Les Arènes 车站建到 Beauzelle，计划延长至 Saint-Orleans。

◒运营类型：全部自动化（非人工操纵）橡胶轮胎地铁，VAL 系统，于 1993 年开通。

◒年客运量：4 900 万人次（2007 年）。

◒线路长度：27.9 km。　　　　其中地下线路长度：25 km。

◒线路数量：2 条。　　　　◒车站数量：38 座。

　其中地下车站数量：16 座。

◒轨距：在 H 型导向杆之间为 2 060mm。

◒供电方式：750 V DC，通过受电靴从导向杆收集

◒现状：A 线开通于 1993 年，从 Basso Cambo 到 Joliment（10.2 km，15 个车站）。2003 年 12 月，A 线从 Joliment 延长到 Balma Gramont，全线 2.3 km，共有 3 个车站。

◒发展概况：南北方向的 B 线全长 15.7 km，全部建于地下，设有 20 个车站，于 2007 年开通，从 Borderouge 到 Ramonville 经由 Rangeuil 大学校园，在城市中心区 Jeane-Jaures 提供与 A 线的换乘。共计 35 列 Siemens VAL 208 型列车为该网络输送乘客，大部分计划是关于 B 线的运营。B 线向南方的延长线处于计划阶段。

◒车辆：43 列两节编组列车。

CEC Alstom VAL 206（1993）　　　M58；

Siemens VAL 208　　　　　M28。

◒定购：35 列 Siemens VAL 208 列车。

◒运行间隔：高峰时段 1 min 40 s。

◒首/末车时间：05：30/00：30。

◒与其他交通系统的连接：衔接的公交服务于 5 个车站。

雷 恩

城市为 209 000 人，市区为 588 000 人。

公交服务由特许经营商提供，由一个代表 37 个城镇的半公共的公司管理；公共交通中还有 VAL 自动化地铁。

◒现状：VAL 自动化地铁的 1 号线（a 线），共有 15 个车站，于 2002 年 3 月开通。该线运行于 J F Kennedy 至 La Poterie，大部分位于地下。

◒发展概况：SEMTCAR 正在对提议的另外一条线路（b 线）进行调查，该线

从城市的西南向东北运行，并与当前的线路在 Gares 和 Ste Anne 车站交汇。

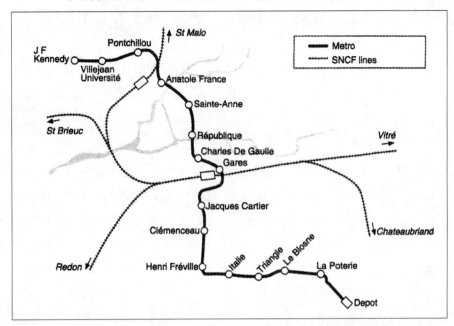

- ➲ 运营类型：轻轨——Véhicule Automatique Lgĕer（VAL）。首条线路于 2002 年 3 月开通。

- ➲ 线路长度：9.4 km 。 其中隧道长度：3.7 km。

  其中高架线长度：1 km。 ➲ 线路数量：1 条。

- ➲ 车站数量：15 座。 其中地下站数量：13 座。

- ➲ 现状：VAL 自动化地铁的 1 号线（a 线），共有 15 个车站，于 2002 年 3 月开通。该线从 J F Kennedy 运行至 La Poterie，大部分位于地下。共有 4 个驻车换乘站。

- ➲ 发展概况：SEMTCAR 正在对提议的另外一条线路（b 线）实行调查，该线从市中心区向东北运行，并与现在的线路交汇于 Gares 站。此外，还将延长已有线的两端。

- ➲ 车辆：16 列两节编组列车。

  Siemens/Matra VAL 208（2000 年）。

- ➲ 运行间隔：高峰时段为 2.5 min；白天为 3～5 min；非高峰时段为 7～10 min。

- ➲ 首/末车时间：05:15/00:40（工作日）；07:30/00:40（周末）。

- ➲ 票制结构：单程票、10 次区票、日票、周票和月票。

- ➲ 与其他交通系统的连接：地铁与公交全部实现衔接换乘。

- ➲ 对老年人/残疾人的特殊服务：所有的车站都可以方便通行。

鲁 昂

 人口 城市为 109 000 人（统计），市区为 541 400 人（2007 年统计）。

 公共交通 公交、包括 BRT 以及轻轨服务均由 Agglomération de Rouen Haute-Normandie 授权下的私有公司提供。

 轻轨

轻轨（Métro）

➡ 现状：自从轻轨投入运营后，TCAR 路网的车辆走行公里就增长了 29.74%，车站乘客数量增长了 68.52%，票款增长了 102.15%。

➡ 运营类型：轻轨，首条线于 1994 年 12 月开通，延长线于 1997 年 9 月开通。

➡ 年客运量：

1 575 万人次（2007 年）；   1 555.4 万人次（2008 年）。

➡ 车辆走行公里：

➡ 141.1 万（2007 年）；   ➡ 141.8 万（2008 年）。

➡ 线路长度：18.3 km。

其中地下线路长度：1.7 km（全部地下线路共计 2.2 km）。

➡ 线路数量：2 条。   ➡ 车站数量：31 座。

其中地下车站数量：5 座。   ➡ 轨距：1 435 mm。

➡ 最大坡度：7%。   ➡ 最小曲线半径：25 m。

➡ 供电方式：750 V DC，接触网供电。

➡ 车辆：28 列。

GEC Alstom（1993/94 年）   M28。

➡ 列车运行间隔：白天 5~9 min（中心区/共线区 <3 min）；晚间 15~20 min。

➡ 首/末车时间：05:00/24:00。

➡ 票制结构：普通票，1h 无限制乘车票；单程的 10 次车票；24 小时车票；月票和年度预订票；适用于失业人员的免费票和适用于其他人士的折扣票（如学生老年乘客和团体票）（司机不售票）。

➡ 售检票方式：自 2008 年 9 月开始起实行的智能卡（非接触性）票；磁卡票。由 3 个主要的售票机构售票，该机构由 170 个卖主/代理许可，自动售票机（位于所有的轻轨和所有的 TEOR 车站，共计 97 个）；车上验票设备验票。

➡ 平均运行速度：19.02 km/h

德 国
Germany

柏 林

 人口　城市 343 万人，市区 370 万人，大都市区 500 万（2008 年）。

 公共交通　市政管理局提供地铁、有轨电车、公交和渡口服务。地方地铁（S-Bahn）服务由国家铁路 DB 的子公司提

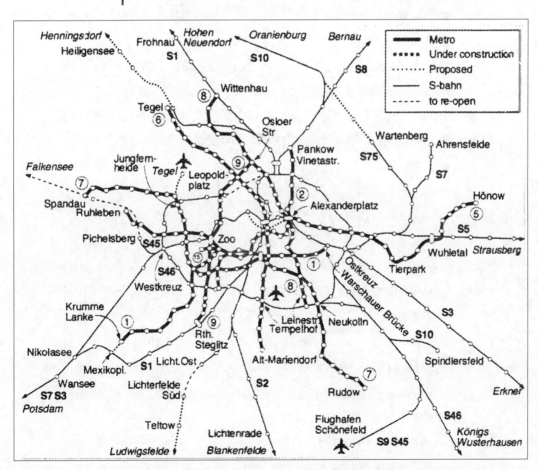

145

供，外部郊区铁路由 DB 提供。一些当地郊区有轨电车与 BVG 相连，在 Potsdam 邻近城市也有一些有轨电车和公交服务由市政管理局提供。地方交通管理局（VBB）监管柏林与勃兰登堡地区的公共交通运营，包括完整的票务系统。

➲运营类型：全部为地铁，首条线路于 1902 年开通。

➲年客运量：

40 000 万人次（2002 年）；　45 700 万人次（2004 年）；

46 400 万人次（2005 年）；　46 640 万人次（2006 年）。

➲车辆走行公里：

13 650 万（2002 年）；　12 350 万（2005 年）；

12 210 万（2006 年）。

➲线路长度：144.2 km。　其中地下线路长度：119.8 km。

其中高架线路长度：10.2 km。　➲线路数量：9 条。

➲车站数量：170 座。　➲轨距：1 435 mm。

➲轨道：41 kg/m S 41 轨，道砟上铺设普通枕木。

➲最大坡度：4%。　➲最小曲线半径：74 m。

➲隧道：主要为盖挖法。

➲供电方式：750 V DC，第三轨供电；在大客流线路上为底部接触。

➲发展概况：新线 U55 于 2006 年 10 月试运行。

➲车辆：1 278 节（组成 506 列）

窄体列车（宽 2.3m）506 辆

O&K A364（1964）	M2	T2；
O&K A3L67（1967/68）	M39	T39；
O&K A3L71（1971/73）	M66	T66；
O&K/DWM A3L/A3E（1964）	M79	T79；
LEW GI/1	M39	T39；
LEW GI/1E	M12	T12；
Waggon Union A3L82/83	M8	T8；
Bombardier HK2000（2001）	M8	T8；

宽体列车（宽 2.65m）772 辆

| O&K F74（1973/75） | M28 | T28； |
| O&K/Waggon Union F76（1976/78） | M39 | T39； |

O&K/Waggon Union F79（1980/81）	M36	T36；
Waggon Union F84（1984/85）	M39	T39；
Waggon Union F87（1986/87）	M21	T21；
ABB F90（1990/92）	M30	T30；
ABB F92（1992/93）	M55	T55；
Adtranz H95（1995/97）	M6	T6；
Adtranz H97（1999/2000）	M72	T72；
Bombardier H01（2001/02）	M60	T60。

➲定购：20 列 4 节编组的 Bombardier 地铁列车，HK 系列。计划 2007 交付使用。

➲列车运行间隔：高峰时段 3 min，非高峰时段 5 ~ 10 min。

➲首/末车时间：04:00/00:30（工作日）。

➲票制结构：普通票及短程票。

➲与其他交通系统的连接：与公交、有轨电车和 S-Bahn 衔接换乘。

➲单司机运行：所有列车。   ➲信号：电磁，西门子。

➲监管：20 列车和所有的车站都有闭路电视系统，列车也配备了无线电接收装置和无线电话。

比勒菲尔德

 人口   327 131 人（2005 年）。

 公共交通   城市和地区交通由地方管理局 QWL 协调。公交和索道服务由市政管理局的子公司提供，公交也由 DB 的子公司提供。

 轻轨

索道/轻轨

➲运营类型：普通的索道，向上到达 Stadtbahn，隧道部分在中心地区。

➲车辆走行公里：

490 万人次（2004 年）；	500 万人次（2005 年）；
500 万人次（2006 年）；	500 万人次（2007 年）；
500 万人次（2008 年）。	

➲线路长度：35.6 km。   其中地下线路长度：6.6 km。

⊃线路数量：4 条。 　 ⊃车站数量：62 座。

　其中地下车站数量：7 座。 　 ⊃轨距：1 000 mm。

⊃轨道：S41 道砟枕木轨（新型为 S49）。

⊃供电方式：750V DC，接触网供电。

⊃运行间隔：高峰时段 5 min，非高峰时段 10 min，晚间 15 min。

⊃首/末车时间：04:00/01:00。

⊃票制结构：分区段计价。

⊃售检票方式：从自动服务机或代理经销处预先购买。

⊃控制：来自中央控制室的 Siemens ZUB 100 控制系统。

⊃监管：地下站台和建筑物的 CCTV。

⊃车辆：84 辆

Duewag M8C	M44；
Duewag Stadtbahn M8D（1994/95）	M20；
Duewag Stadtbahn M8D（1998/99）	M20；
MB4	T5

⊃高峰运行车辆：72 辆加 4 辆拖车。

⊃发展概况：计划 2 号线延长至 Milse-Ost，3 号线延长至 Theesen。

Riponbarracks 的延长线已被取消。

波鸿-盖尔森基兴

 人口 波鸿为 381 500 人，盖尔森基兴为 264 800 人（2007 年）。

 公共交通 波鸿、盖尔森基兴城市的公交和索道/轻轨服务。由 Verkehrsverbund Rhein-Ruhr（VRR）公共公司提供，有在波鸿和盖尔森基兴索道的地下部分，还有标准轨距的 Stadtbahn 线，U35 连接波鸿和赫尼。区域交通也由 DB S-Bahn 提供服务。

 轻轨 索道/以前的地铁

⊃运营类型：普通索道，地下部分位于市中心。

⊃列车走行公里：820 万。 　 ⊃线路长度：109.7 km。

⊃优先通行权：63.4 km，预留轨道 10.4 km，地下轨道 4.9 km，有 6 个车站。

➡线路数量：7 条 ➡车站数量：196 座。

➡轨距：1 000mm。

➡供电方式：600 V DC，接触网供电。

➡票制结构：分区段（VRR）。

➡售检票方式：预先购买；上车付款给司机；流动查员票。

➡单司机运行：所有线路。

➡车辆：114 辆（大约）。

Duewag M65 6 轴（1976/77 年）　　　　　　　　M29；

Duewag M6C 6 轴（1981/82 年）　　　　　　　M22；

Duewag/Siemens MGT6D 6 轴低地板式（1992/94 年）　　M42。

➡高峰运行车辆数：85 辆。

➡运营类型：带有高站台的 U-bahn/Stadtbahn。

➡列车走行公里：240 万。 ➡线路长度：16.5 km。

其中地下线路长度：10.7 km。 ➡线路数量：1 条。

➡车站数量：21 座。 ➡轨距：1 435 mm。

➡隧道：盖挖法施工。 ➡供电方式：750 V DC，接触网供电。

➡运行间隔：高峰时段 5 min，非高峰时段 10～15 min。

➡首/末车时间：04:03/00:33。

➡监视：闭路电视，紧急电话。

➡运营控制：全自动化（微处理器）。

➡车辆：25 辆。

Duewag/Siemens B80D（1989/93 年）　　M25。

➡高峰运行车辆数：11 列。

波 恩

人口：313 600 人。

公交和索道/Stadtbahn 服务由公共理事会下属市政管理局的子公司负责运营，还有一些其他的公交服务。科隆/波昂地区的公共交通由 Verkehrserbund Rhein-Sieg（VRS）协调管理。

德国

Germany

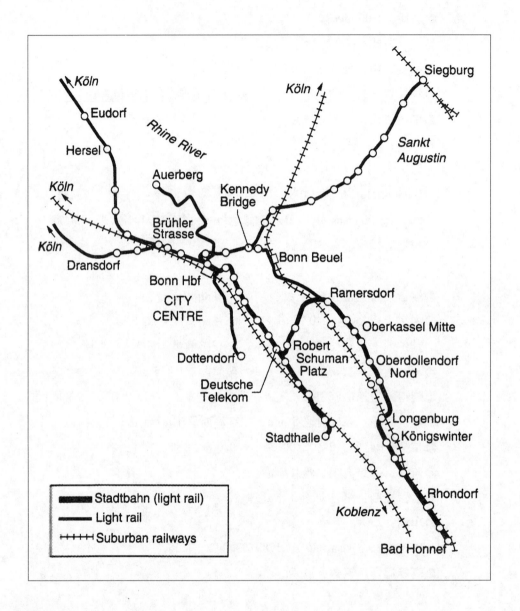

 索道/轻轨

➲ 运营类型：Stadtbahn 和普通的索道。

➲ 线路长度：125.4km（2004 年）。

➲ 线路数量：9 条（3 条索道，6 条轻轨）。

➲ 车站数量：82 座。　　　　➲ 轨距：1 435 mm。

➲ 供电方式：750 V DC，接触网供电。

⊃车辆：SSB22 辆，SWB75 辆。

　　　Duewag Stadtbahn B100C/S 6 轮轴关节式 M75；

　　　Duewag R1 6 轮轴低地板式（1994、1995 年）　M22。

⊃现状：路网包括城区索道 3 条线路和 Stadtbahn4 条线，轨距 1 435 mm。到科隆的 16 和 18 线跨越了以前的科隆—波昂铁路，由科隆 KVB 共同运营。66 线（Bad Honnef，Bonn，Siegburg），67 线（Bad Godesberg，Siegburg）和 68 线（Ramersdorf，Bornheim）与 Elektrischen Banhen der Stadt Bonn und des Rhein-Sieg-Kreises（SSB）共同运营。63 线（Bad Godesberg Tannenbusch）由波昂市运营。

科 隆

 986 168 人（2006 年）。

 公交、电车 以及轻轨服务由政府提供。由 Verkehrsverbund Rhein-Sieg（VRS）运营当地全线交通系统。电车现已升级为 S 轻轨，S 轻轨和区域铁路服务由 DB 提供。

 Verkehrsverbund Rhein-Sieg GmbH（VRS GmbH）

⊃票制结构：分区计价；单程、多程、全天票、周票、月票（不可转让）、可转让月票（不可在 9 点之前使用）、全区免费换乘。

⊃运营成本来源：票款收入占 44%，规定拨款占 11%，津贴占 45%。

⊃现状：自 1987 年起，VRS 覆盖区域从 Gummersbach 东部扩大至 Duren 东部以及 Euskirchen 西部，从 Langenfeld/Monheim 北部扩大至 Bonn/linz 南部。VRS 下属公司运营整个区域内的全部交通系统，运营内容包括 469 条线路，其中有 18 条郊区线路，4 条城市有轨线路，23 条城市铁路和电车，327 条公交线路，47 条拼车出行的出租车线路，10 条市民公车。

　　从 1998 年开始，DB 获得 15 年经营权。

　　Koloner Verkehrs-Betriebe AG（KVB AG）。

⊃人员：3 150 人。

➲年客运量：（所有交通方式）

25 200 万人次（2007 年）；　　　　　26 000 万人次（2008 年）。

➲运营成本来源：票款占 58%，补贴占 42%。

多特蒙德

人口 586 000 人（2006 年）。

公共交通 公交和电车由政府公司以及其他公共机构提供服务，部分由 Rhein-Ruhr Verkehrsverbund 经营。

地铁

Dortmunder Stadtwerke AG（DSW21）

电车/轻轨

➲运营类型：大部分保留传统电车，由六条线路升级。

➲年客运量：6 000 万人次（2000 年）。

➲列车走行公里：860 万（2000 年）。

➲线路长度：共 90. 9 km，轻轨 44. 8 km。

➲保留线路：50. 6 km。

➲隧道比度：13. 7 km。

➲线路数量：3 条电车线路，6 条轻轨线路。

➲车站数量：124 座，轻轨 67 座。

➲轻轨：1 435 mm。

➲供电方式：600 V DC，接触网供电。

➲车辆：118 辆。

Duewag N8C 铰接车；

Duewag B6 6 轴铰接车；Duewag B8 8 轴铰接车。

➲高峰运行车辆：102 辆。

➲现状：莱茵——鲁尔轻轨计划分四个阶段，十条电车线路网络连接 3 个穿梭城市隧道，轻轨长 41 km，共有 59 站，其中 20 km 在隧道内。其余将升级为电车，现有系统即将关闭。

DB Regio AG

- 运营类型：郊区地铁（S轻轨）。

- 现状：S1 延长线（9 km）从 Bochum-langengreer 至 DortmundHbf，S4 线连接 Lutgendortmund 到 Unna 和 Heren 并通过 Dortmund-Stadthaus，1994 年开通的 S5 线从 Witten 到 Hagen，每 30 min 一趟列车，其他当地运营商还开通了 5 条郊区线路。

Gesellschaft Dortmund mbH（H 轻轨）。

- 职工数量：1 122 人。

- 运营类型：悬挂式单轨铁路。

- 年客运量：

  150 万人次（2004 年）；　　　　　　160 万人次（2006 年）。

- 线路长度：3.9 km。

- 线路数量：1 条。

- 车站数量：5 座。

- 运营成本来源：票款占 71%，其他商业收入占 1%，津贴占 18%。

- 津贴来源：全部来自于市政府。

- 现状：最新建有两条新线，一条长 3.9 km，另一条长 2.8 km，一条连接住宅区的多特蒙德大学到 S 轻轨站。H 轻轨 Dortmunder Stadtwerke 获得从 1996 年经营至 2020 年。

- 发展概况：全长 1.2 km 的 1 号线延长线计划于 2003 年 11 月开通。

杜伊斯堡

 504 360。

 公交和电车由莱茵卢尔 Verkehrsverbund 下属公司提供服务。DBS 轻轨服务于整个城市。

 电车/轻轨

- 运营类型：轻轨/升级电车，传统电车。

- 线路长度：56.6 km。

➡ 隧道长度：8.5 km。

➡ 线路数量：2 条电车线路，一条轻轨线路连接轻轨杜塞尔多夫。

➡ 车站数量：90 座/180 座。

➡ 隧道数量：7 条/16 条。　　　➡ 最大坡度：6%。

➡ 最小曲线半径：18 m。　　　➡ 轨距：1 435 mm。

➡ 供电方式：750 V DC，接触网供电。

➡ 运行间隔：高峰时段 10 min，非高峰时段 30 min。

➡ 首/末车时间：04:00/24:00。

➡ 单司机运行：全部车辆。　　　➡ 逃票控制：巡回督察。

➡ 车辆：

　Duewag B80C Stadtbahn 6 轴铰接车；

　Duewag GT10NC-DU 10 轴铰接车；

　Adtranz Variobahn 6NGT 6 轴铰接车。

➡ 现状：由电车升级为轻轨标准，开至杜塞尔多夫。

DB Region AB；

➡ 运营类型：郊区地铁（轻轨）。

➡ 现状：S 轻轨和其他市郊线及郊区线由 DB 公司负责。

杜塞尔多夫

 581 858 人（2006）。

 公交、电车、轻轨由政府公司提供服务。市郊线由 DB 和 Regiobahn 提供服务。票价服务由莱茵-鲁尔（VRR）公司负责协调。

 Flughafen Dusseldorf GmbH（空中列车）

➡ 运营类型：悬挂式轨道交通。

➡ 年客运量：300 万人次（2008 年）。

➡ 线路长度：2.5 km。　　　➡ 车站数量：4 座。

➡ 现状：悬挂列车线路全长 2.5 km，全自动控制连接机场至火车站。

⮕发展概况：自 2006 年 9 月以来，在控制技术、车辆以及加速站间隔的改造之后，重新吸引了市民。

⮕车辆：6 个 2 节铰接编组的单轨列车。

Tramway/light rail

⮕运营类型：轻轨和传统型电车；

⮕列车走行公里（轻轨，电车）：

1 840 万（2004 年）；   1 860 万（2005 年）；

1 830 万（2006 年）。

⮕线路长度：电车 85.3km，轻轨 61.2 km（隧道 6 km）。

⮕线路数量：20 条（电车 13 条，轻轨 7 条）。

⮕车站数量：277 座。

⮕发展概况：一条新的隧道长 3～5km 正在建设中，预计再新建 5 座新站，预计于 2014 年完成。

⮕车辆：

轻轨 318 辆 Duewag B80D，轴铰接；

Duewag GT8 轴铰接；

电车 GT8，GT NF6，GT NF6，GT NF8，GT NF10，Duewag 4 轴铰接（1955/66）；

西门子 NF8（2006）。

⮕订购：15 辆西门子 NF84 CGTNF8 电车。

埃 森

城市 58.14 万人，大都市区 530 万人。

公交、轻轨、电车和旅游观光车由政府公司运营。市郊铁路和公交系统由 DB 公司运营。由莱因—瑞恩运输协会统筹负责票价和服务。

⮕运行类型：轻轨（地铁 u-bahn），传统电车。

⮕线路长度：16.1 km。

⮕线路数量：3 条。

⮕车站：116 座（包括电车部分）。

➲轨距：1 435 mm。

➲轨道：有 S49，Ri59，Ri59N，Ri60，Ri60N 轨道，传统式道岔轨枕。

➲供电方式：750 V DC，接触网供电。

➲首/末车时间：04:30/00:15。

➲逃票控制：巡回督察。

➲单司机操作：全部线路。

➲平均速度：28 km/h。

➲平均站间距：683 m。

➲车辆：145 辆，Duewag M8S，Duewag M8C，Duewag，DWA/Adtranz M8DNF 低地板列车。

➲订购：14 辆 M8DNF 低地板电车。

➲现状：埃森轻轨主要由莱因—鲁尔公司发展而来的。通往 westendstrasse 部分的隧道于 1991 年开通。U11 线从 Karlsplatz 到 Altenessen，部分于 1998 年开通。从 Altenessen 到 Gelsenkirchen-Horst 高架线部分于 1998 年开通，其余部分包括 2.5 km 隧道、4 km 地面线于 2001 年建成。

➲发展概况：算乘客信息系统已经应用于轻轨北埃森线。信息系统可以提供到达时间、运营能力、晚点以及故障事件。

哈雷

城市 234 295 人（2007 年）。

公共交通：电车和公交系统由政府公司经营。有德国国铁和地方区域地铁（S 轻轨）。

DB Regio AG

➲现状：Regio 服务霍尔地区网络运营 1 602 km，293 个车站，年客流量 85 200 万人次。

S 轻轨

➲运营类型：郊区，市郊线路。

➲现状：S7 线轻轨线是 U 型环路，从霍尔—Trotha 东北部到西北部。运行间隔 20 min，提供 7 辆双层电动机车，DB 同时提供 S10 号线服务。

法兰克福

 人口　城市人口 670 095 人，市区 150 万人，大都市区 500 万人。

 轻轨

➡运营类型：轻轨在市中心地下运行（共 23 km），但是许多转为电车的线路在城郊服务首条线路于 1968 年建成。

➡年客运量：

9 730 万人次（2002 年）；　　9 530 万人次（2003 年）；

9 530 万人次（2004 年）；　　9 540 万人次（2005 年）；

9 510 万人次（2006 年）。

➡列车走行公里：

345 300 万（2002 年）；　　338 200 万（2003 年）；

338 200 万（2004 年）；　　338 900 万（2005 年）；

338 200 万（2006 年）。

➡线路长度：61. 16 km。

➡隧道长度：23 km。

➡线路数量：7 条。

➡车站数量：84 座。

➡轨距：1 435 mm。

➡供电方式：600 V DC，接触网供电。

➡现状：地下站 Ostbahnhof 延长线通往 Hanauer Landstrasse，于 2007 年开通。

➡发展概况：2006 年，新引进 146 辆庞巴迪新车，预计于 2008～2013 年交付，合同价值 30 亿欧元，并且还将增加 24 辆车，新车将替代原先那批老车。

法兰克福 riederg 至 Nieder-Eschbach 延长线于 2007 年开工，预计于 2009 年开通。

U41 线从 Nieder-Eschbach 至 Nordwest Zentrum，预计于 2007 年开通。

⊙车辆：223 辆

Duewag Ptb；   Duewag U2e；

DuewagU2h；   DuewagU3；

DuewagU4。

⊙订购：146 辆新型庞巴迪 LRVs 预计于 2008～2013 年交付。

⊙运行间隔：高峰时段 2 min。

⊙票制结构：分段计价。

⊙与其他交通模式的连接：普通价目表覆盖整个 RMV 区域。

DB Regio AG

⊙现状：Rhein-Main 服务覆盖全网络 536km，从法兰克福 am Main 到林堡共 135 个车站。

郊区地铁

⊙运营类型：郊区地铁（s 轻轨）

⊙现状：S 轻轨 Rhein-Main 网络集中在法兰克福 am main，网络覆盖 300 km，共 109 个车站，每年客流量 1 400 万人次。

⊙车辆：102 辆 ET420、71 辆 ET423，175 辆双层长途客车，639 辆其他客车，34 辆有轨列车。

⊙运行间隔：高峰时段 15 min，非高峰时段 30～60 min。

汉 堡

177 万（2007 年），大都市 430 万，服务的地区人口 260 万。

汉堡全部公共交通及联络线由公共交通机构所提供，公交和地铁服务由城市交通公司提供，城市和郊区轻轨由 Regio 提供服务。

⊙职工数量：1 492 人（2008 年）。

⊙运营类型：全线地铁。

⊙年客运量：

17 980 万人次（2006 年）；   18 450 万人次（2007 年）；

18 920 万人次（2008 年）。

⊙列车走行公里：

7 280 万（2005 年）；   7 300 万（2006 年）；

7 290 万（2007 年）；   7 510 万（2008 年）。

➲线路长度：100.7 km。   ➲隧道长度：41.5 km。

➲高架线长度：9 km。   ➲线路数量：3 条。

➲车站数量：89 座。   ➲轨距：1 435 mm。

➲轨道：49 kg/m，S49 型轨道，轨枕和道岔。

➲最大坡度：5%。   ➲最大曲线半径：70 m。

➲坑道：单轨，双轨，混凝土藻井。

➲供电方式：750 V DC，接触网供电。

➲现状：全线车辆已安装行车可视信息系统，可以提供新闻、娱乐、
财经新闻，已经应用 LCD 平面屏幕和无线传输系统及行车自动调度
系统。

➲发展概况：U4 新线于 2012 年开通，线路大约 4 km 长，汉堡区域 Hafen-
City、Harbour 开通两座新车站。

2010 年开始，HOCHBAHN 将替代 DT2、DT3 车型列车，DT5 将保持
3 节编组，为乘客提供更加舒适的乘车环境，提供轮椅、手推车以及现
代化乘客信息系统。DT2 列车将在高峰时期不定时使用，进行服务和替
补。DT3 和 DT4 提供全部服务。

新型列车 DT5 是向厂商庞巴迪和阿尔斯通订购，合同价值 24 000 万
欧元，预计从 2010 ~ 2013 年陆续交付，至少 40 辆列车。

➲车辆：749 辆车，214 列两节编组、三节编组以及四节编组的列车。

DT 1 两节编组；   LHB DT2 两节编组；

LHB DT3 三节编组；   LHB DT4 四节编组。

➲订购：27 辆庞巴迪和阿尔斯通 DT 5 三节编组列车。

➲运行间隔：高峰时段 2.5 ~ 5 min，非高峰时段 5 ~ 10 min。

➲首/末车时间：周末 04:01/01.15，工作日 24 小时开通。

➲监督：DT3 和 DT4 摄像监视。

➲逃票控制：随机检查，逃票惩罚。

Deutsche 轻轨 AG。

➲职工数量：共 930 人。

➲运营类型：城市轨道交通。

➲年客运量：

17 600 万人次（2004 年）；　　18 400 万人次（2006 年）。

➲现状：汉堡轻轨共长 145 km，6 条线路，有 68 座车站，采用 1.2 kV 第三轨德国供电方式，自 2007 年 12 月起，全线采用德国标准主干线 15 kV 高架线供电方式。

➲发展概况：2001 年开始建机场线，从 Ohlsdorf 到机场，于 2008 年 11 月开通，70% 在隧道内。

➲车站数量：68 座。

➲运营监控：站台上的闭路电视。

➲逃票控制：巡回督察。

➲车辆：164 辆三节编组。

汉诺威

人口

515 559 人（2006 年）。

公共交通

轻轨和公交系统服务均由市政公司管理，郊区铁路由 DB 提供服务，运营由汉诺威交通协会负责。

轻轨

➲运营类型：城市中心地下轻轨。

➲列车走行公里：

2 410 万（2002 年）；　　2 450 万（2003 年）；

2 390 万（2005 年）；　　2 440 万（2006 年）。

➲线路长度：119.69 km。

➲隧道长度：18.6 km。

➲线路数量：12 条。

➲车站数量：195 座。

➲轨距：1 435 mm。

➲供电方式：600 V DC，接触网供电。

➲发展概况：2006 年 6 月，3 号线延长线从 Lahe 到 Altwarmbuchen 开通。1.5 km 支线到 Misburg/Nord，计划于 2008 年开通。1.7 km 延长线到 Misburg/Meyers，计划于 2011 年开通。

➲车辆：311 辆

Stadtbahnwagen Series 6000（1974～1993）　　167。

Stadtbahnwagen TW 2000（1997～1999）　　48。

Stadtbahnwagen TW 2500（1997～1999）　　96。

⊃ 高峰运行车辆：247 辆。

⊃ 运行间隔：高峰时段 4 min。

⊃ 检票方式：自动售检票。　　⊃ 单司机操作：所有线路。

⊃ 集中控制：信号灯优先，BON 系统。

⊃ 运营成本来源：80% 来自票款，20% 来自津贴。

DB Regio AG

⊃ 运营类型：区域地铁和市郊重轨。

⊃ 现状：5 条线路运营公用 46 辆 ET424 和 ET425 车型，提供中短途距离交通服务。

　　区域地铁网络覆盖 2 960km，从 Lower Saxony 到 Bremen 共 367。

　　持有 GHV 票可以乘坐 S 轻轨，实现汉诺威区域交通网络一体化。

⊃ 发展概况：两条延长线从 Hildesheim 与其他线路连接至 Celle，正在计划中。

　　DB Regio AG 签署价值 5 亿欧元协议获得继续运营 S 轻轨权直至 2014 年。

卡尔斯鲁厄

 城市为 285 800 人（2006 年）。

 公交和轻轨与电车由市政提供服务，市郊服务由 AVG 和 DB 提供，分别掌控轨道使用权和运营权。

⊃ 运营类型：轻轨/传统电车包括全部 DB 运营线路。

⊃ 列车走行公里：

　790 万（VBK）及 1 420 万（AVG）（2004 年）；

　810 万（VBK）及 1 570 万（AVG）（2005 年）；

　890 万（VBK）及 1 730 万（AVG）（2006 年）；

　900 万（VBK）及 1 820 万（AVG）（2007 年）；

　920 万（VBK）及 1 860 万（AVG）（2008 年）。

⊃ 线路总长：VBK68.4km，AVG460.1km，包括 DB 线。

⊃ 线路总数：7 条电车，10 条轻轨。

- 车站数：340 座。
- 轨距：1 435 mm。
- 轨道：Grooved NP 4/40；flat-bottomed S 41/10，传统轨枕。
- 最大坡度：6%。
- 最小曲线半径：21 m。
- 供电方式：750 V DC，接触网供电，15k V AC DB 轨道。
- 车辆：282 辆。

  电车：

  DWM/WU 8 轴铰接车；

  Duewag GT6-70D/N 6 轴低板铰接车；

  Duewag GT8-70D/N 8 轴低板车。

  轻轨：

  Waggon Union GT6-80C 6 轴车；

  Duewag GT8-80C 8 轴车；

  Adtranz/Siemens GT8-100D/MSY 8 轴车。

- 运行间隔：高峰时段 5 min，非高峰时段 10 min。
- 首/末车时间：03:50/03:31（首末 24 小时）。
- 票制结构：分段计价。
- 与其他交通模式的连接：在当地交通票务统一使用。
- 单司机运行：所有线路。
- 现状：68 km 的电车网络由 VBK 运营，460 km 的轻轨网络连接卡尔斯鲁厄城市和乡村，大部分电气车由 AVG 运营，两家公司均归城市所有。

  卡尔斯鲁厄最先采用市中心电车轨道和 DB 主干线直通运行概念，现在这种模式已被称为电气车运营或卡尔斯鲁厄模式。

- 发展概况：2006 年 5 月，一条 3.1km 新线开通，这条新线采用双线，电车位于城市北部。VBK 决定取代公交，采用电车系统，可以使 1 万居民直接进入电车线网，延长线采用分离式轨道，大部分都采用绿色环保轨道，可以有效降低噪音震动。6 座车站提供多入口乘车，以满足不同乘客的需要。

  2006 年 S2 延长 6.8km，采用双轨，从 Stutensee 至 Spock。

- 现在大部分电车和电气车均已穿越步行街，这成为电车的发展瓶颈。现

在巴登-符腾堡州政府与议会已经签署框架协议，投入公共基金以确保卡尔斯鲁厄轻轨隧道 2016 年开通，卡尔斯鲁厄城市穿越步行街的电车线路均改为从地下隧道穿过，总花费需 5 亿欧元，其中 3 亿来自联邦政府，1 亿来自州立政府，1 亿来自市政府。目前计划已经完成，动土仪式将于 2010 年 1 月举行。

一条新的电车线于 2008 年 11 月开通，新线将替代城市东部原有线路，新线设施符合 2.65 宽的新型低板电车行走。新线还可使用 ITCS 系统配合全市网络的行车调度，此系统将于 2010 年年底投入使用。

VBK 和 AVG 公司已经开始考虑为残障人士提供更多帮助。两公司下一步计划改进站台，提供升降机可方便残障人士直接进入电车，另外提供代步机供残疾人士使用。

四条电车线，四条公交线，五条特殊线路的服务，在每个周末的晚间运营时间将会延长。

慕尼黑

 城区人口为 136 万；都市人口为 261 万人；大都市圈人口为 520 万人。

 公交、电车和地铁由 Munchner Verkehrsund Tarifberbund 公司负责运营，市郊铁路由 Munchen GmbH 负责运营，此外市郊巴士也由 Munchner Verkehrsund Tarifberbund 公司负责运营。

➡运营类型：全部为地铁，首条线于 1971 年开通。
➡年客运量：
30 720 万人次（2004 年）； 32 400 万人次（2005 年）。
33 000 万人次（2006 年）； 33 600 万人次（2007 年）。
34 900 万人次（2008 年）。
➡线路长度：93 km。 ➡隧道长度：83 km。
➡线路数量：6 条。 ➡车站数量：94 座。
➡轨距：1 435 mm。 ➡供电方式：750 V 第三轨供电。

⊙现状：城市地铁网络是由 3 条主干线和 6 条环线组成的。

⊙发展概况：2006 年 10 月，U6 线沿线将开通由 Garching-Honbruch 开往 Garching-Forschungszentrum（2 座车站，全长 4.4km 的地铁）。

U3 线延长线开至 Moosach 路段预计于 2010 年完工，一期工程从 Olympiazentrum 至 OEZ 预计于 2007 年完工。

⊙车辆：584 辆。

⊙票制结构：分区票制。

⊙对残疾人／老年人的特殊服务：85 座车站均设有残疾人通道。

⊙与其他交通方式的连接：与 S 轻轨相连接。

⊙信号：ATC；SpDrL77 信号和车辆控制系统。

⊙平均速度：36.7 km/h。

纽伦堡

 50 万人（2009 年）。

 公交、电车和地铁由 VAG 负责运营，S 轻轨由德国铁路公司（DB）负责运营。

 Infra furth verkehr GmbH

⊙现状：地铁由 VAG 纽伦堡公司负责运营。

曼海姆-海德堡路德维希港

 Mannheim327 318 人（2006 年）；
Ludwigshafen163 530 人（2006 年）；
Rhine-neckar 都市区域 236 万人；
Heidelberg145 642 人（2008 年）。

 公交、电车、轻轨由五家运营商负责运营，分别为 MVV、MVV OEG、VBL、RHB 和 HSB，服务由 DB 提供。

DB Regio AG

➲ 运营类型：郊区铁路和轻轨。

➲ 现状：DB Regio AG 莱茵内卡河是德国 DB Regio AG 管理集团九家管理公司的其中一家，莱茵内卡河拥有 170 辆列车，区别于 805 km 的线网上，共有员工 1 000 名，每年列车运行 2 000 万 km，共 278 座车站。

➲ 电气化铁路动车组有 75 辆 ET425 型列车，内燃机车线路有 63 辆 VT628 型列车和 12 辆 VT612 型列车。少数动车组列车的拖车组有 16 辆 BR218 型。

　　轻轨莱茵内卡河公共交通主干线，连接 Heidelberg、Mannheim 和 Ludwigshafen 三座城市。轻轨网络共有四条线路。目前大约投资 28 000 万欧元升级车站和基础设施，另投资 19 000 万欧元建造 40 辆低地板动车组 ET425，将在 Ludwigshafen 新的车间建造新车，新车间 4 700 m² 耗资 1 600 万欧元，Ludwigshafen 的车间容量可以供 95 个变电阻工作。

　　Heidelberg、Mannheim 的郊区也有轻轨线路，但目前 Ludwigshafen 的郊区还没有轻轨，每年车公里大约为 1 400 万 km。

➲ 发展概况：莱茵内卡尔交通协会目前已经通过莱茵内卡尔区轻轨延长线的发展计划，包括 Biblis 线、Mainz 线、Darmstadt 线和 Sinsheim/Eppingen 线。

➲ 运营类型：全部为地铁（u-Bahn），于 1971 年开通第一条线路。

➲ 年客运量：

30 720 万人次（2004 年）；　32 400 万人次（2005 年）；

33 000 万人次（2006 年）；　32 600 万人次（2007 年）；

34 900 万次（2008 年）。

➲ 线路长度：93 km。　　　　➲ 地下线路长度：83 km。

➲ 线路数量：6 条。　　　　　➲ 车站数量：94 座。

➲ 轨距：1 435 mm。　　　　　➲ 隧道：结构 5.74 m 直径，明挖随填。

➲ 供电方式：750V DC，第三轨供电。

➲ 现状：包含 6 条线路的三条网状主线（U1/2，U3/6，U4/5）。

➲ 发展概况：由 Garching—Hohbruch 到 Garching—Forschungszentrum 的 U6 延长线（共 2 站，4.4km）自 2006 年 10 月起开始运营。

　　至 Moosach 轻轨站的 U3 延长线已开始动工并计划于 2010 年全部完成，一期由 Olympiazentrum 至 OEZ 路段计划于 2007 年完成。

　　一些其他的延长线路也在计划当中，其中包括：U4 线东段 Arabellapark 至 Engschalking（1.9 km）（此段有可能改建成电车线路）；U5 线西段 Laimer Platz 至 Pasing（3.6 km）；U6 线自 Grosshadern 至 Martinsried（1.3 km）。线路系统最终将延长至 110 km。

➡车辆：584 辆。

➡运行间隔：高峰时段 2~3 min；非高峰时段 10 min。

➡票制结构：分区域计费（MVV）。

➡对老年人/残疾人的特殊服务：85 个车站设有无障碍通道。

➡信号：ATC；SpDrL77 信号列车控制装备。

➡与其他交通系统的连接：9 个车站设有 S-Bahn 线路的换乘站。

➡平均车速：36.7 km/h。

DB Regio AG

➡职工数量：1 024 人。

➡运营类型：区域地铁（大型轻轨）。

➡年客运量：

2 920 万人次（2008 年）。

➡列车走行公里：2008 年 2 030 万。

➡线路长度：442 km。　　➡隧道长度：4 km。

➡线路数量：10 条。　　　➡车站数量：147 座。

➡轨距：1 435 mm。

➡供电方式：15 kV16⅔HzAC；接触网供电。

➡现状：轻轨服务由 DB Regio AG 子公司 S-Bahn Munchen 负责运营，共 10 条线路，总长度 442 km，其中包括 4 km 市中心隧道路段；轨距 1 435 mm，供电方式为 15 kV16⅔ HzAC，全程 147 站。高峰时期车辆间隔为 20 min，非高峰时期为 40 min。同时提供的市中心区路线车辆间隔为 2~4 min；部分路线目前在繁忙时段的车辆间隔达 10 min，并可能在以后通过联网延长间隔时间。采取分区域计费制（详情见 MVV）。运营成本来自票务收入（占 54.5%）、联邦政府平衡收入和 Munich 城市补贴。

➡发展概况：还有很多延长线路和新线建设计划，其中包括连接 S1/S8（机场线），S2 东段以及一些新站台的建设工程。另外还有一些从 Dachau 到 Altomunster 线路的电力建设计划。

➡车辆数：238 辆。

ET：423；　　　　　　　　VT：628（A 线）。

莱茵-鲁尔

 1 170 万人（2005 年）。

 公共交通：莱因—鲁尔为集合城市，位置位于杜塞尔多夫和多特蒙德之间，也包括杜伊斯堡、米尔海姆、埃森、波鸿、克雷菲尔德、伍伯塔尔的中心区以及众多小镇。公共汽车、快速公交、电车、轻轨、S 型轻轨等交通服务由当地各权威机构和德国地铁共同协调提供服务。下面将详述主要城镇的当地交通情况。

DB Regio NRW GmbH

- 运营类型：区域轻轨（S-Bahn。）
- 现状：莱因—鲁尔 S-Bahn 网络覆盖莱因谷（包括埃森和杜伊斯堡）、部分莱因地区（包括杜塞尔多夫和科隆）及部分威斯特伐利亚（包括多特蒙德和乌纳）。

斯图加特

 市区人口 600 038 人，城市人口 270 万人，大都市区 530 万人（2008 年）。

 由斯图加特拥有多数股权的公司提供公共交通服务，包括公共汽车、缆车轻轨、高架轨及缆车。建设中的 S-Bahn 及其相关接驳巴士由德国地铁负责运营，其他巴士有各自独立的运营商，由 VVS 统一协调监管。

- 运营类型：轨距为 1 435mm 的 S 轻轨于 2007 年年底彻底代替了传统的米轨缆车，两节由轨距 1 435mm 和 1 000mm 混合运行的车厢只用于博物馆车辆。
- 列车走行公里：

  2003 年 S 轻轨 102 万；有轨电车 120 万

  2004 年 S 轻轨 121 万；有轨电车 120 万

  2007 年 1 350 万（S 轻轨和有轨电车）。
- 线路长度：S 轻轨 123km；高架轨长度 2.2 km。
- 预留轨道长度：123 km。　　　- 隧道长度：23.5 km。

德国

Germany

➡线路数量：S 轻轨 16 条。 ➡车站数量：196 座。

➡轨距：1 435mm 及 1 000mm（高架轨）。

➡最大坡度：8.5% 。 ➡最小曲线半径：50 m。

➡供电方式：750 V DC，接触网供电。

➡现状：由米轨电车到标轨轻轨的转换工程于 2007 年 12 月完成。其中市中心地区有 23.5 km 的地下隧道路段。两个轨距的轨道在一些历史悠久的有轨电车路段仍在沿用。

➡发展概况：计划于 2010 年年底完成 U15 北支线至 Stammheim 路段建设。2008 年起 U6 至 Fasanenhof 的扩建工作开始动工。位于斯图加特国际机场的国际会展中心的扩建线路目前在计划当中。

一条新的线路 LRT-line U12 目前处于计划阶段，此计划出于德国铁路股份有限公司的斯图加特 S21 工程。此 S21 工程旨在使斯图加特主终点站转为地下的通过站。

➡车辆：169 辆。

Duewag DT8.4-9 Stadtbahn（1985/93/96 年） 114 辆；

Adtranz/Siemens DT8.10-11（1999/2005 年） 50 辆；

MAN/SLM rack-Stadtbahn（1982 年） 4 辆；

Funicular 2 辆。

➡订购：20 辆 DT8.13（60 辆 DT8 已翻新）。

➡运行间隔：高峰时段 6～10 min，非高峰时段 10～12 min。

➡首/末车时间：04:45/00:15。

➡对老年人/残疾人的特殊服务：183 个高台车站中有 173 个设有无障碍通道。

➡单司机运行：全部线路。

➡集中控制：电脑监测及提供旅客信息。

DB Regio AG

➡职工数量：797 人。

➡现状：Baden-Wurttemberg 地区的一部分，Wurttemberg 服务网络覆盖斯图加特中心 920km，服务于 143 个站台和停靠站。

➡发展概况：斯图加特 S21 工程将为城市提供 30 km 上下的郊区铁路。现存的终点站站台将转移至地下，为商业发展释放一些更有价值的地上空间。来自 Uim 的高速线路将途经新站台，也将与开往 Mannheim 的

西线相互连接。此项工程预计于 2010 年启动。

⤷ 职工数量：550 人（估算）。

⤷ 运营类型：区域地铁（S-Bahn）。

⤷ 年客运量：10 160 万人次（2007 年）。

⤷ 列车走行公里：850 万（2007 年）。　　　　⤷ 线路数量：6 条。

⤷ 线路长度：177 km。

⤷ 车站数量：71 座。　　　　⤷ 轨距：1 435 mm。

⤷ 供电方式：15 kV16 2/3 Hz，接触网供电。

⤷ 现状：斯图加特 S-Bahn：DB Trains 的子公司运营 6 条线路，总长 177 km，线路供电方式为 15 kV16⅔ Hz；高架：高峰时期车辆间隔 15min，非高峰时期间隔 30 min，郊区列车同时运行于 12 条非 S-Bahn 线路，总长为 375 km。运营由 VVS 负责监管协调。

⤷ 发展概况：S1 线扩展线至 Kirchheim 已开工，并预计于 2008 年开始使用。2006 年，2 辆原型翻新客车 ET420 Plus 加入到运营行列中。

⤷ 车辆：150 辆。

ET423；　　　　　　　　　　　　　　　　　ET420；

ET420 Plus。

亚美尼亚
Armenia

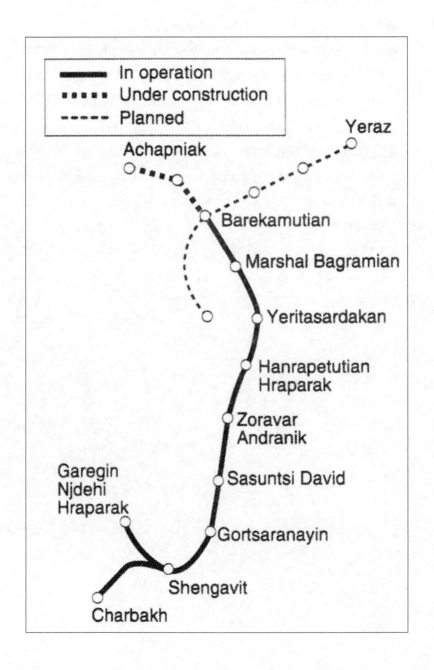

埃里温

 人口 城区 1 100 万人，大都市区 130 万人。

 公共交通 公交车（由州政府和 90 多家私企经营）共 24 条线路，电车共 7 条线，小巴 119 条线路。

 地铁

⊃ 运营类型：地铁，首条线开通于 1981 年。

⊃ 年客运量：1 900 万人次（2008 年）。

⊃ 线路长度：12.1 km。　　　　　⊃ 线路数量：1 条。

⊃ 车站数量：10 座。　　　　　　⊃ 轨距：1 520 mm。

⊃ 轨道：50 kg/m，轨道，木质或混凝土轨枕。

⊃ 最大坡度：4%。　　　　　　　⊃ 最小曲线半径：250 m。

⊃ 隧道：暗挖和明挖。

⊃ 供电方式：825 V，第三轨供电。

⊃ 运行间隔：高峰时段 5 min，非高峰时段 10 min。

⊃ 首/末车时间：06:30/23:00。　　检票方式：手动。

⊃ 运营成本来源：票务和其他盈利占 45%；政府补贴占 55%（2002 年）。

⊃ 车辆：13 辆，2 节编组列车 81-717。

⊃ 现状：没有正在进行的建设项目。西北延伸线建设工程已经被迫暂停。

⊃ 发展概况：已有建设另外两条新线的长期计划。

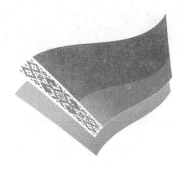

白俄罗斯
Belarus

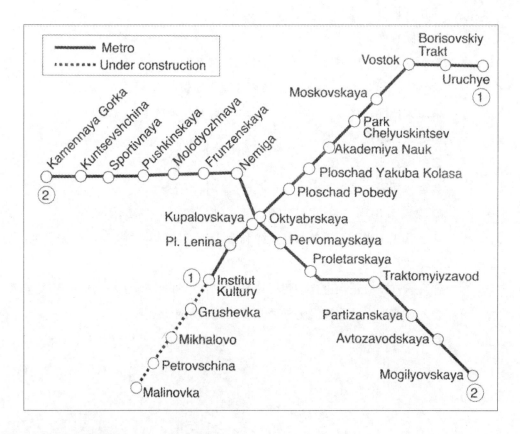

明斯克

 183 万人（2008 年）。

 主要公共交通工具有公交车、城市轻轨、电车、地铁（最新的地铁线路延伸计划正在筹备中），以上的公交系统均由政府公司（明斯克列车公司）负责管理及规划。城郊有轨列车的服务项目由白俄罗斯铁路公司承担（BC）。

明斯克公共交通管理局

➥ 现状：截至 2003 年，明斯克市公交系统已进行过一次重组改革。以前的明斯克车辆管理司已将电力公交车和列车的责任管理权移交给明斯克市政委员会，也就是现在的明斯克公共交通管理局。这一机构目前也负责监管公交车和地铁车辆系统。每种公交系统都被涂染了属于自己的独特颜色，如城市公共汽车——绿色，电缆电车——浅绿色，电车——绿松石色和白色。

➥ 发展概况：车站公告荧幕采用先进的数码技术，车辆采用 LED 到站提示显示器。

➥ 职工数量：3 576 人。

➥ 运营类型：全部为地铁，第一条线路于 1984 年投入运营。

➥ 年客运量：

21 620 万人次（2004 年）；　　25 040 万人次（2005 年）；

6 200 万人次（2007 年）；　　24 420 万人次（2008 年）。

➥ 线路长度：30.3 km。　　　➥ 线路数量：2 条。

➥ 车站数量：20 座。　　　➥ 轨距：1 520 mm。

➥ 最大坡度：4%。　　　➥ 最小曲线半径：400 m。

➥ 供电方式：825V DC，第三轨供电。

➥ 发展概况：2007 年年底开通了长度为 2.7 km 的一号线延长线，并在该延长线上增设了两个新站。长度为 5.3 km 的一条 1 号线延长线正在建设当中，该条线路共设 2 个站台，并将于 2011 年正式开通运营。2 号线已经增设中间接驳车，并计划于 2010 年购进 6 列 5 节编组列车，以便减少高峰时段的旅客滞留时间 2 min 左右。

➥ 车辆配备：241 辆由圣彼得堡制造的列车。（1 号线：25 辆 5 箱列车；2 号线：29 辆 4 箱列车）。

➥ 订购：无。

➥ 运行间隔：高峰时段停车时间 2 min（1 号线），2.5 min（2 号线），低峰时段 4 ~ 10 min。

➥ 首/末车时间：05:40/01:00。

➥ 检票方式：纸票和磁卡，磁卡是从 2008 年 9 月开始使用的。

➥ 运营成本来源：从磁卡和车票的使用数据来进行收益统计。

白俄罗斯 Belarus

比利时
Belgium

布鲁塞尔

人口 城市 100 万人，大都市区 190 万人。

公共交通 主要交通工具有公共汽车、电车、地铁、准捷运。交通系统的责任与管理主要由城市立法监督部门和其他代表机构来执行，最终管理部门是首都地区管理委员会。公共汽车的服务项目也由地区运营商（TEC）承担。城郊轻轨由州立地铁公司（SNCB/NMBS）承担。

电车

电车/准捷运系统

➡️司机：690 名。

➡️运营类型：传统电车及在城市中心隧道中的地下有轨电车。

➡️年客运量：

5 180 万人次（2001 年）；　　5 760 万人次（2002 年）；

6 350 万人次（2003 年）；　　6 640 万人次（2004 年）；

6 880 万人次（2005 年）。

➡️线路长度：133.6 km。　　　➡️隧道长度：12.1 km。

➡️预留线路长度：63.7 km。

➡️线路数量：15 条，包括两条准捷运系统。

➡️车站数量：14 个准捷运站（其中四个站已经和地铁相连）。

➡️轨距：1 435 mm。

➡️供电方式：600 V DC，接触网供电。

➡️运行间隔：高峰时段为 3 min（市中心），非高峰时段每小时发车 4~5 辆（大多数线路）。

➡️首/末车时间：05:00/00:34。　　票制结构：与公交相同。

⮕检票方式：与公交相同。

⮕单司机运行：所有的汽车。

⮕自动控制系统：所有轻轨和地下电车均采用"green wave"系统的交通灯优先控制技术。

⮕车辆：292 辆车。

⮕订购：46 辆双向庞巴迪列车，已分别于 2005 年和 2007 年发货。另有订购 22 辆生产于 2005 年的 T300 列车。

⮕司机：172 名。

⮕年客运量：

8 370 万人次（2001 年）；　　9 660 万人次（2002 年）。

10 250 万人次（2003 年）；　　10 550 万人次（2004 年）。

11 450 万人次（2005 年）。

⮕线路长度：33.9 km。　　　　⮕线路数量：3 条。

⮕车站数量：52 座。　　　　　⮕轨距：1 435 mm。

⮕供电方式：900V DC，第三轨供电。

⮕运行间隔：高峰时段为 7 min。

⮕首/末车时间：05:00/01:00。

⮕票制结构：单一票制。

⮕安全系统：地铁与地下电车均装有安全摄像头，并与网络相连随时监控车站与车辆中的实时情况。

⮕车辆：192 辆车，三辆或五辆编组列车。

BN100（1975/76）　　　　M90；

BN200（1980/81）　　　　M32；

BN（1991/92）　　　　　　M32。

⮕高峰运行车辆数：151 辆。

⮕订购：2005 年订购了 15 辆 CAF 列车，预计 2006 年发货。

⮕现状：在现有的地铁上建造 60 km 的延伸线已经在筹备当中。由于政治和建设的原因地铁发展一度缓慢。1985 年，1 号线终于全部完工，这条线于 1976 年首次运行。开往 baudouin 的 1A 线延长线已于 1998 年 8 月开通。

⮕发展概况：2 号线延长线已于 2006 年 10 月开通。Delacroix 到 Gare de l'Oest 的线路将于 200 年完工，届时地铁网络系统将进行一次更新。在 Delacroix 到 Gare de l'Oest 之间的新车辆段已经在筹建当中，预计 2008 年完成建设。

沙勒罗瓦

 城市 201 590 人。

 公交车和轻轨由区域公共事业管理。郊区列车由州铁路部门管理。

⮕运营类型：传统有轨电车和轻轨。

⮕线路长度：19.7 km。

⮕车站数量：20 座。

⮕轨距：1 000 mm。

⮕轨道：50 kg/m 钢轨碎石道床。

⮕供电方式：600 V DC，接触网供电。

⮕车辆：42 辆铰链式列车。

⮕运行间隔：高峰时段 5 min；非高峰时段 30 min。

⮕首/末车时间：05:00/20:00。

⮕票制结构：分区域计价。

⮕检票方式：预购车票或者给司机现金。

⮕逃票控制：巡检，当场罚款。

⮕与其他交通系统的连接：许多站都有巴士接驳车。

⮕运营成本来源：15.3% 来自票务收入，84.7% 来自补贴。

保加利亚
Bulgaria

索菲亚

城市 125 万人，市区 140 万人。

公交车、有轨电车、地铁服务均由政府旗下的子公司负责。

Metropolitan EAD

➡ 年客运量：25 929 人次（2008 年）。

➡ 线路数量：1 条。 ➡ 线路长度：18 km。

➡ 车站数量：14 座。 ➡ 轨距：1 435mm。

➡ 供电方式：825 V DC，第三轨供电。

➡ 现状：两条新线正在筹备当中，预计将把地铁路网延长至 52 km，共 47 站。

➡ 发展概况：1 号线由 Serdika 开往 Mladost 的东北延长线于 2009 年开通。1 号线正和机场相连。该项目的 1 期建设工作已经于 2009 年开始。该条线还有东北方向的延长线。2 号线预计在 2008 年延伸 6.4 km，并计划在 Obelya 站与 1 号线实现换乘。

➡ 车辆：48 辆俄罗斯制造的列车已经发货。

➡ 首/末车时间：05:00/24:00。

➡ 运行间隔：高峰时段 4 min；非高峰时段 8 min。

➡ 票制结构：单一票制。

➡ 平均最高行驶速度：40.9 km/h。

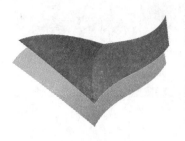

捷 克
Czech

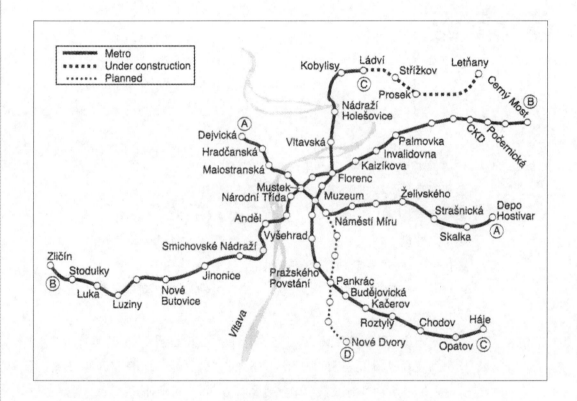

布 拉 格

 人口

121 万人（2009 年）。

 公共交通

市营公司提供的公交、有轨电车和地铁服务，也有一些公交服务与私有运营商订立合同。另外还有国有 Czech 铁路和私有公交运营商提供的郊区交通服务。

➡职工数量：3 814 人。

➡运营类型：全部为地铁，最早的线路于 1974 年开始运营。

➡年客运量：

4.42 亿（2001 年）；　　　　　　4.16 亿人次（2002 年）。

4.59 亿人次（2003 年）；　　　　4.96 亿人次（2004 年）。

5.15 亿人次（2005 年）。

➡线路长度：54.7 km。　　　　　　➡线路数量：3 条。

➡车站数量：54 座。　　　　　　　➡轨距：1 435 mm。

➡地下线路：盖挖法施工，在 Nusle 山谷上，地铁隧道接入 Nusle 桥的公路下方，高于地面 43 m。

➡供电方式：750 V DC，底部接触三轨供电。

➡现状：从 LáVí 延长到 C 线 Letňay 的建设始于 2004 年，计划于 2008 年完工。预计这段延长线长 4.6km，设 3 个新站。

➡发展概况：2006 年 5 月，从 Skalka 到 Depo Hostivař 车站的 A 线延长线开通。新增车站有驻车换乘设施。

　　　将改进地铁网络安全，其中包括 CCTV、旋转式闸机、车票扫描设备，并检测爆炸物品和对有毒气体进行空气监测。

　　　长期计划包括新建 D 线，以连接 Náměstí Míru 和 Nové Dvory；半圆形的 E 线；以及在 A 线的两段延长线。

➡车辆：741 列。

Mytischy 81-71　　　　　　　　　　　251 列；

Mytischy 81-71（经 Škoda 重新改造）　250 列；

Siemens M1　　　　　　　　　　　　　240 列。

➡运行间隔：高峰时段 2 min。

➡首/末车时间：05：00/24：00。

➡信号：自动闭塞；ATP。

➡集中控制：列车独立或全体的无线通信。

丹 麦
Denmark

哥 本
哈 根

 市区 115 万人（2008 年）；都市区 188 万人（2009年）。

 城市的所有公交服务和 6 条都市区域中的当地铁路都由 Trafikselskabet Movia 公共管理局——Movia 公共

运哥本输系统（以前的 Hovedstadens Udviklingrsråd（HUR））——大哥本哈根管理局进行规划和协调。同时这个区域也由丹麦国家铁路（DSB）提供服务。公共费用系统考虑到了全地区公交和地铁的换乘。

 Metroselskabet I/S

● 职工数量：92 人。

● 运营类型：地铁，首条线路于 2002 年 10 月开始运营。

● 年客运量：

　4 000 万人次（2007 年）；　　4 700 万人次（2008 年）；

　4 900 万人次（计划）（2009 年）。

● 线路数量：2 条。

● 线路长度：21 km。

　其中隧道长度：10 km。

● 车站数量：22 座。

● 地下车站：9 座。

● 供电方式：750 V DC，第三轨供电。

● 背景：Metroselskabet I/S 成立于 2007 年 10 月，前身是 Ørestadsselskabet I/S，它主要负责 Cityringen 的规划和建设，以及地铁系统的运营和维护。Metroselskabet I/S 股份的 50% 由哥本哈根城拥有，丹麦政府拥有 41.7%，

腓烈特斯堡拥有 8.3%，并且由一个有 9 个成员的董事会管理。

🡆 现状：哥本哈根地铁是一个无人驾驶的、自动的高频地铁系统，地下车站具有站台屏蔽门。截至 2010 年 10 月，已经签订由 Ansaldo STS Spa 负责地铁的运营，Metro Service AS 作为承包商。Metroselskabet 已经开始准备为运营和维护任务进行一个新的投标。

🡆 发展概况：Metroselskabet 在 Rejsekort AS 有 8% 的股份，公司负责执行新的全国性的电子票务系统。Rejsekort 作为一个新的整合的电子灵通卡系统，目前正处于试用阶段，预计全国性的投入使用将于 3 年后完成。

Cityringen

被推荐的 Cityringen（M3 线和 M4 线），也全部为自动化的线路，将完全运行于地下隧道。隧道大约 15 km，设有 17 个车站。乘客换乘通道在 2 个车站与已有的地铁相连接。目前，Cityringen 预计于 2018 年开通。这个项目将花费大约 180 亿丹麦克朗（以 2009 年的物价计算）。在 2008 年，哥本哈根城和腓烈特斯堡城提出对 Cityringen 进行环境影响评价。2009 年 3 月，交通委员会通过了最终方案。最后完成了土质凿挖和测试方案，正在进行确定公共设施的位置。

🡆 车辆：34 辆 3 节铰接的 Ansaldo 列车。

🡆 运行间隔：高峰时段 2 min；晚间 15 min。

🡆 票制结构：分区段票制；10 次票、日票、周和月票。

🡆 对老年人/残疾人的特殊服务：易达性好，出行方便。所有的车站都有升降梯。

🡆 集中控制：控制和维护中心（CMC）；ATP；ATO；ATS。

芬 兰
Finland

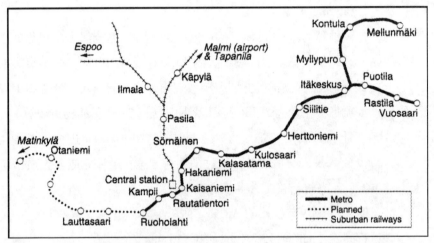

 人口

城区为 565 186 人，市区为 100 万人，大都市地区为 130 万人（2006 年）。

 公共交通

公交、地铁和有轨电车服务由城市交通事业部经营，并遵守城市委员会总体方针政策。5 家私有公交公司签订合同提供服务。到 Suomenlinna 岛的渡口服务由 SLL 经营，并由该市和国家共同掌管。私有公司经营水上交通运输仅在夏天运营。郊区服务由国有铁路公司（VR）提供。Espoo、Vantaa 和 Kauniainen 内部的区域性服务和交通形成了一个完整的充满智慧的赫尔辛基城市区域，由赫尔辛基城市区域委员会（YTV）监管。

赫 尔 辛 基

 地铁

➡运营类型：全部运营地铁，首条线路于 1982 年投入运营。

➡年客运量：

5 540 万人次（2003 年）；   5 540 万人次（2004 年）。

5 600 万人次（2005 年）； 5 680 万人次（2006 年）。

➡列车走行公里：

1 290 万（2003 年）； 1 300 万（2004 年）；

1 320 万（2005 年）； 1 310 万（2006 年）。

➡线路长度：21.2 km。 地下线路：6.5 km。

➡车站数量：17 座。 ➡轨距：1 524 mm。

➡最大坡度：3.5%。 ➡最小曲线半径：300 m。

➡供电方式：750 V DC，第三轨供电。

➡运行间隔：4～10 min。

➡首/末车时间：05:25/23:26。

➡车辆：54 列，2 节编组。

Valmet Oy/Strömberg Oy   M84；

Bombardier Transportation   DWA M24。

➡现状：该条线是 1969 年由城市委员会许可的规划路网中的第一条。从 Itäkeskus 到 Vuosaari 一段 4 km 的分支有 3 个车站，于 1998 年投入运营。

➡发展概况：2007 年 1 月，Kalasatama 车站开通。

地铁向西部延长至 Espoo 的计划大体上已经获批，目前正在详细的规划阶段，于 2010 年开始建设。对于地铁第二条线，Töölö 线的总体规划正在不断改善。

希 腊
Greece

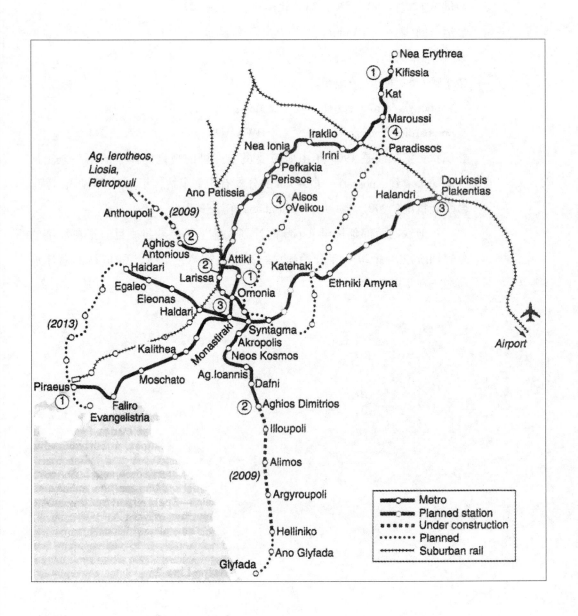

雅典

 人口　市区人口 745 500 人，城市 310 万人，大都市区人口 380 万人。

 公共交通　州所属公司 OASA 负责公共交通的全部计划，由交通部长和社区监管与控制。

OASA 提供财政支持三家公司，即 ETHEL、ILPAP 和 ISAP，郊区公交车服务由私人公司 Ktel N Attikis 提供，2000 年开通的两条运营线路的延长线正在建设中。电车运营由公共公司负责。Attiko 地铁 SA 由交通和社区部长负责，2004 年开始运营。

 地铁

ISAP-地铁 1 号线

⮕运营类型：地铁。

⮕年客运量：

10 500 万人次（2003 年）；　　11 000 万人次（2004 年）。

11 700 万人次（2005 年）；　　12 500 万人次（2006 年）。

13 200 万人次（2007 年）。

⮕线路长度：26.5 km（双轨）。

⮕隧道长度：3 km。　　⮕线路数量：1 条。

⮕车站数量：24 座。　　⮕隧道数量：3 条。

⮕轨距：1 435 mm。

⮕轨道：木质和混凝土轨枕铺设在道砟道床上。

⮕最大坡度：4%。　　⮕最小曲线半径：145 m。

⮕隧道：明挖法。

⮕供电方式：750 V DC，第三轨供电。

⮕车辆：243 辆。　　⮕高峰运行车辆数：175 辆。

⮕运行间隔：3.5 min。

⮕与其他交通系统的连接：与 2 号线连接，换乘站在 Attiki 和 Omonia，在 Monastiraki 与 3 号线换乘，在 Neratziotissa 站与郊区铁路连接，在 Faliro 站与电车连接。

⮕首/末车时间：05:00/01:00。

⮕售检票方式：在所有车站的售货亭人工售票和设有自动售票机，进口均安装检票闸机。

◉票制结构：年票、月票、日票。

◉监控：所有车站安装闭路电视。

◉对老年人/残疾人的特殊服务：自从 2004 中期，所有车站安装了便利通道。

Attiko 地铁 SA

◉职工数量：420 人。

◉现状：Attiko 地铁 SA 于 1991 年成立于希腊，主管运营和建设雅典地铁。

Attiko 地铁与 Bechtel 公司签署合约，于 1991～2002 年，提供技术服务和技术支持。

2 号线和 3 号线于 2000 年 1 月开通。

◉发展概况：3 号线延长线从 Ethiniki Amyan 至 Doukissis Plakentias，同时还连接雅典机场，于 2004 年 9 月开通，延长线地下部分共 5.9 km，高架部分共 20.7 km。延长线一期工程将开通三个车站——Halandri、Doukissis plakentias 和机场，延长线二期工程 Pallina、kantza 和 Koropl 与交通网络相连接，2007 年 3 月签署合约建设 Holargos、Nomismatokopio 和 Aghia Paraskeri 站，以及完成初始线路建设。

7 辆新车最高时速 120 km/h（全部安装空调和行李箱），从市中心至机场仅需 30 min。

一期工程已经完成 3 号线延长线从 Monastiraki 至 Egakeo（3 个站，共 4.3 km），于 2007 年 6 月开通。

二期工程包括（预计于 2009 年完成）

2 号线延长线从 Aghios Antonios 至 Anthoupoli（2 km，2 个站，2009 年）；

2 号线延长线从 Aghios Dimitrios 至 Elliniko（5.5 km，4 个站，2009 年）；

3 号线延长线三个终点站从 D Plakentias 至机场（2009 年）；

3 号线延长线从 Haidari 至 Piraeus（7.5 km，6 个站，2006～2013 年）；

4 号线新线共 20.9 km，20 个车站。

现已交付了 21 辆新车，其中 14 辆投入 2 号线和 3 号线使用，其余将投入机场线。

2007 年 11 月，1 号线和 2 号线将全线安装空调系统。

2008 年 4 月还将购买 17 辆新车。

◉运营成本来源：票价占 80%，其他资源占 20%。

◉日客运量：

60 万人次（2004 年）；　　　60 万人次（2005 年）；

65 万人次（2006 年）；　　　65 万人次（2007 年）。

- 线路长度：30 km。　　　　　线路数量：2 条。
- 车站数量：27 座 。　　　　　轨距：1 435 mm。
- 供电方式：750 V DC，第三轨供电。
- 运行间隔：高峰时段 3 min，非高峰时段 6 ~ 10 min。
- 与其他交通系统的连接：在 Attiki、Omonia、Monastiraki 站与 1 号线换乘。
- 监控：所有车站安装闭路电视、广播室和紧急电话。
- 车辆：49 列六节编组。

阿尔斯通（ALSTOM）　　　　M84 T84；

现代（ROTEM）　　　　　　　M126。

匈牙利
Hungary

布 达 佩 斯

 城市人口 170 万人，大都市区人口 245 万人。

 公交车、电车、单轨列车、郊区铁路、地铁和渡船由市政所有，铁路由匈牙利州铁路公司持有。

➡ 运营类型：全部为地铁，包括 1 条 1896 年开通的线路。

➡ 年客运量：28 010 万人次（2006 年）。

➡ 线路长度：31.4 km。

➡ 线路数量：3 条。

➡ 车站数量：78 座。

➡ 轨距：1 435 mm。

➡ 最大坡度：4%。

➡ 最小曲线半径：300 m。

➡ 隧道：暗挖法。

➡ 供电方式：825 V DC，第三轨供电，千禧线为 600 V DC，接触网供电。

➡ 运营车辆：392 辆（千禧线 23 辆）。

➡ 运行间隔：高峰时段 2~3 min，非高峰时段 4~9 min。

➡ 首/末车时间：04:30/23:10。

➡ 票制结构：套票、日票、周票、月票、年票，其他交通方式的车票同样准许进入地铁，打折小册子本票可以折扣 10%~20%，统一进入系统。

➡ 检票方式：进站闸机控制

➡ 信号：已在 3 号线安装 CTC、ATC 系统。

➡ 监控：站台和自动扶梯安装闭路电视。

⊙平均速度：23.9 km/h。

⊙发展概况：2005 年，布达佩斯私人交通公司（BKV）与西门子交通系统获得签署合约，重新改造地铁 2 号线的控制、信号、安全系统。合同价值为 2 600 万欧元，系统在 2008 年 6 月上线使用。

2006 年，BKV 订购价值 24 700 万欧元的 170 辆地铁列车。其中 15 辆 4 节编组列车投入 4 号线使用，22 辆 5 节编组列车替代目前 2 号线列车。合约包括三年新车维护和 7 辆 4 节编组配件。

目前准备建设 5 号线新线，预计于 2007 年年底动工，长期计划还包括 1 号线和 3 号线延长线。

2006 年，地铁 2 号线得到了巨大的改进，其中包括更新两座车站、新挖通两个隧道以及更新维护和仓库设施。

地铁 4 号线项目（计划中）

DBR 地铁项目董事会

⊙背景：1997 年，由首都建立 DBR 地铁有限公司，公司负责组织和准备地铁项目的发展，自 1999 年 2 月起，组织开始启用 BKV Rt DBR 地铁项目董事会。

组织运营范围包括项目投资、项目组织协调、项目解决和项目财政管理。

⊙现状：项目在进行中，预计于 2010 年之前完成。

⊙运营类型：轻轨和传统电车。

⊙年客运量：33 490 万人（2006 年）。

⊙线路长度：237.7 km。

⊙线路数量：33 条。

⊙车站数量：678 座。

⊙轨距：1 435 mm。

⊙轨道：Vignole 48.5kg/m，phoenix 59 kg/m，大约 75 km 轻轨标准。

⊙供电方式：600 V DC，接触网供电。

⊙车辆：718 辆（2006 年）。

ICS 27 m 高地板双连接。

Tatra T5C 40 ft；　　　　　　　　TW 6000 80 ft；

Simens Combino Plus（2006/07）。

⊙运行间隔：高峰时段 3 ~ 10 min，非高峰时段 5 ~ 15 min。

➲首/末车时间：04:00/23:45。

➲票制结构：通票、日票、周票、月票、电车季票可乘坐郊区铁路、地铁、无轨电车，但不可乘坐公交车，齿轨铁路和渡船。统一进入使用系统。

➲与其他交通系统的连接：与整个交通系统均可以接合。

➲一人行车控制：全部线路。

➲平均速度：13.4 km/h。

➲发展概况：2006 年新增 26 辆电车。站台重新改造以适应新型低地板列车，并安装了新型的遮阳板。新车的输电系统也得到了改善。

爱尔兰
Ireland

都柏林

 城市 505 739 人，大都市 110 万人，地区 120 万人，大都柏林地区 170 万人（2008 年）。

 公共汽车与市郊铁路服务由国有运输企业具有自主权的部门负责运营，承担了公共企业部门

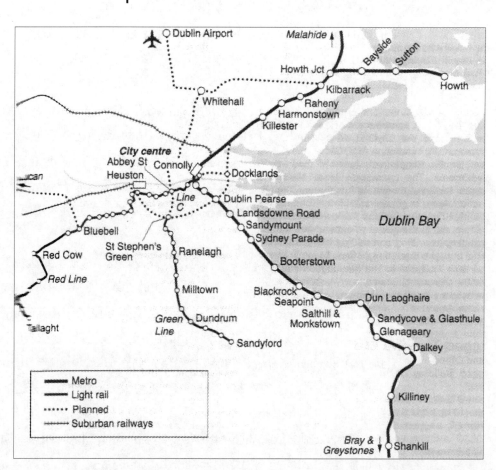

的责任。已提出了拓展轻轨计划，DART（都柏林地区捷运）服务于 Greystones、Bray、Howth 与 Malahide 之间。

➡ 现状：大都柏林管理局负责战略规划，包括土地使用和运输监管。郊区服务由 Bus Eireann 经营，大都柏林地区的商业服务由一些独立的运营商经营。

 都柏林地区捷运（DART）

Iarnrod Eireann（爱尔兰铁路）。

➡ 职工数量：291 人。

➡ 运营类型：市郊铁路（地铁）。

➡ 年客运量：（都柏林所有郊区）

2 310 万人次（2004 年）；　　　　　　　3 270 万人次（2006 年）；

3 410 万人次（2007 年）。

➡ 现状：DART 为频繁的郊区服务（非高峰时段约 15 min 一班），为 Howth/Malahide-Dublin-Greystones 单线，长 52 km，有 30 个车站，轮轨间距 1 600 mm，1.5 kV 直流架空电气化。车站由人工操作，但配有转杆式检票机。

➡ 发展概况：Iarnrod Eireann 已宣布在都柏林地下建设 5.2 km 路线的计划，将连接 Docklands 与 Heuston 站。新的 DART 路线为地下联网，将直接从市中心地下穿过。这一新的发展或为政府交通投资十年规划的一部分，将把 Luas、地铁、DART、通勤以及干线服务整合到大都柏林地区中来。这条线路将把整个都柏林地区每年 3 300 万乘客量提升至 2015 年的 1 亿。

这条路线将在 Clontarf 路偏离现有的 DART 北线，从地下到达城市西部的 Docklands 站。在这里它将与 Luas 红线的支线相连接。DART 线从 Docklands 延续至 Pearse，与 DART 连接和主线一起服务于南至 Bray 和 Rosslare，与 Luas 绿线相连，未来将向北连接至机场，然后穿过市中心地下到达 St Stephen's Green。线路的连接将到达 High Street 与 Heuston 站，并提供与 Luas 红线的换乘，及城际与通勤服务。DART 服务也有计划拓展至西部的 Maynooth、Hazelhatch 及北部的 Balbrigganin。近年来，这些地方的人口已增长，这也为 DART 从南部的 Bray 和 Greystones 向北提供了可能性。DART 地下网络预计将于 2015 年完成。

一个新的 DART 车站也计划建于北都柏林的 Clongriffin，于 2009 年年末开放。

→ 车辆：154 辆（emu）。

Linke-Hofman-Busch emu 8100 级（1983/84 年）	M38 T38；
ALISTOM 8200 级（2000 年）	M5 T5；
Mitsui/Tokyu 8500 级（2000 年）	M8 T8；
Mitsui/Tokyu 8510 级（2002 年）	M6 T6
Mitsui/Tokyu 8520 级（2004 年）	M20 T20。

Luas

Veolia 交通

→ 运营类型：轻轨，第一条线路开放于 2004 年。

→ 年客运量：

2 000 万人次（2005 年）；　　　　2 600 万人次（2006 年）；

2 800 万人次（2007 年）。

→ 线路长度：23 km。

→ 轨距：1 435 mm。

→ 供电方式：750 V DC，接触网供电。

→ 现状：Luas 系统的运营方于 2006 年由 Connex 交通改名为 Veolia 交通。

绿线（开放于 2004 年 6 月）从近都柏林市中心的 St Stephen's Green 至 Sandyford，经过 Dundrum 购物中心，声称将成为欧洲最大。其主要线路是基于以前的铁路线，速度将更快。

红线从都柏林 Connolly 铁路站至 Tallaght，经过都柏林 Heuston 站和 Red Cow。开放于 2004 年 9 月。其主要路线的设置是基于街道。

在开始运营的第一年运送了大约 2 000 万乘客，超出了预期。2007 年，运送了 2 800 万乘客。

→ 发展概况：B1 线从 Sandyford 至 Cherrywood 长 7.5 km 的支线于 2007 年获批，将于 2010 年开放。

Alstom 于 2008 年开始提供 18 辆 Citadis 电车。这些车辆将服务于红线、绿线及 Docklands 支线。

对 C1 线的咨询开始于 2007 年，这是一条从 Connolly 总站向东至 Point Depot、长 1.5 km 的红线支线。Point Depot 是一个大型的娱乐综合中心。

2007 年将红线的列车增加了两节车厢。

➲车辆：Alstom Citadis LRV 有 40 辆。

➲订单：18 辆 Alstom Citadis 电车，2008 年开始交付。

➲车辆：电车在 2007～2008 年加长至 40m，增加了空间来满足增加的容量需求。现在所有的 40 辆电车都是 40 m。每辆电车的高度为 3.27 m（不包括受电弓）。

➲运行间隔：高峰时段 3 min，工作日 10 min，夜间 15 min。

➲首/末车时间：周一至周五为 5:30/00:30，周六为 6:30/00:30，周日为 7:00/23:30。

➲票制结构：每站都设有售票机（需提前购买）；售票代理，出售 1 天、7 天、30 天的通票。

➲检票方式：巡视的客服人员为乘客提供帮助及检票。

➲监控：在车站及电车装有闭路电视监控系统。

➲对老年人/残疾人的特殊服务：低底板电车，所有车站均有坡道。

➲最高时速：70 km/h。

意大利

Italy

米兰

人口	市区 130 万人（2009 年），城市 430 万人，大都市区 740 万人。

公共交通	市政不仅运营着公交、有轨电车、无轨电车和地铁为相邻社区提供服务，同时也提供市郊和城际交通

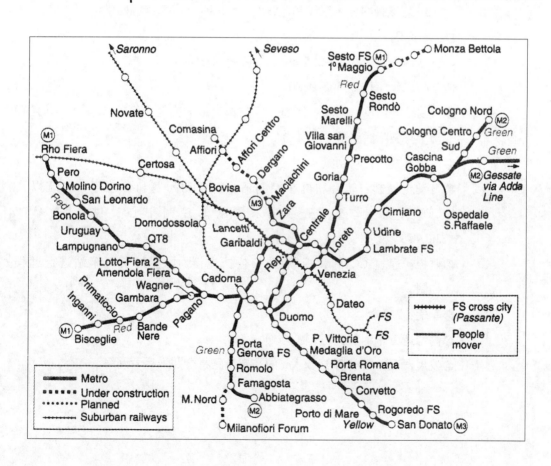

服务。郊区铁路是通过国有和地区共有的铁路提供的服务，并将这种模式扩展到地铁领域。

- ➲背景：目前由 ATM 公司运营。建设所有权属于米兰市政府 SpA。
- ➲运营类型：所有均为地铁，首条线路于 1964 年开通。
- ➲列车走行公里：588 万（2008 年）。
- ➲线路长度：74.1 km。
- ➲隧道长度：51 km。
- ➲线路数量：3 条。
- ➲车站数量：88 座（其中隧道车站 72 座）。
- ➲轨距：1 435 mm。
- ➲轨道类型：50 kg/m，UNI 轨，道砟的和板式轨道。
- ➲供电方式：红线，750 V 直流供电，三轨供电、第四轨回流。可转换为 1.5 kV 接触网式。绿线和蓝线网，1.5 kV，直流接触网供电。
- ➲运行间隔：
  红线高峰时段为 2～2.5 min，非高峰时段为 5 min。
- ➲首/末车时间：5:56～0:20。
- ➲票制结构：单一票制。目前已经与都市地面交通系统完成整合，并且有待于与城际线路进一步整合。
- ➲检票方式：自动闸机。
- ➲自动化控制：轨旁和机车控制信号，自动闭塞和自动停车系统以及 CTC 系统。此外，三号线采用新的控制中心提供 ATO、ATP 和 ATS。
- ➲监控：通过 CCTV 和视频/音频数据连接，以便对所有车站进行远程控制。
- ➲车辆：729 辆。
- ➲高峰运营车辆数：558 辆。
- ➲发展概况：目前有 14.2 km 的在建线路将会并入运营网络。

那不勒斯

市区100万人，城市约超过300万人。

市政提供了公交、无轨电车、有轨电车和索道缆车服务。此外还有更多的城郊公交和有轨电车运营商、地方铁路运营商以及私营城际公交运营商。城际列车在 Cirumvesuviana 和其他地区的铁路上运行，以及在意大利的国铁上运行。

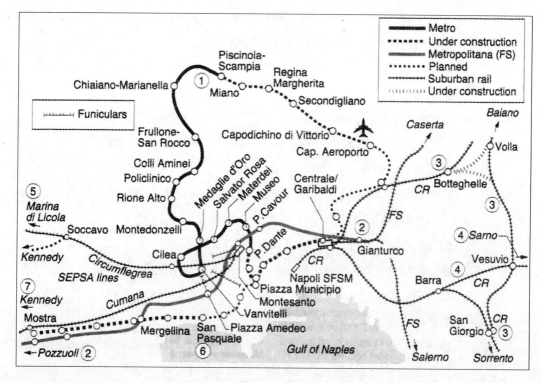

地铁

那不勒斯地铁 SpA

➡ 现状：2000年，意大利的铁路从欧洲线路中独立出来，一些被许可的运营商目前经营 FS 的轨道，以及使用着 FS 原有的客货运设施。在 Trenitalia 下，FS 有自己的运营分支机构。它提供长途客运服务、地区客运和货运服务。FS 在基层管理上拥有着独立的权利。

2001年，一家新公司——那不勒斯地铁 SpA，被许可运营全国的铁路路网。它接管了员工和传统的长8.3 km 的 Vanvitelli-Pisicnola 线路（1号线，也称为 Metropolitana Collinare）上的所有车辆。17 km 的那不勒斯

Gianturco-Pozzuoli Solfatara 线（2号线，原为 Metropolitana FS）和四条缆索铁道，分别是：Central、Chiaia、mergellina 和 Montesanto。2001 年 2 月 1 日～2005 年 10 月 31 日这段时期内，Trenitalia SpA 持有了 MetroNapoli SpA 38% 的股份，ANM SpA 控制了 11% 的股份，NaplesMunicipality 拥有着 51% 的股份。

2005 年 11 月，Trenitalia SpA 脱离了公司，它的股份被 Naples Municipality 购买。2005 年，Trenitalia SpA 已经掌控了 2 号线。

➲ 发展概况：那不勒斯市的交通规划是要将 1 号线扩展为环线，这样可以使 Vomero 与旧城中心地区和位于 Centro Dirzionale 的商业中心以及国家铁路网（FS）和 Capodichino 机场相连接。

地铁 1 号线

➲ 年客运量：

2 865 万人（2005 年）；	2 890 万人（2006 年）；
2 933 万人（2007 年）；	2 947 万人（2008 年）。

➲ 列车走行公里：

981 874（2005 年）；	871 598（2006 年）；
1 010 000（2007 年）；	985 237（2008 年）。

➲ 线路长度：13.5 km，隧道长度为 9 km。

➲ 线路数量：2 条。　　　　　　➲ 车站数量：14 座。

➲ 轨距：1 435 mm。

➲ 供电方式：1.5 kV DV 接触网供电。

➲ 现状：该线路运营长度 13.3 km，连接着 Piscinola 和 pizza Dante，全线共 14 座车站，分别是：Piscinola、chiaiano、frullone、colli Aminei、Policilinico、RioneAlto、Montedonzelli、Medaglied' Oro、Vanvitelli、Quarttro Cgornate、Salvator Rosa、Materdei、Museo、Dante。这是一条有特别需求的线路，在一些路段上有 55‰的坡度，尤其是连接紧密的弯道（可以达到 160 m 的半径）和最大达到 235 m 的高度差。该线路站间的平均距离为 850 m，某些站具有相当的深度（Salvator Rosa45 m，Rione Altoz 为 42 m），2/3 的轨道在地下（几乎完全是双轨），其余的在地上，主要采用高架桥的方式（集中在从 Folli Aminei 到 Piscinola）。

所有的车站都按照现代的安全标准设计，具有无障碍通道和专为弱势群体设计的通道。每一个站内都装备有可供员工控制的操作箱，该操作箱的主要功能包括：对所有的内部系统（电梯、自动扶梯和灯光设备）、播音系统、电话分机和为电梯出现紧急情况进行通话报警。这些车站共配备 84 部自动扶梯和 53 部电梯。目前该线的运营时间是从 6:00 至 23:45。

⮞全部车辆：76 辆（采用 4 节或者 6 节编组）。

Fiore/SOFER（1991-2001）。　　　　M36；

FIREMA（1990-2000）　　　　　　M40。

⮞首/末车时间：6:00/23:45。　　　⮞运行间隔：6 min。

⮞对老年人/残疾人的特殊服务：有特殊的通道供弱势乘客通行。

地铁 6 号线

⮞年客运量：

27.6 万人次（2007 年）；　　　23.6 万人次（2008 年）；

⮞列车走行公里：126 660（2007 年）；　138 273（2008 年）

⮞线路长度：2.3 km，其中隧道线路 2.3 km。

⮞车站数量：4 座。　　　　⮞轨距：1 435 mm。

⮞供电方式：750 V DC，接触网供电。

⮞现状：包含了原有计划中从 Mostra 到 Municipio 全部地下的 5.8 km 线路和 9 座车站。LFR 这个名称未被再使用，1997 年该线命名为地铁系统 6 号线。

于 1999 年开始继续建设，早先完成的部分被翻新使用，并且升级了对残疾人的设施。由于对 6 车编组下了订单，因此必须针对 6 车编组进行重新设计，这种设计虽然是全新的，但都可以兼容。

电气化部分采用 750V 直流顶部供电。

⮞发展概况：从 2007 年 2 月以来，6 号线已经开通了 4 座车站，包括 mostra、Augusto、Lala 和 Mergellina。剩下的从 Mergellina 到 Municipio 的部分（除去中间的尚未建设完成的、将于 2011 年开通的部分车站）将于 2009 年开通。

⮞全部车辆：2 列单车。

Firema（1990/91 年）。

⮞订单：14 辆 Firema T67 bi-directional 列车。

⮞首/末车时间：6:00~21:19。

⮞运行间隔：10 min。

⮞老年人/残疾人的特殊服务：有特殊的通道供弱势乘客通行。

罗 马

 人口 市区 270 万人，城市 370 万人（2009 年估算）。

 公共交通 市政当局提供了城市公交、有轨电车、无轨电车、地铁、郊区铁路和郊区公交服务。其他城际铁路服务由 Trenitalia SpA-Regionale 提供。

 地铁

罗马 SpA

◯ 职工数量：2 600 人（2006 年）。

◯ 现状：SpA 在 2000 年前后建立，主要负责运营罗马的地铁和原来的三条 Cortal 郊区铁路。

◯ 运营类型：全部为地铁，首条线路于 1996 年开通。

◯ 日客运量：约 100 万人次。

◯ 线路长度：36.6 km。　　　　◯ 隧道长度：27.5 km。

◯ 线路数量：2 条。

◯ 车站数量：49 座（其中线路 A 有 27 座，线路 B 有 22 座）。

◯ 轨距：1 435 mm。

◯ 轨道类型：线路 A，50 m/kg，线路 B，46 ~ 50 m/kg。线路 A，在枕木上使用扣件使其稳固。

◯ 最大坡度：4%。　　　　　　◯ 最小曲线半径：100m。

◯ 隧道：线路 A，明挖回填法和封闭式盖挖法。

◯ 供电方式：1.5 kV DC，接触网供电。

◯ 现状：Metroferro SpA 和早先的 Cotral 负责掌管地铁和重轨铁路网络。Metroferro 于 2001 年 3 月 1 日更名为 Metro SpA。

◯ 发展概况：线路 B 的 Quintiliani 车站于 2003 年 6 月 1 日开通。

意大利政府已经批准了 B1 线路，该线路是线路 B 的分支，从 Bologna 到 Jonio。该线路拥有 3 座车站，总长为 4.5 km。目前 B1 线正在建设中，预计最迟可能在 2010 年开通。

除了线路 B 延伸更长远的计划外，还有将 Rebibbia、Cotral 线共同转变为线路 C。向北方扩展也在计划内，将计划形成线路 D。

◯ 车辆：377 辆。　　　　　　◯ 线路 A：MT152。

➲ 线路 B：MT188。

➲ 运行间隔：高峰时段，线路 A 为 3.5 min，线路 B 为 4 min。

➲ 首/末车时间：5：30/23：30。

➲ 与其他交通系统的连接：与公交连接，并有地铁和上下班日常线路或整个城市交通网季票。

➲ 售检票方式：售票机和检票机。

➲ 票制结构：单程票、往返票、3 日票、周票、月票和年票。

➲ 监控：在车站和其他区域都设有视频监视系统，有安全员在车上巡视，一些车站有永久性的安全员。

➲ 运营成本来源：票价的 24.9%。

热 那 亚

 城区 611 566 人，城市 883 778 人（2008 年）。

 城市和郊区公交以及无轨电车和地区交通网络由市政来承担运营。此外市政还承担着 10 部电梯、2 条缆车铁道和一条高架铁路以及一条轻轨线路的运营。

➲ 运营类型：地铁，于 1990 年开通。

➲ 年客运量：900 万人次（2008 年估计）。

➲ 列车走行公里：60 万（2004 年）。　　➲ 线路长度：大约 5.5 km。

➲ 车站数量：7 座。　　➲ 轨距：1 435 mm。

➲ 供电方式：750 V DC，接触网供电。

➲ 现状：目前由 AMT 公司与 Transdev 公司联合运营，AMT 公司已经将其原有的公交网络与地铁线路进行了完全的整合。

➲ 全部车辆：18 辆。

　Firema（1989）。

　Firema（1992～1995）。

➲ 运行间隔：高峰期时段 6 min 每列，非高峰时段 7 min 每列。

➲ 首/末车时间：6：30/21：00。

都 灵

 市区 910 400 人（2008 年），城市 220 万人。

 由 GTT 公司提供公共交通服务，主要包括城市和市郊公交与有轨电车网络，区域公交和地区铁路。郊区铁路服务由意大利铁路公司提供；VAL 类型地铁。

有轨/轻型铁路

- 运营类型：便捷的有轨/轻型铁路。
- 线路长度：104.8 km，外加轻型铁路 19.2 km。
- 线路数量：有轨电车 8 条线路，轻轨 2 条线路。
- 轨距：1 445 mm。　　　　- 轨道：部分采用常规枕木。
- 最大坡度：5.8% 。　　　　- 最小曲线半径：15 m。
- 供电方式：580 V DC，接触网供电。
- 运行间隔：高峰时段为 4~7 min，非高峰时段为 6~10 min。
- 首/末车时间：4:30/1:30。
- 票制结构：与公交车相同，分段计价。
- 售检票方式：与公交车相同，事先在自动售票机或商亭购买车票。
- 单人行车控制：所有车辆。
- 信号：中央控制，线路 3、4、9、10、16 上的交通信号灯有优先权。
- 车辆：246 辆。

都灵地铁

- 运营类型：VAL 型地铁，于 2006 年 2 月首次开通。
- 线路数量：1 条。　　　　- 线路长度：9.6 km。
- 车站数量：14 座。
- 现状：在 Porta susa 和 Collegno 间有 7.5km 的 VAL 系统，于 2006 年 2 月开通，共有 11 座车站。
- 发展概况：长 2 km 的扩展线路从 Porta susa 到 Nuvoa，目前有 3 座车站（第 4 座车站——Porta susa 站目前在建，已完工 95%），于 2007 年 10 月开通。

  系统的第二个阶段将开通从 Porta Nuova 到 Lingotto 的线路（共 6 座车站），目前该线路正在建设中，计划有 2 km（2 座车站）的延长线路可以到达 Piazza。

    2 号线正在计划中，预计有 26 座车站。

➲全部车辆：46 辆 Siemens VAL 208 型列车。

➲首/末车时间：周一至周五 5：30/23：30；周六 5：3/1：10，周日 8：0/22：00。

➲售检票方式：乘客可以从零售商店和 ATM 机上购买可以进行扫描的智能卡，该票是带有磁条的纸质车票。票价结构为单程票和季票。

荷 兰
Netherlands

阿 姆 斯
特 丹

 人口
城区 762 057 人，市区 136 万人，大城区 216 万人（2009 年），Randstad/conurbation 大都市区 750 万人。

 公共交通
公共汽车、地铁、轮渡、轻轨和电车的服务，在国家经营和财务机制下的市政交通部门提供。市郊铁路由荷兰铁路（NS）提供服务，公共汽车由区域公交事业提供服务。

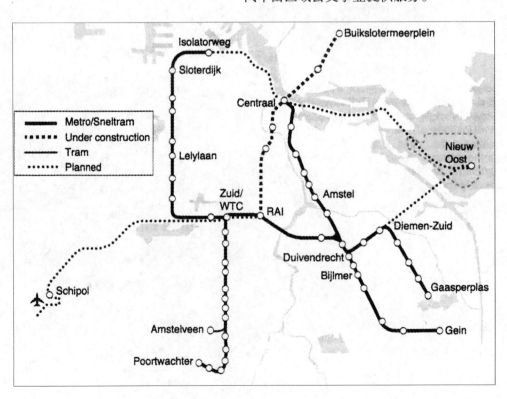

Metro/light rail（sneltram）地铁/轻轨

➦运营类型：地铁/轻轨。

➦线路长度：81.2 km。　　　　　➦隧道长度：5.5 km。

➦高架线长度：24 km。　　　　　➦线路数量：4 条。

➦车站数量：49 座。　　　　　　➦隧道数量：5 个。

➦高架数量：30 个。　　　　　　➦轨距：1 435 mm。

➦轨道：49 kg/m S 49 铁路，混凝土轨枕道砟道床。

➦隧道：主要是混凝土沉箱。

➦供电方式：750 V DC，第三轨供电；600 V DC，接触网供电。

➦现状：轻轨线从 Zuid-WTC 到 Amstelveen 阿姆斯多芬（Winkelcentrum）。Middenhoven 于 1990 年开通。这条线路采用 600 V DC 高架供电，但是地铁车辆均可使用第三轨和高架供电方式。部分线路，从 Amstelveen 到 Zuid-WTC（5 km），也通行有轨电车 5 号线（Tram）。第二条新地铁 metro/sneltram 于 1997 年开通，全长 11 km，连接 Isolatorweg 和 Zuid-WTC。线路形式类似一个环，围绕东部、南部及城市的西边，在 Gein 有列车运行通过。

　　环形延长线将从 Isolatorweg 到 Centraal 站，和一个后期延长线（IJ 线）沿着 IJ 的岸边延伸至将来的 NieuwOost 居民区。

➦发展概况：智能卡于 2006 年年初在地铁使用。

　　目前准备替换老的地铁车辆，车辆容积会有所增加，希望在 2011 年第一辆新的地铁列车可以开始运营。

➦车辆：44 辆，2 节编组，37 辆双电压。

LRVs，25（第三轨）LRVs；

Linke-Hofmann-Busch（林克-霍夫曼-布希公司）M2（1976/77 年）；

Linke-Hofmann-BuschM3（1980 年）；

BN dual-voltage Amstelveen S1 号线（1990 年）　　　　　　　　M13；

BN dual-Voltage 双电压电动机 S2（1994 年）　　　　　　　　　M12；

CAF dual-voltage S3（1996 年）　　　　　　　　　　　　　　　M33；

其他　　　　　　　　　　　　　　　　　　　　　　　　　　　　M8。

➦运行间隔：高峰时段 3 min45 s～7 min30 s，非高峰 5～15 min。

➦首/末车时间：06：00/00：30。

➦票制结构：非接触式智能卡。

⊃检票方式：所有入口处均设有售票、退票机器，检察人员巡察，在入口处检查。

⊃单人行车控制：所有列车三岗轮流。

⊃集中控制：所有运营监控系统集中到中心控制室；所有平台都有CCTV。

鹿特丹

 城市 599 718 人（2006 年），大都市区 110 万人。

 公共汽车、电车和地铁/轻轨（sneltram）服务实际上由市交通部门提供，市交通部门向国民政府负责，包括在建的地方轻轨（Randstad-Rail）。郊区公共汽车服务由地方交通部门提供。铁路服务由国家铁路——荷兰铁路（NS）提供。此外还包括轮渡和水上 TAXI 服务。

 Metro/light rail（sneltram）

⊃运营类型：全线地铁/轻轨有轨线路，1968 年第一条线路开通。

⊃年客运量：

8 400 万人次（2002 年）；　　8 610 万人次（2003 年）。

8 400 万人次（2004 年）；　　8 490 万人次（2005 年）。

8 500 万人次（2006 年）。

⊃列车走行公里：

1 370 万（2002 年）；　　1 760 万（2004 年）。

1 650 万（2005 年）；　　1 700 万（2006 年）。

⊃线路长度：173.9 km。　　　⊃线路数量：10 条。

⊃车站数量：48 座。　　　　　⊃隧道数量：15 个。

⊃轨距：1 435 mm。

⊃轨道：RT 46 kg/m。　　　　⊃最大坡度：3%。

⊃最小曲线半径：60 m。

⊃供电制式：750 V DC，第三轨供电，Sneltram 部分接触网供电。

⊃发展概况：2006 年，Randstadrail 支线延伸到了海牙，采用接触网供电。

➲车辆：150 辆。

Duewag/Holec（1981/85 年）　69；

Bombardier（1999/2002 年）　81。

➲运行间隔：高峰时段 2 min 30 s。

➲首/末车时间：05:00/24:00。

➲票制结构：分段计价（类似公共汽车）。

➲检票方式：磁卡，1 天、2 天、3 天票，周票，月票，OV-芯片卡（充值一卡通），非接触式智能卡。

➲逃票控制：入口处随机检查。

➲单人行车控制：所有列车。

➲信号：CTC 控制的机车信号。

➲监控：CCTV 预警平台。

➲与其他交通系统的连接：工作日 19:00 以后、周末全天自行车免费停放，少数站设有自行车停车场，方便换乘公交车。

乌德勒支

人口 城市 300 030 人（2007 年），大都市区 58 万人。

公共交通 大部分公共汽车服务由政府部门提供，一些郊区线路由私人地方公共汽车公司提供。由独立的公司负责轻轨运营，郊区/都市间的服务由荷兰铁路附带提供。

轻轨

轻轨（Sneltram）

➲运营类型：轻轨，于 1983 年开通。

➲日客运量：日均 3.9 万人次（2008 年）。

➲线路数量：1 条（加 1 条分支线路）。

➲线路长度：21.5 km。

➲车站数量：25 座（高层站台）。

➲轨距：1 435 mm。

➲轨道：46 kg/m 铁路混凝土轨枕。

➲供电方式：750 V DC，接触网供电。

➲现状：Sneltram 轻轨线路由荷兰铁路公司修建，现由 Connexxion 公司运营。线路从 Utrecht Centraal 站开始，穿过 Lombok 和 Kanaleneiland 地区，到达 Nieuwegein 和 Ijesslstein。

◉发展概况：二手电车已经从维也纳交付进行测试，预期将被低地板 LRVs 取代。

◉车辆：27 辆。

SIG／Holec／BBC（1983）   M27。

◉运行间隔：高峰时段 5 min，中午 7 min 30 s，晚上、周末 10 min。

◉信号：仅 1.5 km 的路段上配备，其他使用普通街道的交通信号灯。

挪 威
Norway

奥斯陆

人口   市区 584 290 人，城市地区 876 390 人，大都市区 1 400 000 人（2009 年）。

公共交通   公共汽车、地铁、轻轨和有轨电车服务的经营由公交交通管理局 Ruter AS 统一调配。

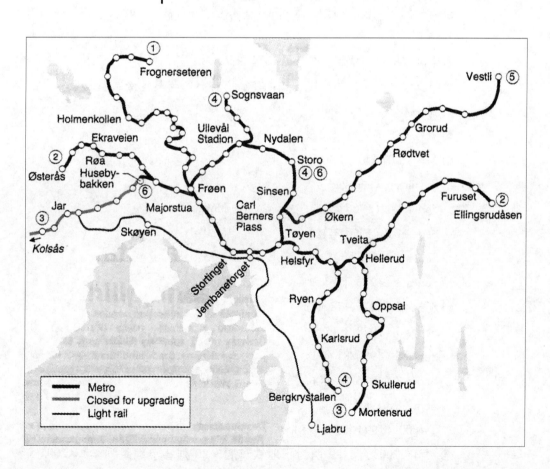

Ruter AS 是一个类似于有限公司的组织，可以签订轮渡和公共汽车线路合同，同样为城区内的统一票制结构提供支持，管理外延服务——国铁（NSB BA）的地方铁路上的出行。航空服务由另外一家独立的国有公司——Flytoget AS 提供。

Oslo T-banedrift AS（T-bane）

● 职工数量：520 人（2009 年）。

● 运营类型：均为地铁，首条线路于 1966 年开通；郊区铁路改为地铁。

● 线路长度：118.7 km。　　● 隧道长度：16.5 km。

● 线路数量：6 条。　　● 车站数量：106 座。

● 隧道：16 个。　　● 轨距：1 435 mm。

● 最大坡度：5%。　　● 最小曲线半径：200 m。

● 供电方式：750 V DC，第三轨供电；Frognerseteren 线 750 V DC 接触网供电；Kolsås 线 680 V DC 接触网供电。

● 运行间隔：支线全天 15 min；中心区域高峰 1 min45 s，非高峰 3 min 45 s。

● 票制结构：一票制，与公共汽车一致。

● 与其他交通系统的连接方式：在城市边界内与其他交通系统全部实行票制一体化。

● 信号：机车信号。

● 车辆：207 辆。

StrømmensVaerksted

Series 1-1（1966 年）　　　　　　M60；

Series 1-2（1966 年）　　　　　　M30；

Series 2（1970 年）　　　　　　　M15；

Series 3（1972 年）　　　　　　　M30；

Series 4（1976，78 年）　　　　　M11；

Series 5（1978 年）　　　　　　　M18；

Series 6（1980/81 年）　　　　　　M15；

Series 7（1986/87 年）　　　　　　M10；

Series 8（1989 年）　　　　　　　M6；

T-1000（1993 年）　　　　　　　　M12。

● 预订：2003 年，99 西门子地铁车厢（30 列 3 节编组列车）。2005 年 9

月，另外 30 列列车，于 2005 年年底开始交付。

 Oslo Sporvognsdrift AS

- 职工数量：499 人（2002 年）。
- 运营类型：传统的有轨电车和轻轨。
- 线路长度：145. 5 km。　　　　　线路数量：12 条。
- 车站数量：106 座。
- 供电方式：600 V DC，接触网供电。
- 运行间隔：高峰时段 15 min。
- 单人操作运行：所有列车。
- 车辆：40 辆加 32 辆 LRVs。

Duewag 六轴铰接 SL 79（1982/89）	M40。
Ansaldo SL 95（1996/2004 年）	M32。

卑尔根

 247 746 人（2008 年）。

 市中心的公共汽车和无轨电车服务由市政部门承担。私人公共汽车负责市郊地区；地方铁路运行于卑尔根—阿尔纳之间；轻轨正在计划扩展和建设中。

 City of Bergen 卑尔根市

Bybanen：卑尔根轻轨

- 运营类型：轻轨（建设中）。
- 背景：卑尔根市负责计划、设计、建设、批准和经营新的轻轨系统。市内专设一个轻轨项目办公室来监管此项工程。40 km 轻轨系统的两条线路，已经做好规划，将为城市的北部、西部和南部地区以及机场提供服务。
- 现状：轻轨系统的建设正在进行中，并正在通过从卑尔根的收费环（在 1986 建立）和国家公路收费基金的组合中得到资助。

　　将改组公共汽车系统，统一调配公共汽车服务来支持轻轨系统。这次改组将包括扩展部分和已有无轨电车线路的整合，并于 2003 年引进 6 辆新 MAN-Neoplan-Kiepe 18 m 无轨电车。

→发展：系统的第一部分将需要 12 辆长 32 m 的车辆，用于提供在高峰时段 5 min 间隔的服务。客运量预期 2015 年达到 26 000 人次/天。

道路的改善和公用事业的搬迁工程始于 2006 年，并于 2007 年开始土建、厂房建设和技术设施的配备。

该项目 Hordaldand 县的代表，与 Stadler 的 Pan-kowGmbH 签署了 12 辆 32 m 的 Variobahn 轻轨车辆的供应合同。这些辆，宽 2.65m，100% 低地板，水平地板高度为 300 mm，配有双向空调、无线网络和 LED 照明。第一辆车预计于 2009 年交付 12 辆。Sta-dler 负责 8 年内的车辆维修，也负责配件的 8 年额外维修。

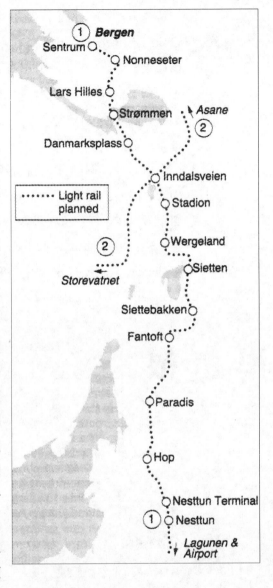

系统测试预计在 2010 年上半年开始，系统运营暂定于 2010 年中期。

第一条线路长为 3 km 增加部分从 Nestun 到 Råda 主要商业中心已被批准。增加部分的建设将于 2010 年开始，计划于 2012 年开通。

期待 2 号线尽快开始战略计划和环境影响研究，线路连接北部和西部郊区与城市中心、地区医院和一个新的大学区域。

	Metro
	Planned
	Light rail

Bielany

Młociny

Bemowo

① Marymont

Plac Wilsona

Dworzec Gdański

Ratusz

② Chrzanów

Świętokryzska

Centrum

Politechnika

Pole Mokotowskie

Warszawa Śródmieście

Raclawicka

Wierzbno

Ursus

Wilanowska

Włochy

Grodzisk Maz

Sluzew

Wilano

Ursynów

Stoklosy

Imielin

Natolin

Ursynów

Kaba

①

Rembielinska ②

Targówek

Praga Centrum

Wig

③

华 沙

市区 170 万人（2009 年数据），大都市区 330 万人。

公共汽车、有轨电车、轻轨、地铁由政府交通运输部门监管下的市属和私人公司运营。郊区铁路由 PKP 公司运营。

经营单位：Metro Warszawskie

⮕ 运营方式：全部为地铁线路，于 1995 年开通。

⮕ 年客运量：

8 090 万人次（2004 年）；　　　　9 340 万人次（2005 年）。

10 580 万人次（2006 年）；　　　11 350 万人次（2007 年）。

12 630 万人次（2008 年）。

⮕ 线路长度：23 km。　　　　　　　⮕ 线路数量：1 条。

⮕ 车站数量：21 座。　　　　　　　⮕ 轨距：1 435 mm。

⮕ 轨道：混凝土道床。　　　　　　　⮕ 最大坡度：3.1%。

⮕ 最小曲线半径：300 m。　　　　　⮕ 信号：ATP。

⮕ 监控系统：自动灭火系统；车站 CCTV 系统。

⮕ 供电方式：750 V DC，第三轨供电。

⮕ 发展概况：B20 隧道和 Stodowiec 站（A20）于 2008 年 4 月开通。

通过 Bielany 站的该段地铁是 1 号线的一部分，由欧洲基金提供资金支持。

该项工程包括如下内容：

修建 B21 隧道；

修建 A21 Stare Bielany 车站；

修建 B22 隧道；

修建 A22 Wawrzysew 车站；

修建 B23 隧道；

修建 A23 MIociny 车站；

修建 Mlociny 换乘枢纽。

这 3 座 1 号线的车站于 2008 年建成并投入使用。

远期规划了 3 条线路。

2 号线穿过中心城区的线路规划方案于 2007 年 10 月提出，但是被否决了。第二个版本的线路方案于 2008 年 10 月提出，目前正在办理相关手续。

🔹 车辆：240 辆。

Metrovagonmash 81 型　　　　　　　　132 辆；

Metropolis 型　　　　　　　　　　　　108 辆；

新订购 2 辆。

🔹 首/末车时间：05:00/24:00。

🔹 运行间隔：高峰时段 3~4 min。

🔹 票制结构：普通票（高峰时段票和非高峰时段票），限时票；磁卡票（单次有效票、多次有效票、24 小时票、3 天票和一周票）；智能卡月票和季度票；可免费换乘其他交通工具；智能卡可在地铁、有轨电车、公共汽车、WKD、SKM 和 KM 城际铁路上使用。

轻轨 WKD（Warszawska Kolej Dojazdowa）线

经营单位：PKP

🔹 运营类型：轻轨。

🔹 年客运量：

620 万人次（2004 年）。　　　　　　640 万人次（2005 年）。

🔹 线路长度：35 km（大部分为双线）。

🔹 线路数量：1 条（有 2 条支线）。　　🔹 车站数量：28 座。

🔹 供电方式：600 V DC，接触网供电。

🔹 现状：2005 年 9 月，PKP 公司将 WKD 的部分股份以 300 万滋罗提的价格出售给当地政府。Mazovia Voivodship 和华沙市分别获得 33% 的股份，另外 34% 的股份被 WKD 沿线的 6 个社区购买。

🔹 发展概况：为了适应线路的延长，计划新订购 12 列列车，将 Podkowa Leśna 与 Grodzisk Mazowiecki 之间的车辆数增加一倍，并且要建设 P+R 停车场。

🔹 车辆：53 辆铰接车

EN94 型　　　　　6 轴铰接车　　　　40 辆；

EN95 型　　　　　10 轴铰接车　　　　13 辆。

新订购的 13 辆 EN95 型铰链车已经交付。

🔹 运行间隔：高峰时段 15 min，非高峰时段 30 min。

🔹 首/末车时间：05:00/24:00。

葡萄牙
Portugal

里斯本

人口 城市 564 477（2001 年），郊区 170 万人（2005 年）。

公共交通 市区的公共汽车、无轨电车服务由公共公司负责，同时还负责 3 条缆车和公共电梯。地

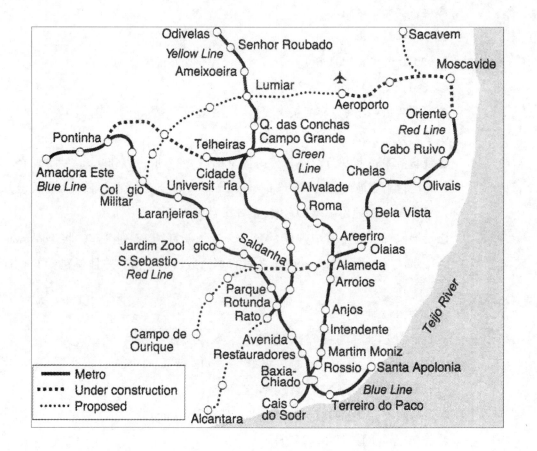

铁由独立的公共企业管理，市郊铁路由 Portuguese Railways（CP）公司运营，跨河轮渡由 CP 公司和 Transtejo 公司运营，市郊公交车由市政府汽车公司和私人公司进行管理。有多种票制。铁路规划和建设由半自治运输部门承担。

⊖ 经营单位：Metropolitano de Lisboa（ML）。

⊖ 运营类型：全部地铁线路，于 1959 年开通。

⊖ 背景：该公司于 1948 年 1 月 26 日成立，在 1949 年 7 月 1 日颁发了授权书，委托其建设并运营公共交通服务。

⊖ 线路长度：35.6 km。　　　　⊖ 线路数量：4 条。

⊖ 车站数量：44 座。　　　　　⊖ 轨距：1 435 mm。

⊖ 最大坡度：4%。　　　　　　⊖ 最小曲线半径：150 m。

⊖ 隧道：盖挖法（有 1 km 采用明挖法）。

⊖ 供电方式：750 V DC，第三轨供电。

⊖ 车辆：338 辆，最大 6 节编组。

Sorefame ML90（1993/96）	M38 T19；
Adtranz ML95（1997/98）	M76 T38；
ML97（1999）	M36 T18；
ML99（2000/02）	M75 T38。

⊖ 运行间隔：高峰时段 3 min30 s ~ 4 min40 s。

⊖ 首/末车时间：06:30/01:00。

⊖ 票制结构：区域票制；车票使用 Viva Viagem 卡，地铁月票使用 Lisboa Viva 卡。

⊖ 逃票控制：在车站和列车上抽查车票。

⊖ 与其他交通系统的连接：在月票和 30 天工作日车票的价格中包含了市郊公共汽车、轮渡和市郊铁路的费用。

⊖ 监控：在所有站台和列车上装有中央闭路电视监控系统。

⊖ 运营成本来源：票款收入占 27%，其他商业收入占 11%，政府补贴/拨款占 62%。

⊖ 发展概况：蓝线的延长线从 Baixa/Chiado 到 Santa Apolónia 于 2007 年 12 月开通。

计划将下列线路延长：

Pontinha 到 Reboleira，蓝线；

Alameda 到 São Sebastião，红线；

Oriente 到 Aeroporto，红线。

当这些延长线工程完工时，Lisbon 将拥有 4 条独立的线路，总运营里程达到 44 km，车站数量达到 56 座。

此外，在工程建设的同时，也正在对以下线路的延长线工程进行研究：

黄线：由 Rato 延长至 Alcântara，线路长度 3 km，包括 3 座新的车站；这条延长线将提供一座与 Lisbon-Cascais 市郊铁路新的换乘站，使 Lisbon 与北部地区联系起来，使交通变得快速、便捷。

绿线：由 Telheiras 延长至 Pontinha，线路长度为 3 km，包括 3 座车站；这条延长线将服务于一个快速发展的区域，并且能够与蓝线换乘，还可到达 Pontinha 火车站。

红线：向西的延长线从 Campo de Ourique 方向的 San Sebastião 出发，线路长度 3 km，包括 3 座车站。有 2 条支线，一条从 Oriente 站向北延伸，目前正在建设。这条支线将向西部的 Lisbon 机场方向转弯，线路长度为 3 km，包括 3 座车站。另一条支线目前正在建设中，将向北部方向的 Sacavém 延伸，线路长度为 2 km，包括 2 座车站。

绿线车站扩大工程将增加车站容量，并且站台能够容纳 6 辆编组的列车。这项工程预计耗资 5 370 万欧元。一座车站的扩建工作已经完成，另一座车站的扩建工作正处于设计和征集公众意见的阶段。

Cais do Sodré 车站和 Terreiro do Paco 车站已经完成。

里斯本 Tagus 河南岸

 Setubal 区为 124 555 人。

 里斯本 Tagus 河南岸 Setubal 区包括 9 条线路。CP 公司的渡轮服务将该区与里斯本连接起来，同时还运营着以 Barreiro 车站为起点的市郊铁路。公共汽车服务由数家公司运营。轻轨运输网络正在建设中。

经营单位：Metro Transportes do Sul SA（MTS）

◯运营类型：轻轨，一期工程于 2007 年完成。

◯线路数量：3 条。

◯车站数量：13 座。　　　　　◯轨距：1 435 mm。

◯供电方式：750 V DC，接触网供电。

◯背景：2002 年，葡萄牙政府给 MTS 公司 27 年的特许经营权来修建、运营和维护 Tagus 和南岸的一个新的轻轨系统。这个运营网络将服务于 Almada 和 Seixa 镇。

  MTS 公司以 PPP 模式修建该线路，Barraqueiro 占 34%，国内的工程公司占 33%，Simems 占 21.33%，MECI 占 11.67%。

  西门子交通系统接到了 24 辆低地板列车、通信系统和架空接触网的合同，LRV 设备的的维修、保养以及建设，估计总金额在 13 600 万欧元。

◯现状：项目的开始阶段有 3 条线路，总长为 19.2 km，共 19 座车站。一期工程建设 1 号线，于 2007 年 4 月开通运营，从 Coroios 至 Cova da Piedade。1 号线其余的部分从 Cova da Piedade 至 Cacilhas。2 号线从 Corroios 至 Pragal，3 号线一期工程从 Ramalha 至 Universidade。3 号线二期工程从 Ramalha 至 Cacihas。该运输网络将 Corroios 的 Fertagus 和 Pragal 车站以及渡轮服务连接起来。

  该项目将安装闭路电视监控系统和配备自动售票机。

◯发展概况：该轻轨系统的延长线正在规划中。

◯车辆：24 辆。

◯西门子 4 辆，双向，低地板车；LRV（2005 年）24 辆。

◯运行间隔：高峰时段 5 ~ 10 min，非高峰时段 10 ~ 30 min。

◯首/末车时间：06:27/23:02。

◯票制结构：普通票；联票，月票；对青少年、老人和收入低于最低工资标准的人有优惠。

波尔图

 大都市区域 170 万人，城区 24 万人（2008年）。

 波尔图及其周边城镇的公共汽车和无轨电车服务由政府控股的公共公司提供，也有一些公共汽车由私人公司运营。郊区的通勤公共汽车服务由私人公司提供；铁路运输由 CP 公司负责，还有轻轨和地铁。

经营单位：Metro do Porto SA

➡ 运营类型：轻轨，第一条线路（蓝线）于 2002 年 12 月完工，2003 年 1 月正式开始运营。

➡ 线路长度：70 km，其中隧道长度为 7 km。

➡ 线路数量：5 条。

➡ 车站数量：70 座，其中地下车站有 5 座。

➡ 轨距：1 435 mm。

➡ 背景：Metro do Porto 公司于 1993 年 1 月成立并开始建设轻轨运输网络。该公司 80% 的股份由 Área Metropolitana do Porto 持有，CP 公司持有 15%，Metropolitano de Lisboa（Lisbon Metro）持有 5%。

➡ 现状：波尔图当局持有 Metro do Porto SA 公司 60% 的股份，STCP 公司持有 25%，Estado Portugues 持有 10%，CP 公司和该线路沿线各区政府各持有 1%，合计持有 5%。

当地政府认为 Oporto 轻轨项目能产生很好的效益，建设该项目能够覆盖 9 座都市的范围，将会超过 120 万居民受益。

这条线路采用的车辆由庞巴迪公司生产。每辆 LRV 车额定载客 216 人（80 个座席），共有 72 辆，均是 100% 低地板车辆，具有车载空调。该项目的资金由 EIB、葡萄牙政府、欧洲基金和金融市场共同提供。

发展概况：2005 年，以下部分线路开通运营：

2005 年 3 月：B 线——红，Senhra da Hora-Pedras Rubras（6.8 km）；2005 年 7 月；C 线——绿，Fonte do Cuco-Fórum Maia；2005 年 9 月，D 线——黄，Pólo Universitário-Câmara Gaia（5.7 km）。

2006 年 5 月，E 线——紫（1.6 km），D 线的支线开往机场方向。E

线开往 Estádio de Gragão 与 A 线贯通运营。就此 Oporto 地区第一阶段轻轨的规划线路全部完成。2006 年，D 线向北部延长至 São João 医院（5.9 km），向南延长至 João de Deus 与从 Pedras Rubas 到 Vila do Conde 和 Póvoa de Varzim 的 B 线（17.2 km）相交。C 线向北延长至 ISMAI（4.5 km），之前将该线路延长至 Trofa 的建议未被采纳。

2008 年 5 月，D 线从 João de Deus 到 D João Ⅱ 通车。

第二阶段将 Gondomar 延长至 A 线，政府希望这项工程能够尽快开展。Metro do Porto 和 STCP 公司考虑用轻轨替代 Boavista 到 Matosinhos 的有轨电车线路。这段 7 km 的线路将被标记为 F 线，共有 12 座车站。需要在 Casa Da Msicaú 修建一座换乘站。其他延长线路正在研究中。

2006 年中期，庞巴迪交通集团获得了 30 辆 LRV 电车的合约。这份合约同时包括对这些车辆进行 5 年的维修与保养。合同总计价值 11 500 万欧元。列车将在 2008 ~ 2009 年交付使用。

轻轨的车票在地铁线路上仍然有效。

➡车辆：72 辆。

庞巴迪 Flexity Outlook 系列；

另外订购了 30 辆庞巴迪 Flexity Swift 低地板 LRV 车 30 辆。

➡运行间隔：4 ~ 5 min。

➡首/末车时间：06:00/01:00。

➡票制结构：区域票；1 次票、10 次票、1 天票和月票；24 小时票。

➡票价：票价中包括 STCP 公司的公共汽车服务，CP 公司的轨道交通和私人运营的公交车。

➡监控：所有车站均安装闭路电视监控系统。

罗马尼亚
Romania

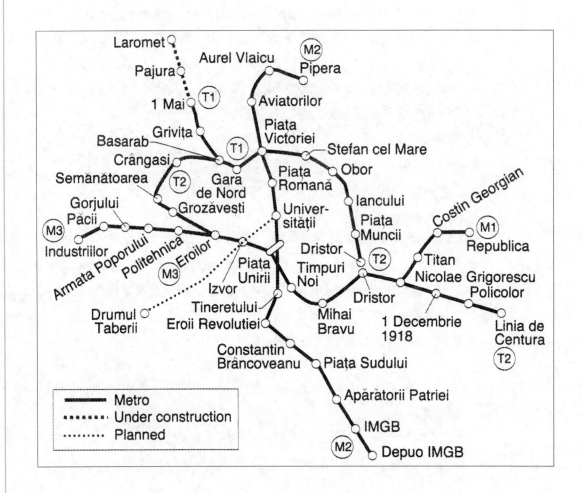

布加勒斯特

市区 193 万人，城市 210 万人，大都市区 260 万人（2007 年）。

公共汽车、无轨电车和有轨电车服务由国有公司负责运营，另外地铁也由国有公司运营。

经营单位： Metrorex SA

➥职工数量：4 254 人。

➥运营类型：全部为地铁线路；首条线路于 1979 年开通。

➥年客运量：

16 400 万人次（2007 年）；　　　　17 000 万人次（2008 年）。

➥线路长度：66.95 km。

➥线路数量：4 条。

➥车站数量：49 座。

➥轨道：UIC 49/60 木轨枕；隧道中为混凝土轨枕。

➥最小曲线半径：150 m。

➥供电方式：750 V DC，第三轨供电。

➥现状：地铁 2 号线已经全面进行了升级，更换了全新的车辆和信号系统。18 列（108 辆）列车由庞巴迪交通集团提供并提供相应的维修服务，于 2004 年全部完成并运营，每列车可以容纳 1 200 名乘客。

2004 年 12 月，Metrorex 公司给庞巴迪交通集团一份为地铁 1 号线和 3 号线提供 20 列（120 辆）新地铁列车的合同。于 2006 年 12 月开始交付，于 2007 年完成。2007 年又向庞巴迪增订了 6 列（36 辆）新地铁列车，这批新增订的列车已经开始使用。

从 Gara de Nord 到 1 Mai（长 3.3 km，包含 4 座车站）的延长线于 2000 年 3 月开通。另一条从 1 Mai 到 Laromet（长 3.1 km，包括 3 座车站）的延长线于 2010 年开通。从 Nicolae Grigorescu 到 Linia de Centura（长 4.5 km，包括 4 座车站）的延长线于 2008 年 11 月开通。

➥发展概况：庞巴迪公司还更新了地铁 2 号线的中央控制中心和连锁系统，该工程于 2005 年完工。西门子对 1 号线和 3 号线中央控制中心和连锁系统的改造工作于 2008 年完成。

未来线路规划：地铁 5 号线，从 Drumul Taberei 至 Pantelimon 的一期

工程，从 Drumul Taberei 至 Universitate（9 km，14 座车站），计划于 2014 年完工；二期工程，从 Universitate 至 Pantelimon（8 km，13 座车站），计划于 2018 年完工。

- ➲ 车辆：464 辆。

IVA 型 4 辆编组	M20；
IVA 型 6 辆编组	M30；
IVA 型 6 辆编组	M150；
庞巴迪 MOVIA BM 2 型（2002/04）6 辆编组	M108；
庞巴迪 BM21 型（2006/07）6 辆编组	M156。

- ➲ 运行间隔：高峰时段 3 min，非高峰时段 8～10 min。
- ➲ 首/末车时间：05：00/23：00（周一至周四，周日）；05：00/00：30（周五、周六）。
- ➲ 票制结构：普通票；2 次和 10 次有效票；一日票和月票；智能卡。
- ➲ 检票方式：磁卡读卡机。
- ➲ 逃票控制：巡查。
- ➲ 与其他交通系统的连接：整合了地面交通。
- ➲ 运营成本：票款收入占 37.9%，其他商业收入占 3.7%，财政补贴占 50.7%。

俄罗斯
Russia

车里雅宾斯克

城市 109 万人（2006 年）。

公交车，有轨电车和无轨电车服务由国有公司提供；地铁在陆续建设中。

经营公司：ChelMetro

➡ 运营类型：地铁。

➡ 背景：原先第一阶段规划的 3 条线路于 1992 年开始修建。

➡ 现状：正在建设 8.25 km 的线路和 5 座车站。

➡ 发展概况：计划将原规划的线路向东和向西延伸并且未来再建设 2 条线路。然而，由于一些重要原因推迟了计划。产生的问题十分严重，未确定何时开始实施这项计划。即使在项目资金到位的情况下，计划还是被推迟。

莫斯科

1 040 万人（2002 年）。

公共汽车、无轨电车和有轨电车由国有公司运营。地铁由政府部门负责。在莫斯科州的公共汽车运输、地铁以及观光单轨列车由国有企业 Mostransavot（www.mostransavto.ru）运营。

经营单位：Moscow metro

⮞运营类型：全部为地铁线路，首条线路于 1935 年开通。

⮞年客运量：

328 730 万人次（2007 年）；　　　　257 290 万人次（2008 年）。

⮞列车走行公里：

68 850 万（2007 年）；　　　　73 360 万（2008 年）。

⮞线路长度：292.2 km。

⮞线路数量：11 条（1 条轻轨）。

⮞车站数量：177 座。

⮞轨距：1 524 mm。

⮞最大坡度：4‰。

⮞最小曲线半径：196 m。

⮞供电方式：825 V DC，第三轨供电。

⮞现状：地铁是莫斯科市的主要交通方式，承担了超过一半的客运量。部分线路安装了 ATC 系统，将列车运行间隔缩短到 90 s。

⮞发展概况：2006 年，一座新的车站——Mezhdunarodnaya 建成。2007 年，3 号线从 Pobedy 公园站延长至 Strogino 站（共 11.5 km）开通运营，并建设了两座新的车站 Kuntsevskaya 和 Strogino。

2008 年，Arbatsko 至 Pkrovskaya 线上的 Slavyanskiy Bul'var、untsevskaya 和 Strogino 站建成。

⮞车辆：4 054 辆，全部为动车，由 Metrovagonmash Mytischi 制造。

⮞运行间隔：高峰时段 1 min30 s，非高峰时段 2～4 min，午夜时段 10 min。

⮞首/末车时间：06:00/01:00。

⮞票制结构：普通票、10 次和 60 次票、月票卡、多程票卡、普通智能卡。

⮞检票方式：检票闸机。

⮞信号：中央控制；全部列车广播-电话通信，在 8 条线路上安装了基于电缆的 ATP 和 ATO 系统。

尼兹尼诺哥洛德

 人口　130 万人。

 公共交通　公共汽车、有轨电车、无轨电车和地铁由市属企业负责运营。

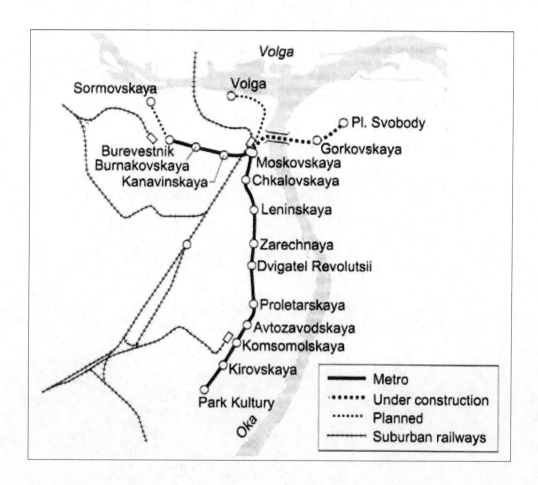

 地铁　运营类型：全部为地铁线路，第一条线路于 1985 年开通。

➡年客运量：1 600 万人次。

➡线路长度：16 km。　　　➡线路数量：2 条。

➡车站数量：13 座。　　　➡地下站：12 座。

➡轨距：1 524 mm。

➡供电方式：825 V DC，第三轨供电。

俄罗斯 Russia

227

➡️ 现状：计划将 Sormovska 线向北和向西延伸，尽管这项工作进展缓慢。在 Avtozavodskaya 线上，正在建设一座地铁/铁路两用大桥，该项工程预计于 2010 年完工。

➡️ 发展概况：该市的发展基金由 2005 年的 7 710 万卢布增加到 2006 年的 15 880 万卢布。其中，有 1 000 万卢布用于建造这座地铁/铁路两用大桥。

➡️ 车辆：80 辆，4 辆编组。

Metrovagonmash 81-717/714 M80。

➡️ 运行间隔：高峰时段 3 min，非高峰时段 7～15 min。

➡️ 首/末车时间：05:30/24:00。

➡️ 票制结构：普通票；月票。

➡️ 检票方式：螺杆式检票机。

新西伯利亚

 人口　140 万人（2002 年）。

 公共交通　公共汽车、有轨电车、无轨电车、地铁和市郊铁路由独立的市属企业运营。

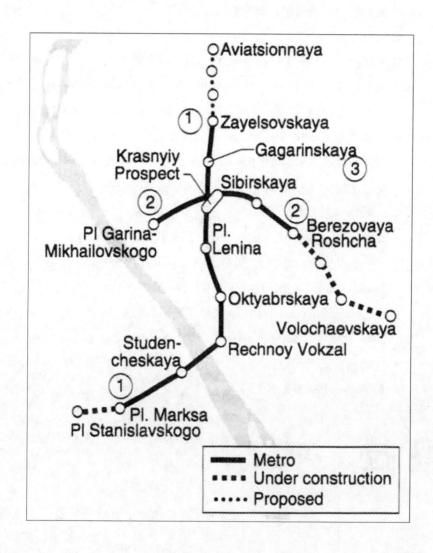

```
                    ○ Aviatsionnaya
                    ○
                    ○
               ①  ○ Zayelsovskaya
                    ○ Gagarinskaya
 Krasnyiy                              ③
 Prospect ─       ○ Sibirskaya
       ②      ○        ○   ②  ○ Berezovaya
 Pl Garina-              Pl.            Roshcha
 Mikhailovskogo      ○ Lenina          ○
                                        ○
                    ○ Oktyabrskaya      ○
                                        ○ Volochaevskaya
        Studen-    ○ Rechnoy Vokzal
        cheskaya
              ①  ○
 ○····○ Pl. Marksa
 Pl Stanislavskogo

         ━━━  Metro
         ▪▪▪▪ Under construction
         ••••• Proposed
```

 地铁

经营单位： Novosibrisk Metro

⊃**职工数量：** 1 610 人。

⊃**运营类型：** 全部为地铁线路，首条线路于 1985 年开通。

⊃**年客运量：** 1 200 万人次。

⊙线路长度：14.3 km。　　　　⊙线路数量：2 条。

⊙车站数量：12 座。

⊙轨距：1 520 mm。

⊙供电方式：825 V DC，第三轨供电。

⊙运行间隔：4 ~ 5 min。

⊙票制结构：普通票；单次票，多次票。

⊙信号：ATC。　　　　⊙车辆：80 辆。

⊙现状：1986 年，Leninskaya 线一期工程开通运营。该条线路的两条延长线工程于 1991 年和 1992 年开通。第二条线路 Dzerzhinskaya 线于 1997 年通车。2000 年 12 月，一座新的车站——Marshall Pokryshkina 站建成。

⊙发展概况：2005 年，Dzerzhinskaya 线的一条从 Marshala Pokryshkina 到 Beryozovaya Roshca 的延长线开通，包括 3 座车站。这条线路将继续向东，车站完工的时间表如下：Zolotaya Niva 站建成于 2008 年，Gusino-brodskaya 站建成于 2011 年，最后一座车站——Volochaevskaya 站建成于 2014 年。未来，该条线路计划向西延长，跨越 Ob 河。

Leninskaya 线也计划要延长，向南延长和向北延长。Ploshchad Stanislavskogo 站先建设，于 2009 年完工，随后线路延长至该站，并建设 Permskaya 和 Yuzhnaya 站。在北部延长线上，计划修建 3 座车站，并于 2015 年完工：Botanicheskiy Sad 站、Severnaya 站和 Aviatsionnaya 站。正在规划一座新的地面站——Sportivnaya 站，适合建设在 Rechnoi Vokzal 站和 Studencheskaya 站之间。

萨马拉

 人口　城市人口为 116 万人，大都市地区人口为 300 万人（2002 年）。

 公共交通　公共交通：由市政府所属的公有企业提供公共汽车、电车/有轨电车和地铁运营服务。

 地铁　**运营单位：Samara Metro（Samarasky Metropoliten）**

⊙运营类型：全部为地铁，于 1987 年开通第一条线路。

⊙线路长度：10.2 km。　　　　⊙线路数量：1 条。

⊙车站数量：9 座。　　　　⊙轨距：1 524 mm。

俄罗斯 Russia

◯ 供电方式：825 VDC，第三轨供电。

◯ 年客运量：1 200 万人次（2006 年）。

◯ 现状：由市政公司 Samarasky Metropoliten 经营地铁。

◯ 发展概况：2007 年 11 月，在 Moskovkaya 和 Rosskaya 之间开通了一条短的延伸线，并开通了 1 座车站。

　　在线路东部 Krylra Sovetov 的车站，朝市中心方向，铁路车站计划增加一条延伸线，有 4 座车站：Alabinskaya、Samarskaya、Treatral'naya 和 Vokza'naya 车站。还有两条线路的长期计划。

◯ 车辆：46 辆（2 辆储备）。

◯ 型号：81-717/714，4 辆编组。

圣彼得堡

 人口

46 万人（2008 年）。

 公共交通

由市政承担公共汽车、电车/有轨电车运营，私营运营商也提供公共汽车运营；本市公共交通还有地铁、郊区铁路和出租车运营。圣比得堡每年公共交通要运输旅客 20 多亿人次，运输模式分为：地铁占 38%；市区和郊区汽车占 20%；电车/有轨电车占 30%；私营公共汽车占 12%。

 地铁

运营单位：St Petersburg Metropoliten

◯ 职工数量：12 521 人。

◯ 运营类型：全部为地铁，于 1955 年开通第一条线路。

◯ 日客运量：300 万人次。

◯ 线路长度：110.2 km。　　　　　◯ 线路数量：5 条。

◯ 车站数量：63 座。　　　　　　　◯ 轨距：1 520 mm。

◯ 坡度：6%。　　　　　　　　　　◯ 最小曲线半径：300 m。

◯ 供电方式：825 V DC，第三轨供电。

◯ 现状：在现有的区段上，正在建设 5 号线南部延伸线和 Obvodnyi Kanal 车站。

◯ 发展概况：2007 年，地铁完成了 TETRE 统一数字无线系统（UDRS）工程的第一阶段。

2009 年 3 月，4 号线西南支线与 5 号新线实现换乘，市中心 4 号线终点的新车站名为 Spasskaya。

➡车辆：1 403 辆，列车分为 6 节编组和 7 节编组列车。

➡运行间隔：2 ~ 3 min。

➡首末车时间：05:45/24:00。

➡票制结构：单一票价；非接触卡在不同时间内多次乘坐有折扣票价。

➡检票：机器和光电电池控制。

➡车站：许多车站站台两侧采用了屏蔽门，在列车停车时屏蔽门对应车门。自动打开。在列车离开前站台门关闭。

➡监控：全部车站设有闭路电视。

➡信号系统：列车自动停车；列车无线通信；ATO。

叶卡特琳堡

 人口　130 万人（2006 年）。

 公共交通　公共汽车和电车/有轨电车运营；地铁、市郊铁路；出租车。

 地铁

➡地铁 1991 年第一段开通。

➡年客运量：4 200 万人次（2007 年）。

➡线路数量：1 条。

➡线路长度：8.6 km（全部隧道）。

➡车站数量：7 座。　　　➡轨距：1 524 mm。

➡供电方式：824 V DC。

➡现状：地铁运输乘客占全部公共交通的 6%。正在建设中的南部延伸线有 3 座车站，目前计划于 2010 年初期开通 3 座车站中的 2 座。此外，还有一个两条线路的长期计划。

➡车辆：54 辆（4 节编组）。　　　➡运行间隔：3 ~ 10 min。

➡首末车时间：06:00/24:00。

➡票制结构：单一票价。　　　➡检票方式：使用代用辅币。

鄂木斯克

 人口 110 万人。

 公共交通 公共汽车、有轨电车和无轨电车。私营公司负责运营公共汽车业务是现阶段该城市交通运输的主要模式。地铁正在建设中。

 地铁

→ 运营类型：地铁。

→ 背景：1996 年，乌苏里斯克工程有限公司开始修建地铁，到 1997 年，这家公司成为主要的工程承包商。

→ 现状：1993 年年中开始修建已规划 3 条地铁网络中的一条。由于 1 号线的第一个阶段于 2008 年委托，但是却还没有开始修建。乌苏里斯克最新的指示是 1 号线将在 2015 年修建完成，与此同时，第二条线路也会开始修建。

卡赞

 人口 111 万人。

 公共交通 公共汽车、有轨电车和无轨电车由市政企业提供运营服务；私人公司运营小巴；公共交通还有地铁。

 地铁

经营单位：Kazan Metropoliten

→ 运营类型：地铁，于 2005 年开通。

→ 线路长度：7.7 km。

→ 线路数量：1 条。

→ 车站数量：5 座。

→ 背景：卡赞 Metropoliten 公司成立于 2004 年，2006 年该公司进行了重组，成为 Metroelektrotran 公司（Kazan Electric Transport），并于 1997 年 8 月开始建设地铁。

→ 现状：2005 年 8 月，在该市成立 1 000 周年纪念日的这天，地铁开通运营。

   该线路由 5 列 4 节编组的列车提供服务，线路车辆由斯柯达公司提

俄罗斯 Russia

233

供牵引系统和制动系统，Vagonmash 公司提供机械部分。

该线路装有数字广播系统，由 Optima 公司提供，通信系统由摩托罗拉公司提供。

➡发展概况：该市计划建设由 3 条线路构成的地铁运输网络，总长达到 46 km。正在建设 2 条新的线路，同时对既有线路向两端延长。

➡车辆：20 辆（每列 4 节编组）。

Vagonmash/Skoda 系列 81-553，81-554，81-555。

➡运行间隔：高峰时段 4 ~ 5 min，非高峰时段 7 ~ 8 min。

➡首/末车时间：05:00/24:00。

➡票制结构：普通票。

➡检票方式：非接触式智能卡。

塞尔维亚
Serbia

贝尔格
莱　德

 人口　158 万人（2002 年）。

 公共交通　市政承担公共汽车、电车/有轨电车运营，其他私营公司承担公共汽车和小公共汽车运营；公共交通还有郊区铁路，计划修建轻轨线路。

 轻轨

运营单位：Belgrade Land Development Public Agency

Project Implementation Unit（PIU 项目实施单位）

➲运营类型：轻轨（计划）。

➲现状：在城市规划中，轻轨系统已经考虑几十年了。目前在 LRT 技术的基础上，长期计划的 Belgrade 地铁为 3 条线路网络。

➲发展概况：1 号线长 12.5 km，22/25 车站（隧道中 10/14 个车站）将与现有的电车系统及 Beovoz 郊区铁路网络结合为一体。根据隧道的长度，投资金额在 34 960 万 ~45 210 万欧元之间。

2003 ~2004 年，由 INECO、马德里和小组顾问——JUGINUS、贝尔格莱德进行了预可行性研究。2006 年年底，在贝尔格莱德，由 INECO、小组顾问——JUGINUS、CEP、贝尔格莱德和 Duo-Dec 对计划安排的咨询工作作出决定。2008 年 6 月，完成了一些顾问提出的研究附件。

2007 年 4 月，开始 1 号线初步设计投标。2008 年 4 月 1 日，有 10 个公司联合参与投标并递交了投标书。初步设计完成的预定日期已经比原定日期延迟了 10 个月，改为 2010 年 4 月。

SNC 兰万灵正在为 PPP 金融进行相同的研究。市政府已经批准了这项研究。

斯洛伐克
Slovakia

布拉迪
斯拉发

 城市 42.6 万人（2006 年），市区 50 万人，大都市地区 60 万人。

 市政部门提供公共汽车、电车/有轨电车运营服务。计划修建轻轨。

运营单位：METRO Bratislava as

➡运营类型：轻轨（计划建设）。

➡背景：1997 年 11 月，METRO Bratislava 作为联合股份公司成立，准备在布拉迪斯拉发建立公共交通网络干线，公司归布拉迪斯拉发市政府所有，但是由于 2001 年出现城市预算赤字，运输部、邮电通信成为其股东，占有 34% 的股份。

➡现状：公司的第一个项目是负责 Kosch 大桥工程。这座大桥穿过 Danube，连接 Petržalka 一侧左岸的开发区。该工程对进一步改进城市交通至关重要，于 2003 年开工，2005 年完工。

➡发展概况：2010 年，计划开始修建电车线路工程，从 Safankow Nameeties 广场到 Janikov Dvor，第一段设计线路，是从市中心到 Bosakova 大街。不久之后计划的第二段设计线路，是从 Bosakova 大街到 Janikov Dvor。项目第一段的资金由城市预算支付，城市将对项目的第二段组织投标。希望铁路公司提供额外的资金。在市中心和 Janikov Dvo 之间综合轨道系统的轨距为 1 000 mm，轨道线路宽度要达到隧道连接区间的标准轨距 1 435 mm。在线路上运行的轻轨车辆为 2 节或 3 节编组。该系统正处于发展的初期阶段，随着系统的发展，可能在工程和计划上发生新的变化。

西班牙
Spain

巴塞
罗那

 人口

城市 162 万人，市区 315 万人，大都市区 522 万人（2008 年）。

 公共交通

由市政府的城市管理局经营公共汽车、地铁、电车、缆车。地区拥有的公有公司 FGC 经营郊区铁路，国家铁路（RENFE）经营其他铁路线。公共交通中还有私营公共汽车、电车/轻轨。

 地铁

运营单位： Ferrocarril Metropolità de Barceluona（FMB）

➡ **职工数量：** 3 493 人。

➡ **运营类型：** 全部为地铁，于 1924 年开通首条线路。

➡ **年客运量：**

36 640 万人次（2007 年）；   37 637 万人次（2008 年）。

➡ **线路长度：** 88.4 km。

其中隧道长度：88.2 km。

➡ **列车走行公里：** 8 040 万（2008 年）。

➡ **线路数量：** 7 条。

➡ **车站数量：** 130 座。

➡ **轨距：** 1 号线为 1 674 mm；其他为 1 435 mm；缆车为 1 200 mm。

➡ **轨道：** 54 kg/m UIC 54 轨道；新线为混凝土道床；其他线路为碎石道床。

➡ **供电方式：** 1 号线，1.5 kV DC；其他线路，1.2 kV DC；5 号线，钢性接触网；缆车，550 kV DC。

➡ **发展概况：** 正在进行主要的改造计划，包括车站、修理安装和车辆段。

2008 年，开通了 3 号线延伸线，从 Canyelles 到 Trinitat Nova（2 座车站）。

Montjuïc 缆车也连接到 3 号线。

目前正在建设 2 条延伸线，5 号线从 Horta 到 Vall d'Hebron，2 号线从 Pep Ventura 到市中心，尤其是 2 号线延伸线为巴塞罗那市提供了较好的交通运输。

Gestiód'Infrastructures SA（GISA）正在建设一条新线：从 2002 年以来，已经开始建设 9、10 号线。线路为全自动化系统，全长 47 km，共 52 座车站，与郊区铁路、国家铁路和全部地铁线路相连接。2009 年 12 月，在第一段 Can Zam-Can Peixauet 的 5 座车站开始运营。

➲车辆：771 辆

MTM/MACOSA 1000 Ⅱ（1974/79 年）	M28；
CAF R1400 Ⅱ（1984/86 年）	M7；
CAF/MTM/MACOSA 3000（1986/88 年）	M90；
CAF/MTM/MACOSA4000（1987/89 年）	M120；
CAF/MEINFESA 2000（1992 年）	M18；
CAF/GEC ALSTOM 2000B（1997 年）	M12；
CAF/GEC ALSTOM 2000（1997/98 年）	M25；
CAF/ALSTOM 2100（2001/02 年）	M50；
CAF/ALSTOM500（2003 年）	M6；
CAF/5000（2005/07 年）	M195；
ALSTOM 9000（2006/08 年）	M170；
CAF6000（2007/08 年）	M50。

➲高峰运行车辆：125 辆（2008 年）。

➲订购：为 9 号线订购了 ALSTOM 车辆。

➲运行间隔：高峰时段 2 min28 sec ~ 7 min。

➲首/末车时间：05：00/24：00（周日 ~ 周四）；05：00/02：00（周五）；24 小时运行（周六）。

➲票制结构：单一票、多次票和通票。

➲检票方式：AFC。

➲运营成本来源：票款占 59.8%；商业和其他占 3.7%；本地、地区和中央政府补贴占 36.5% 。

- 与其他交通系统的连接：联合地铁/公共汽车/郊区铁路/国家铁路/电车。

- 对老年人/残疾人的特殊服务：根据养老金水平，65岁以上的老年人可降低费用或免费乘车，有87座车站可以进入。

- 集中控制：在全部线路上使用ATP。

运营单位：Tramvia Metropolità SA（TRAM）

Communication and Marketing Department

- 职工数量：187人。

- 运营类型：轻轨/电车（2004年开通第一条线路）。

- 年客运量：2 250万人次（2008年）。

- 线路长度：31 km。

- 线路数量：6条。

- 车站数量：56座。

- 轨距：1 435 mm。

- 供电方式：750 V DC；接触网供电。

- 背景：Tramvia Metropolitá（Trammet），公司联盟，包括FCC Construc-ckn SA COMSA、Connrex、Acciona、ALSTOM、Sarbus、Soler & Sauret、BancSabadell和Société Générale等在巴塞罗那组成公司，建设和运行2条新电车线路。批准这个运营合同期限为25年，到2032/33年合同终止。

  ALSTOM公司提供37辆Citadis-型低地板列车；19辆运行在Trambaix线，18辆运行在Trambesòs线。

- 现状：Trambaix在城市西部，有3条线（T1、T2、T3）运行；Trambesòs在城市东部，有3条线（T4、T5、T6）运行。据统计，2008年，在Trambaix乘客人次为1 510万，在Trambesòs，乘客人次为740万。

- 发展概况：计划经Diagonal大街连接Trambaix线和Trambesòs线。

- 车辆：37辆LRV。

Alstom Citadis-型低地板铰接式双向车辆。

马德里

 人口　630 万人（2008 年）。

 公共交通　Consorcio Regional de Transport de Madrid （CRTM）全权负责马德里自治区的公共交通，其中包括城市和周边地区。市政提供公共汽车，地铁由市政和地区联合所有，CRTM 批准特许权，西班牙国铁（RENFE）经营郊区铁路；此外还有一些私营公共汽车运营。

 地铁

运营单位：Metro de Madrid SA

⮕职工数量：7 553 人。

⮕运营类型：全部为地铁，于 1919 年开通首条线路。

⮕年客运量：

61 550 万人次（2004 年）；　　　64 400 万人次（2005 年）。

65 700 万人次（2006 年）；　　　68 700 万人次（2007 年）。

68 500 万人次（2008 年）。

⮕列车走行公里：

15 490 万（2004 年）；　　　15 440 万（2005 年）。

15 100 万（2006 年）；　　　18 570 万（2007 年）。

20 240 万（2008 年）。

⮕线路长度：284.1 km，　　　⮕隧道：261.8 km。

⮕线路数量：13 条（1 条轻轨线）。　　　⮕车站数量：294 座。

⮕轨距：1 445 mm/1 435 mm；（轻轨）。

⮕轨道：45 kg/m 轨道（2%）；54 kg/m（97%），Ri60（1%）。

⮕最大坡度：5%。　　　⮕最小曲线半径：90 m。

⮕隧道：大部分为盾构，大多是两条线路在同一隧道中。

⮕供电方式：600 V DC，接触网供电；1 500 V DC，用于 3、7、8、10、11、12 号线。

9 号线当中的 19 km 在马德里直辖范围之外，批准由 Transportes Ferroviarios de Mdarid（TFM）公司经营。批准由 Metros Ligeros de Madrid （MLM）公司经营 M1 线（轻轨）共 5.4 km。

⮕发展概况：目前计划在 2007～2011 年期间修建的其他地铁延伸线路包括：

2 号线：La Elipa-Barrio de las Rosas（4.6 km，4 座车站）；

9 号线：Herrera Oria-Mirasierra（2 km，1 座车站）；

11 号线：La Pesseta-La Fortuna（3.2 km，1 座车站）；

2006 年末/2007 年初开通以下延伸线：

1 号线：Palaza Castilla 到 Pinar de Chamartin（3.1 km，3 座车站）；Congosto 到 Valdecarros（3 km，3 座车站）；

2 号线：Ventas 到 La Elipa（1.2 km，1 座车站）；

3 号线：Legazpi 到 Villaverde Alto（7.5 km，7 座车站）；

4 号线：Parque Santa Maria 到 Pinar de Charmartin（2.3 km，3 座车站）；

5 号线：Canillejas 到 Alameda de Osuna（2 km，2 座车站）；

6 号线：Planetario 新车站；

7 号线：Las Musas-Henares（7 座车站）；

8 号线：Barajas-AeropuertoT-4（2.2 km，1 座车站）和 Pinar del Rey 新车站；

10 号线：Fuencarral-Tres-Alcobendas-San Sebastián de los Reyes（Hospital Infanta Sofia）（15.7 km，11 座车站）；Aviación Española 新车站；

11 号线：Pan Bendito 到 La Peseta（3.1 km，3 座车站）

2007 年 5 月，轻轨 M1 线开通 Pinar de Chamartin-Las Tablas（5.4 km，9 座车站）。

Metros Ligeros de Madrid SA（www.melimadrid.es）公司经营这条线路，是马德里地铁公司的子公司。这条线与 Citadis 电车共同运营。

2008 年，7 号线新车站，在 San Fernando de Hanares 的 Hospital del Henares 开通，同时也开通了在 Riva Vaciamadrid 的 9 号线新车站。

➥运行间隔：高峰时段为 2~3 min，非高峰时段为 4~6 min，24:00 后为 15 min。

➥首/末车时间：06:00/01:30。

➥票制结构：单程票和单程联合车票，10 次票；联合地铁公共汽车（马德里市区）票；Metrosur、MetroEste 和 MetroNorte 1、2、3、5 和 7 天通票；联合市区、郊区公共汽车、郊区铁路的 CRTM 月票和年票旅行卡。

➥单司机运行：全部线路。

➥信号：ATO、ATP 在全部线路上，CBTC 在 1 号线和 6 号线上（移动闭塞）。

➥监控：全部车站有 CCTV，车上使用 CCTV。

➥运营成本来源：票款占 45%，CRTM 补助占 41.3%，其他商业来源占 13.7%。

➥车辆：2 275 辆。

CAF 5000（1974/94 年）	352；
CAF2000（1984/94 年）	736；
CAF/Alstom/Siemens/Adtranz 6 000（1998/99 年）	132；
Series 7 000（Ansdaldo）（2002 年）	222；
Series 8 000（CAF）（2002 年）	155；
Citadis 5-区段低地板电车（Alstom）（2007 年）	8；
Series 3 000（CAF）（2006 年）	432；
Series 9 000（Ansdaldo）（2006 年）	246。

➥订购：68 辆（窄轨车辆）和 234 辆宽轨车辆（CAF）。

 运营单位：Metros Ligeros SA

➥ 发展概况：2007 年 5 月开通 ML2 和 ML3 线。ML2 线路 Estación de Aravaca-Colonia Jardín 长 8.7 km，有 13 座车站（其中 3 座在隧道里）；ML3 线 Puerta de Boadilla-Colonia Jardín 长 13.7 km，有 15 座车站（其中 1 座在隧道里）。

Metros Ligeros de Madrid SA 公司运营这些线路，线路与 Citadis 电车共同运营，全部车站进出方便。

有一条新线在计划中，即 Puerta de Hierro-Majadanda-Las Rozas（10 km）。

马拉加

 城市 566 447 人，市区 82 484 人，大都市地区 109 万人（2008 年）。

 市政公司提供公共汽车和小公共汽车，私营公司经营到附近地方的长途汽车；公共交通中还有地方铁路。轻轨在建。

 运营单位：Metro de Málaga

➥运营类型：轻轨（正在建设中）。

➥现状：2002 年 6 月，Andaluican 政府批准了马拉加轻轨系统 1 号线和 2

号线的初步设计。1 号线长 7.2 km，2 号线长 6.4 km，总共 20 座车站，其中 4 座车站为两线共用车站。工程费用预计 40 000 万欧元。两条线路的 70% 和 16 座车站将建在地下。

➲ 发展概况：2004 年中期，经营 1 号线和 2 号线工程和运营 35 年的合同给予了由 Fomento de Constructiones y Contrasas SA （FCC） 领导的联合公司，包括 Azvi、Comsa、Sando、Vera 和 Cajamar。

目前两条线路正在建设中，计划于 2011 年开通。

塞维利亚

 人口 城市 704 414 人，大都市地区 145 万人（2009 年）。

 公共交通 市政部门提供公共汽车和电车，私营公司运输郊区线路，国家铁路运营郊区铁路。公共交通中还有轻轨和地铁。

 轻轨

轻轨（Tranvia-Metro-Centro）

➲ 运营类型：轻轨，2007 年开通第一段地面线路。

➲ 线路数量：1 条。　　　➲ 线路长度：2.6 km。

　　　　　　　　　　　➲ 车站数量：4 座。

➲ 轨距：1 435 mm。　　　➲ 供电方式：750 VDC，接触网供电

➲ 现状：自 2007 年 11 月以来，轻轨/电车的第一段地面线路已经运行在城市旧城中心的主要大街上，由 TUSSAM 经营这条线路。

➲ 发展概况：在都市地区计划建设 3 条电车线路。2009 年 4 月开通第一段地下线路（全长 19 km），设 23 座车站，由 Metro de Sevilla 经营这条线路。

➲ 车辆：5 辆 LRV。

　　CAF Tranvia LRV （2007 年）。

➲ 高峰运行车辆：4 辆。

➲ 运行间隔：高峰时段为 6 min，非高峰时段为 10 min。

➲ 首/末车时间：06：10/01：45。

➲ 运营单位：Metro de Sevilla。

➲ 运营类型：轻轨/地铁，于 2009 年 4 月开通。

➡背景：最初在 20 世纪 70 年代，准备建设 3 条地铁线路，但是随着地区自治建立，有待于全部经济的分析，这项工程就停止了。已经建成 5km 的隧道，在市中心的 PNueva 与在塞东南部的 La Palate 相连接，以及 3 座没连接的车站框架。

➡线路数量：1 条。　　　　　　　　➡线路长度：18 km。

　　　　　　　　　　　　　　　　　　其中隧道长度：4.5 km

➡车站数量：17 座（还有 2 座车站正在建设中）。

➡现状：1999 年成立了塞维利亚地铁公司，管理塞维利亚地铁的发展，拥有 4 条线的轻轨系统，部分线路建在隧道里。

➡发展概况：2003 年，开始建设 1 号线工程，2009 年 4 月，开通第一段线路。全部车站都设有屏蔽门。

➡车辆：51 辆（3 节编组 LRVs）。

　　CAF 3 辆编组双向 LRV（2006 年）　　M34 T17。

➡运行间隔：高峰时段为 4 min。

➡首/末车时间：

　　06:30/23:00 周一至周四；　　　　　06:30/02:00 周五；

　　07:30/02:00 周六；　　　　　　　　07:30/23:00 周日。

➡票制结构：分区票价。

➡与其他交通系统的连接：有 2 座车站与电车线路连接。

巴伦西亚

 人口 　城市 80.74 万人（2006 年），市区 100 万人，都市地区 180 万人，省地区 230 万人。

 公共交通 　城市运输公司提供市区公共汽车运营；Consorcio Municipal de Transportes 和其他私营公司提供郊区运输。FGV 地区铁路改进了横穿城市的连接线，负责经营郊区铁路、轻轨和公共汽车。国家铁路运行其他郊区线路。

 地铁 　**Metrovalencia**

➡年客运量：

　　5 100 万人次（2003 年）；　　　　5 761 万人次（2004 年）；

西班牙

Spain

6 150 万人次（2005 年）；　　　6 460 万人次（2006 年）。

6 770 万人次（2007 年）。

➡线路数量：5 条。

➡线路长度：146.8 km。

➡隧道长度：24.2 km。　　　　➡车站数量：132 座。

➡隧道数量：30 条。

➡现状：巴伦西亚地铁（Metrovalencia）为巴伦西亚都市地区提供交通服
务，有 3 条轨道线路（1、3 和 5 号线）和现代电车线路。T4 和 T6 电车
线路横穿城市北部，在东西方向运行。

➡发展概况：延伸计划。

➡目前，巴伦西亚综合基础运输部门资助巴伦西亚地铁（Metrovalencia）
正在进行延伸网络计划。1998 年，开始在 Alameda-Mislata 和 Colón-Jesús
区段延伸 3 号线。之后，建设了包括从 Empalme 到 Feria valencia 的电车
延伸线、地铁新 5 号线（港口—机场）的 Parque Ayora-Alameda 区段、
在 Torrent 的地下支线和车站以及到 La Coma 和 Terramelar 的 T4 电车
延伸线。

巴伦西亚地铁最新延伸线已经有了 T6 线，线路连接 Torrefiel-Or-
riols 地区的商业中心、Naranjos 和 Politécnica 两所大学校园和市区
海边。

5 号线港口—机场连接线，目前，5 号线可直接连接在巴伦西亚海边
和 Manises 机场之间的线路，连接地铁网络与 Quart de Poblet 和 Manises
城相连。2007 年 4 月，开通了东西方向的 2 条延伸线。在港口、机场和
RENFE 中心铁路车站之间，新线起到了主要干线的连接作用，把城区和
都市地区交通网络综合为一体。

计划进一步延伸 5 号线，进一步向西部延伸，到达 Riba-Roja。

L6 号电车线，6 号电车线的第一段线路在 Tosasal del Rei 和 Marítim-
Serrería 车站之间。线路长 2.4 km，设 5 座车站，这段线路预算为 2 680
万欧元。

这条线路为 Torrefiel-Orriols 地区的 50 000 多人提供运营服务。线路
上运行的 8 辆全新 100% 低地板车由庞巴迪制造。

下一步计划 L6 号线以连接巴伦西亚城区的周边地区。

并入 T-2 线，T-2 电车线将连接城市北部地区：巴伦西亚的历史中

心、RENFE 中心铁路车站、科学艺术城和 Nazaretd 地区。项目的第一段线路是将城市北部地区与市中心相连接。这段工程已经开始施工。第二段线路是从北部穿过到达城市南部,计划在旧城历史中心设有 3 座车站。以上这些计划完成后,巴伦西亚将增加 52 km 的地铁和电车线,40 座新车站,网络运输可以达到运送乘客接近 100 万人。

瑞 典
Sweden

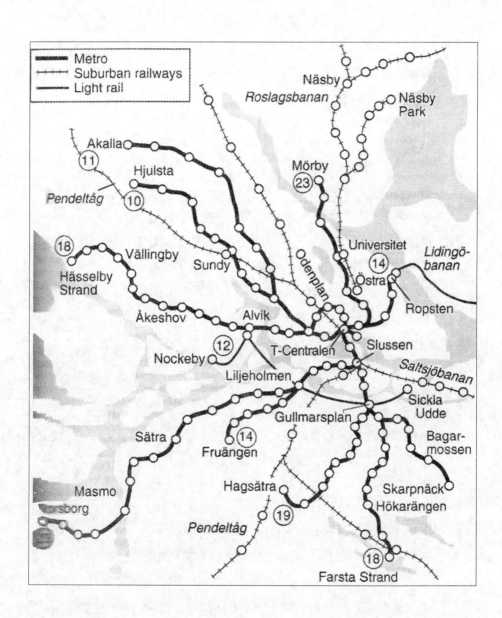

斯德哥尔摩

 人口 城市 802 622 人，市区 1 250 万人，大都市地区 1 950 万人（2008 年）。

 公共交通 斯德哥尔摩市参议会和指定委员会管理的公司按合同提供公共汽车、郊区铁路、地方铁路、电车和地铁的服务；子公司和私有合同商经营地铁、地方铁路、郊区铁路和公共汽车并经营地区所有的渡船。

 地铁

→ 运营类型：全部为地铁（T-Banan）。

→ 年客运量：

27 900 万人（2004 年）；　　　27 600 万人（2005 年）；

29 700 万人（2006 年）；　　　30 300 万人（2007 年）；

30 700 万人（2008 年）。

→ 线路长度：110 km。　　　　　→ 隧道：64 km。

→ 线路数量：3 支线。　　　　　→ 车站数量：100 座。

→ 隧道：55 条。　　　　　　　　→ 轨距：1 435 mm。

→ 轨道：平底轨 50 kg/m 钢轨。　→ 最大坡度：4.8% 。

→ 最小曲线半径：200 m。　　　　→ 隧道：混凝土、岩石和钢。

→ 供电方式：650 ~ 750 V DC，第三轨供电。

→ 运行间隔：高峰 2 ~ 5 min，非高峰 3 ~ 15 min。

→ 首/末车时间：05：00/01：00（周末夜间不停运）。

→ 票制结构：区域（3 个区）、预付车票；规定期限车票；智能卡付费系统（SL Access）。

→ 检票：在全部检票处设有三杆闸机。持磁卡车票从自动检票机进站，持定价票、单程票的乘客由人工检票进站；抽查。

→ 单司机运行：全部车辆。

→ 信号：司机室信号具有唯一在区间安装的固定线路信号，中央控制室使用无线信号与全部列车联系。

→ 监控：在 31 座车站安装 CCTV 监控旅客列车控制。

→ 车辆：244 辆旧车，277 辆新车（2008 年）。

→ 发展概况：红线的信号系统接近使用寿命终期，必须替换信号设备。在 2008 年期间需要购买先进的以无线为基础的系统。

在全线安装安全摄像系统。

蓝线延伸线已经计划从 Odenplan 车站，连接在 Solna 的新大学医院 Karolinska。

➡每周客运量：

Tvärbanan：47 000 人次；

Nockebybanan：9 000 人次；

Lidingöbanan：11 000 人次；

Saltsjöbanan：21 000 人次。

➡现状：轻轨网络为城市周边的西部和南部提供连接线路，也配合地下和郊区铁路线路。目前 Veolia Transport 经营一铁路线路。

➡发展概况：2007 年，决定在东部和北部建立新的轨道连接线。轨道东部将延伸 3.6 km 通过 Sickla 和 Hammarby Sjöstad 到 Slussen，也连接到 Saltsjö 的郊区铁路线。工程计划于 2010 年开工。轻轨北部将有 6.5 km 延伸线，从 Alvik 经过 Ulvsunda 和中心的 Sundbybery 到 Solna 和新国家剧院，工程计划于 2010 年开工。从 Ulvsunda 经 Solvalla 到 Kistad 的下一步延伸线也在计划阶段。

➡车辆：31 辆。

Bombardier FLEXITY Swift（1999 年）　　　　　　　　M22；

Bombardier FLEXITY Swift 低地板（2000 年）　　　　　M9。

哥德堡

484 942 人（2005 年），大都市区为 880 000 人。

城市计划局、运输部门和交通局负责公共汽车和电车/轻轨，以及南部群岛渡船运输和港口。经营商 Västtrafik AB. Styrsöbolaget（Connex）负责管理渡船。另外还有几个地区公共汽车和公共轨道运输（瑞典国家铁路经营）。

➡运营类型：轻轨/电车。

➡列车走行公里：1 450 万（2006 年）。　　　　➡线路长度：162 km。

其中已预留的线路占总线路长度的百分比：90%。

➡线路数量：12 条，加上 1 条仅用于高峰小时的线路。

⭢轨距：1 435 mm 。　　　　　　⭢最大坡度：6% 。

⭢最小曲线半径：17m。

⭢供电方式：750 V DC，接触网供电。

⭢车辆：219 辆。

Hägglunds M29（1969/72 年）	58；
ASEA/ASJ M28（1965/67 年）	66；
ASEA/ABB M21 关节列车（1984/91 年）	80；
AnsaldoBreda M32	15 。

⭢高峰运行车辆：168 辆（统计）。

⭢订购：订购 40 辆 M32，每月有 2 辆投入运营。按计划，交货后的第一批 40 辆车在 2008 年已经投入运营。

⭢运行间隔：高峰时段 8～10 min，非高峰时段 12～20 min。

瑞 士
Switzerland

伯尔尼

 城市 122 658 人，市区 962 968 人（2007 年）。

 城市参议会负责承担经营公共汽车、有轨电车和无轨电车的运输，分别由地区公司 RBS 经营轻轨和公共汽车运输；BLS Lötschbergbahn（BLS）经营高速铁路系统部分，Postbus 经营郊区公共汽车运输。

 运营单位：Regionalverkehr Bern-Solothurn（RBS）

➡公司职工数量：400 人。

➡现状：自从 1965 年以来，共同管理 2 条轻轨线路，1984 年公司合并，联合伯尔尼与 Unterzokikofer Jegenstorf，Solothurn 和 Worb。公司还承担经营 18 条公共汽车支线。

➡发展概况：2007 年 12 月，RBS 开始在 7 号线上按照时刻表间隔 7.5 min 运行。

➡运营职工数量：320 人。

➡运营类型：郊区轻轨。

➡年客运量：

1 930 万人次（2003 年）；   1 950 万人次（2004 年）；

2 000 万人次（2005 年）；   2 350 万人次（2006 年）；

2 450 万人次（2007 年）。

➡线路长度：57 km。   ➡线路数量：5 条。

➡车站数量：45 座。   ➡轨距：1 000 mm。

➡供电方式：1.25 kV DC（47 km），600 V DC（19 km），接触网供电。

➡发展概况：2007 年，开通了接近伯尔尼的双轨新线路。

有一个伯尔尼新车站的长期计划，SBB、伯尔尼市和伯尔尼州合作进行这项工程。

2007 年 3 月，从 Stadler 订购了 6 辆新空调低地板车，这批车辆计划于 2009 年交付，合同金额为 5 340 万瑞士法郎。当投入运营时，在伯尔尼和 Solothum 之间提供 15 min 行程的运输服务。

➡车辆：2007 年，RBS 运行 3 辆电气和 5 辆柴油车辆；33 辆 emu（95 辆组成）和 9 辆轻轨车。为了特殊交通需要保留了一些旅客车辆。

➡订购：6 辆 120 km/h、低地板 Stadler 车计划于 2009 年交付。

➡运行间隔：高峰时段为 7.5~30 min，非高峰时段为 15~30 min。

➡票制结构：区域计价。

➡与其他交通模式的连接：与 14 家公司使用联合车票。

➡逃票控制：巡回检查，对逃票者罚款。

➡对老年人/残疾人的服务：全部列车均有一个位置为低地板入口。

➡信号：ATC，单司机操作全部列车。

洛 桑

 128 432 人（2006 年）。

 议会委员会管理的公共所有制单位负责提供公共汽车、无轨电车和轻轨运营服务。正在建设胶轮地铁线路（部分线路是改造以前的轨道线）；瑞士联邦铁路负责铁路运输；另外还有地方铁路和轮船运输。

 运营单位：Light rail-Tramway du Sud Ouest Lausanne sa（TSOL）

➡运营类型：轻轨，1991 年开通运营。

➡线路长度：13.7 km（M₁ 7.8 km，M₂ 5.9 km）。

其中隧道：5.07 km（M₁ 0.7 km，M₂ 5.0 km）。

➡线路数量：2 条。

➡车站数量：29 座（M₁ 15，M₂ 14）。

➲轨距：1 435 mm。

➲供电方式：750 V DC（M_1 接触网供电，M_2 第三轨供电）。

➲现状：轻轨从 Flon 西部的市中心运行到技术学院和郊区 Renens（SBB/CFF 车站）。单轨线路有 12 个避让线，大部分在地面并与 Renens 的 SBB 列车和 Flon 的 LEB 地区铁路联合运行。

➲发展概况：2008 年 10 月，开通全自动胶轮地铁线路。

➲车辆：32 辆。

M1 线：VeVey（1990/91 年）；

M2 线：Alstom（2005/06 年）。

➲运行间隔：M1 线：10 min，夜间 15 min；早上高峰时段 5 min，M2 线：高峰时段 6 min。

➲首/末车时间：05∶16/00∶35。

➲票制结构：区域计价系统包括郊区和市内运输以及 SBB 列车；月票；24 小时车票。

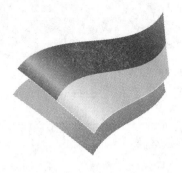

乌克兰
Ukraine

第聂伯罗彼得罗夫斯克

 人口 城市 104 万人（2007 年），都市地区 180 万人。

 公共交通 市政府提供公共汽车/电车运输、地铁。

 地铁

运营单位： Dnipropetrovskogo Metropolitenu（Dnipropetrovsk Metro）

Metropolitan Main Office

- ➡运营类型：地铁，于 1995 年开通。
- ➡年客运量：平均每年 1 500 万人次。
- ➡线路长度：7.8 km。
- ➡线路数量：1 条。
- ➡车站数量：6 座。
- ➡现状：目前线路运行列车为 3 节编组列车，运行间隔为 7 ~ 17 min。首末车为时间 05 : 30/23 : 00，车票为单一票价，单程。
- ➡发展概况：目前从中心火车站到市中心区段正在建设 3 座车站：Teartral'na，Central'na 和 Muzeyna。2008 年 1 月，宣布在 2012 年之前有新的开发计划，2 座车站从 Komunarivska（Parus、parus-2）到西部，还有 3 座或 5 座车站从 Vokzalna（Teatralna、Centralna、Muzeyna、Dnipro、Privdenny Vokzal）到东部。Privdenny Vokzal 车站连接到 Dnipropetrovsk Privdenny（Dnipropetrovsk 南部）。第一条线路总长 11.8 km，共 9 座车站。长期计划拟议了一个 3 线网络，总长 80 km。

哈尔科夫

 人口 150 万人。

 公共交通 有公共汽车和有轨电车/无轨电车服务；有私营的出租小公共汽车运行（Marshrutkas）；还有地铁。

 地铁

运营单位：Kharkov Metro

Kharkiv Regional State Ad ministtration

➡ 运营类型：全部为地铁，于 1984 年开通。

➡ 年客运量：（平均每年）36 000 万人次。

➡ 线路长度：35.3 km。　　➡ 线路数量：3 条。

➡ 车站数量：28 座。　　　➡ 轨距：1 524 mm。

➡ 最大坡度：4%。　　　　➡ 最小曲线半径：300 m。

➡ 供电方式：750 V DC，第三轨供电。

➡ 运行间隔：高峰时段为 2.5 min（红线和蓝线）、3 min（绿线），非高峰时段为 3~4 min。

➡ 首/末车时间：05:30/00:30。

➡ 票制结构：单一票价，月、季卡。

➡ 检票方式：预先购买代用币或磁条季票通过入口。

➡ 信号：列车自动控制、司机室信号、速度自动控制、无信号、控制中心和列车之间使用无线通信。

基辅

 人口 270 万人（2005 年）。

 公共交通 市营公司提供公共汽车、有轨/无轨电车和缆索车运输服务；地铁为公有，还有郊区铁路、轮渡；私营小公共汽车由城市政府调节。

2007 年 8 月，EBRD 提供贷款总额 1 亿欧元。贷款分两次，第一次 6 000 万欧元付给 Kyivpastransns，第二次 4 000 万欧元付给 Kyivsky Metropolitien（基辅地铁），两部分贷款都有新车和配件。

➡ 运营单位：Kyivsky Metropolitien（基辅地铁）。

➡ 运营类型：全部为地铁，于 1960 年建造第一条线路。

➡ 年客运量：64 400 万人次（2008 年）。

➡ 线路长度：59.9 km。　　　　　其中隧道长度：51.8 km。

➡ 线路数量：3 条。　　　　　➡ 车站数量：46 座。

➡ 轨距：1 520 mm。　　　　　➡ 最大坡度：42%。

➡ 最小曲线半径：大部分 300 m，Svyatoshinsko-Brovarskoy 线路为 200 m。

➡ 供电方式：825 V DC，第三轨供电。

➡ 现状：Kyivsky Metropolitien（基辅地铁）是市政所有公司。

➡ 发展概况：2008 年 5 月，开通了 1 km 延伸线，从 Boryspil's'ka 到 Chervony Khutir，设 1 座车站。

　　2 号线的新区段（Kurenivs'ko-Chervonoarmiys 线—蓝线）在建，延伸南部线路，从 Lybidskaya 到 Vystavkovyi Tsentr/展览中心（长 4.99 km，4 座车站），计划于 2010 年完成这段线路。到 Odesska 4.1 km 的延伸线，有 3 座车站，计划于 2014 年开通。

　　计划了另外两条线路，Podisko Vygurivska 线（4 号线）和 Livoberezhna 线（5 号线）。

➡ 车辆：664 辆。

　　Mytischy E，EЖ，81-501，81-502，81-714，81-714.5 M，81-717.5 M，81-553，81-554，81-55。

➡ 首/末车时间：05:51/00:41。

➡ 运行间隔：高峰时段为 50 s～3 min，非高峰时段为 3～7 min，21:00 点后为 9～18 min。

➡ 票制结构：

　　固定票价，单次代用币，各种通票，优惠的学生票。

➡ 售检票方式：预先购买代用币或磁条季票通过入口。

➡ 与其他交通系统的连接：与有轨/无轨电车或公共汽车的衔接。

➡ 单司机运行：全线。

➡ 信号：列车自动停车控制；控制中心和列车之间使用无线通信；CTC；在全部车站均设有 CCTV；运输中心、电力和环境系统控制。

北美洲
North America

北美洲

欧洲   亚洲

非洲

南美洲

大洋洲

加拿大
Canada

卡尔
加里

城市 98.8193 万人，市区 110 万人（2006 年）。

公共交通：公共汽车和轻轨系统由市政府运营。

➥ 运营类型：轻轨，始建
于 1981 年。

➥ 年客运量：

3 120 万人次（2003 年）；

3 470 万人次（2004 年）；

3 610 万人次（2005 年）；

3 950 万人次（2006 年）；

4 570 万人次（2007 年）。

➥ 列车走行公里：

364 万（2004 年）；

379 万（2005 年）；

402 万（2006 年）；

371 万（2007 年）；

➥ 线路长度：44.9 km。
其中隧道 2.9 km。

➥ 线路数量：2 条。

➥ 车站数量：37 座。

➥ 轨距：1 435 mm。

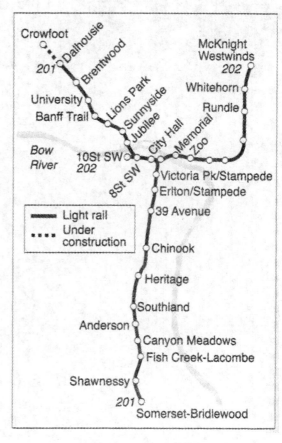

➡轨道：60 kg/m Ri-60 钢轨固定在混凝土轨枕的道砟道床上。在隧道和城市中心之间采用 50 kg/m ARA 100 T 焊接轨道，固定在水泥混凝土板上。

➡最大坡度：6%。

➡供电方式：600 V DC，接触网供电。

➡现状：在 2001～2003 年之间，卡尔加里运输部门提交了 32 个 SD160LRV 特色的 AC 和 IGBT 推进技术。SD160 是基于 SD100LRV，为六车轴车辆，长度为 23 m，可承载 200 名乘客。它有八个滑动门，能与站台上屏蔽门同步操作。已经订购。卡尔加里的轻轨系统中西门子生产的车辆 117 个。

➡发展概况：西北线到 crowfoot 的扩大计划已于 2008 年布置。根据计划，在 2014～2023 年期间，城市要替换 50 辆 U2LRV 型车，购买 25 辆 LRV 型车，更换为 LRV 型车辆已经获批。2007 年，卡尔加里运输部门接受了一个额外的 27 辆 SD160LRV 型车的订单共 149 辆。在 2008 年年初，7 辆 SD160 型车将被使用。2007 年 12 月，延长至 McKnight Westwinds 的线路。

➡车辆：149 辆。

西门子-Duewag U2（1981 年）；

西门子-Duewag U2（1983/85 年）；

西门子-duewag U2 AC 推进型；

西门子 SD160AC 推进型。

➡订购：2008 年购置了 7 辆西门子 SD160LRV 型列车。

➡高峰运行车辆：120 辆。

➡运行间隔：高峰时段 5 min，中午 10 min，非高峰时段 15 min。

➡票制结构：单一票制类似公交车，在第七大道区域商业区 2km 范围内免费。月票公交换乘票。

➡检票：半自助式服务，乘客自觉买票，通过检票机在票上打印起始时间。储值票在站台上的检票消除器上消除次数。

➡与其他交通方式的连接：在大多数车站与公交接驳。停泊转乘车位 12 305 个。

➡逃票控制：督察员巡视（保安服务人员）

➡单司机运行：全部线路。

➡信号：在所有的联结点和终端上安装自动闭塞连锁装置，自动开关和车

加拿大 Canada

站控制信号在大众运输系统中由车载的 VETAG 系统控制，所有的列车移动由无线电控制中心监控。

埃德蒙顿

 人口 城市 752 412 万人（2008 年），中心地区 108 万人（2007 年）。

 公共交通 公共汽车、无轨电车和轻轨系统由市政府负责管理，另外还有两个小的郊区公交系统。

 轻轨

➡运营类型：轻轨，始建于 1978 年。

➡列车走行公里：

270 万（2004 年）；　　　　　　270 万（2005 年）；

285 万（2006 年）；　　　　　　301 万（2007 年）；

306 万（2008 年）。

➡线路长度：16 km。

➡线路数量：1 条。　　　　　　　➡车站数量：13 座。

➡轨距：1 435 mm。　　　　　　　➡隧道：明挖和开凿。

➡供电方式：600 VDC，接触网供电。

➡现状：轻轨线从东北部的 clareview Emonton 延长至南部的大学校园站，全长 16 km 共设 13 座车站。

➡发展概况：南部 LRT 区域扩展工程于 2009 年 4 月展开，包括两个新的车站。该工程长 5.5 km，从南部大学校园站到中心公园站。其他线路网络扩建的提议有：从市中心到 NAIT 的线（工作已经进行），西 LRT 线到 Lewis Estates，南 LRT 线从中心公园到城市南线的未来扩展，东南 LRT 线从 Mill Woods 到商业区，以及东北 LRT 线从 Clareview 到 Gorman。首批最新的西门子 SD-160 车辆在 2009 年 1 月投入商业运营服务。旧的车辆将在五年内被更新换代。

➡全部车辆：57 辆铰接车辆。

西门子/duewag（1978 年）；　　　　西门子/duewag（1979 年）；

西门子/duewag（1982 年）；　　　　西门子 SD160（2009 年）。

➡高峰运行车辆：31 辆。

➡订购：总共 37 辆西门子 SD160 双节高地板 LRT 车在 2009 年 10 月交付。

➲ 发车间隔：5 min。

➲ 与其他交通方式的连接：普通车票在公共汽车和 LRT 之间使用，以及在非高峰期循环承载。

蒙 特 利 尔

 人口　城市 162 万人，市区 332 万人，大都市区 364 万人（2006 年）。

 公共交通　在蒙特利尔岛有公共汽车和地铁，由蒙特利尔城市委员会运营，也负责城市铁路服务地区交管局的监督运营。其他公共汽车运营者 STL 和 RTL 提供南北岸区的运输。

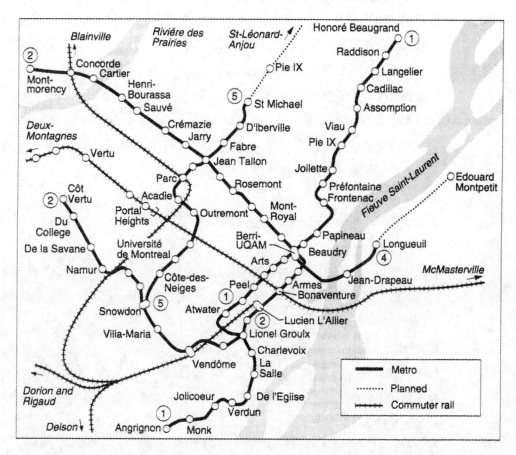

 地铁
➲ 运营类型：全部为橡胶轮胎式地铁，始建于 1966 年。

➲ 年客运量：

25 550 万人次（2006 年）；　　223 500 人次（2007 年）；

233 400 人次（2008 年）。

⬡列车走行公里：

6 900 万（2006 年）； 6 480 万（2007 年）；

7 570 万（2008 年）。

⬡线路长度：71 km。 ⬡线路数量：4 条。

⬡车站数量：68 座。 ⬡轨距：1 435 mm。

⬡轨道：35 kg/m 安全轨，固定在 254 mm 宽的混凝土走行轨和横向导向杆上。

⬡最大坡度：6.5%。

⬡最小曲线半径：140 m。

⬡隧道：大约 30% 是开挖式施工。

⬡供电方式：750 V DC。

⬡现状：2009 年 9 月，蒙特利尔市、魁北克政府、隆格伊市和、拉瓦尔市同意延长蒙特利尔地铁系统（20 km）。2012 年，成立以一个项目管理公司，负责协调管理所有的研究成果。

⬡发展概况：购买新的地铁车辆 STM 代替已经运行了 350 万 km 的 336MR-63 车。根据项目日程，它们将从 2012 年起在三年内被逐渐替换。自此，原来的地铁车辆已经运行了 46 年。2008 年年末，bombardier 和 alstom 联合提交了投标来替代地铁车辆。

⬡车辆：759 辆。

MR063 canadian Vickers（20 世纪 60 年代）；

Mr-73 bombardier（20 世纪 70 年代）。

⬡发车间隔：高峰时段 3 ~ 4 min（绿、橙线），4 ~ 6 min（黄线），5 ~ 6 min（蓝线）。非高峰时段 7 ~ 12 min（绿、橙线），10 min（黄线），7 ~ 11 min（蓝线）。

⬡首/末车时间：5:30/1:00。

⬡单司机运行：1、2、5 号线。

⬡车站：不用通过人行横道进入车站，入口在远离街道的建筑中或商业区的建筑中。

⬡票制结构：区域计价。

⬡检票方式：所有车站都安有磁卡检票机，2008 年 4 月到 2009 年 6 月安装了新式的 Opus 智能卡检票系统。

⬡安检：132 名治安警在全线网中巡逻。

⬡信号：ATC 和 ATO 信号系统。

多伦多

 城市 250 万人，市区 475 万人，大都市区 560 万人（2006 年）。

 运输委员会提供公共汽车、地铁、电车和先进的轻轨服务，负责多伦多市的交通，公共汽车和轨道交通的运营由 GO Transit 负责。

加拿大 Canada

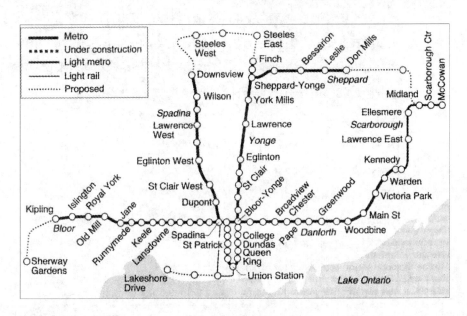

➥运营类型：全部为地铁，始建于 1954 年。

➥年客运量：163 400 万人次（2002 年）。

➥列车走行公里：

76 300 万（2002 年）　　78 400 万（2004 年）。

77 700 万（2005 年）。

➥线路长度：61.9 km。　　➥线路数量：3 条。

➥车站数量：64 座。　　➥轨距：1 495 mm。

➥轨道：57.5 kg/m T 型钢轨，明挖，传统道砟道床和轨枕，新建路段为混凝土轨枕。盾构隧道，混凝土道床，双块式混凝土轨枕安装在有缓冲的橡胶垫上。

➥隧道：明挖回填路段，钢筋加固结构浇筑的混凝土沉箱。盾构隧道，盾构掘进预制混凝土衬砌或铸铁衬砌。

➥供电方式：600 V DC，第三轨供电。

➥发展概况：28 个主要的车站安装了电梯。新的 T1 型车辆将投入使用，在门更宽，清理中心过道，留出固定轮椅的位置。19 个车站将变得十分方便。

　　所有的地铁车辆（包括 Scarborough RT 车）可以让乘客携带轮椅、单脚滑行车或其他行走移动工具。TTC（多伦多交通委员会）有 372T-1 地铁车辆（超过 50%）。这些车有放置轮椅或单脚滑行车的位置。T-1 型列车在所有三条地铁线上运行，即 bloor-danforth，yonge-university-spadina 和 sheppard。TTC 计划从 2009 开始订购 234 辆新车。这些车将有新的安全性能，如开放的布局，为了更好地紧急疏散乘客，设立了斜坡；搭载的 LCD 信息屏和安全摄像头组成乘客安全报警系统。购买的新车将从 2009 年年初到 2011 年年底完成。在 Union Station 的站台将扩大；正在建造第二个站台，当污水管位置确定后，建造在 2008 年开始。项目估计将花费 9 000 万于 2011 年竣工。

◗车辆：722 辆

Hawker Siddeley Canda H4	（1974/75 年）	M88；
Hawker Siddeley Canda H5	（1976/79 年）	M136；
UTDC/Can-Car Rail H6	（1986/89 年）	M126；
Bornbardier T1	（1995/1999 年）	M372。

◗高峰运行车辆：556 辆。

◗订购：39 列 6 节编组 Bombardier 地铁车。

◗发车间隔：高峰时段 2.5 ~5.5 min，非高峰时段 4 ~5.5 min。

◗首/末车时间：5:31/2:14。

◗票制结构：单一票制，与地面交通系统免费换乘。

◗检票方式：普通的和为残障人轮椅通过的转杆式闸机；普通单程票和月票通过的转杆式闸机；高旋转栅门设在自动入口区域。

◗换乘方式：在 36 个车站可与地面交通系统免费换乘；在 29 个车站有免费提供的换乘线路图。

◗对老年人/残疾人的特殊服务：正在 23 个车站改善通道，19 个站现在已将近完成。

◗单司机运行：无。

◗信号：自动闭塞区间和连锁信号以及道旁信号。

◗集中控制：列车调度与控制中心控制系统，在 Scarborongh ICTS 线安装了此系统。

◗监控：各车站指定的候车区都有灯光明亮的区域供闭路电视系统的摄像监督，并配有电话对讲系统。

- 运营类型：传统有轨电车/轻轨。
- 年客运量：

  4 060 万人次（2002 年）。

- 列车走行公里：

  1 130 万人次（2002 年）；　　1 220 万人次（2004 年）。

  1 180 万人次（2005 年）。

- 线路长度：190km。　　　　　- 线路数量：11 条。
- 轨距：1 495mm。　　　　　　- 轨道：57.5 kg/m T 型钢轨。
- 供电方式：600 V DC，接触网供电。
- 发车间隔：高峰 2.5～10 min，非高峰时段 5～20 min。
- 票制结构：普票；免费换乘票；储值的单一行程和多次行程票；日票、周票和月票。
- 检票方式：在公共汽车、电车、轻轨和地铁之间的无缝衔接中，有进入时支付票款，也有上车时的支付。在上车前入口处用现金购单程票或换乘票。在公交车和电车及轻轨车上购票为投币不设找赎式购票。在皇后大街线有付款凭据。
- 单司机运行：全部列车。　　　- 车辆：248 辆。

  Utdc/seiss industrial l1（1977/1978 年）；

  Utdc/hawker siddeley canada 12（1979/81 年）；

  Utdc/can-car rail 13（1987/1989 年）。

- 高峰运行车辆：200 辆。
- 发展概况：为了开启多伦多运输城市 120 km 的轨道交通扩展计划，为了确保多伦多公共交通的普及，最终决定有轨电车/轻轨路线工程继续进行，TTC（多伦多公共交通）正在开始获得新的 LRV（轻轨电动车辆）的计划。第一个 LRV 原型计划 2010 年到达多伦多。

Scarborough RT（中等载客量运输系统）

- 运营类型：1985 年通车，中型载客量，先进的轻轨交通系统。
- 年客运量：

  410 万人次（2002 年）；　　440 万人次（2004 年）；

  430 万人次（2005 年）。

- 线路长度：6.4 km。　　　　　- 高架：2.3 km。
- 线路数量：1 条。
- 车站数量：6 座。

⬗ 轨距：1 435 mm。

⬗ 轨道：115lb/Yd 连续焊接 T 型钢轨固定在带橡胶绝缘的混凝土道床上。

⬗ 最大坡度：5.2%。

⬗ 最小曲线半径：常规 35 m，最小 18 m。

⬗ 供电方式：600 V DC，不接地供电系统，从两条供电轨和反馈轨接收电流。

⬗ 发车间隔：高峰时期 3.5 min，非高峰时期 5.5 min。

⬗ 票制结构：单一票制，免费换乘。

⬗ 检票方式：使用传统的、乘车代币或月票通过闸机；人工目测监督。

⬗ 与其他交通系统的连接：全部与多伦多城市交通系统（TTC）相匹配。

⬗ 单司机操作：无。

⬗ 集中控制：全部自动与手动操作相结合。

⬗ 信号：运行区间，集中控制与调度控制。

⬗ 车辆：28 辆。

　UTDC/V　　　　　　　　　entureTrans S1（1984/85 年）。

⬗ 高峰运行车辆：24 辆。

⬗ 现状：这条全自动化系统连接 Scarborough 和肯尼迪地铁站，其车辆的运行通过在传统钢轨轨道上的线性感应电机供电。

⬗ 发展概况：研究确定替代这个老化系统的三个可能选择：用更长的车代替已有的车并扩大站台，建立轻轨系统，建立新的地铁系统。

温哥华

 城市 61.2 万人，市区 225 万人（2007 年）。

 公共汽车、无轨电车、渡船（海上公交）、全自动空中列车运输系统由 South Coast British Columbia Transportation Authority（SCBCTA 南海岸不列颠哥伦比亚省运输管理局）经营，是从 1999 年 4 月，由 BC Transit 公司，温哥华一个地区的公共运输公司负责承担。SCBCTA 从 1999 年到 2007 年年底作为大温哥华运输机构（GVTA）的立法更名、治理和潜在的地理区域被人所知。联线扩展计划、资金和公共运输系统的资产，由分公司和承包人提供服务。West Coast Express 作为 GVTA 的分公司提供商业铁路服务。

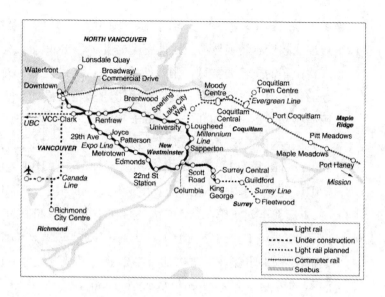

 大不列颠哥伦比亚快速交通有限公司（空中列车）

➡️职工数量：540 人。

➡️运营类型：自动化中型运量地铁（轻轨快速交通系统），于 1986 年开通，于 1990 年、1994 年、2002 年逐渐扩展。2006 年 1 月扩展 1 km。

➡️背景：由 SCBCTA 的分公司 BC 高速交通公司运营。

➡️年客运量：

6 200 万人次（2003 年）；   6 500 万人次（2004 年）；

6 630 万人次（2005 年）；   6 950 万人次（2006 年）；

7 120 万人次（2007 年）。

➡️列车走行公里：

3 350 万（2003 年）；   3 370 万（2004 年）；

3 600 万（2005 年）；   3 540 万（2006 年）；

3 490 万（2007 年）。

➡️线路数量：2 条（Expo 线和 Millennium 线）。

➡️线路长度：50 km。

其中隧道：2.5 km。

高架：43.5 km。   地面：3 km。

➡️车站数量：33 座。

➡️轨距：1 435mm。

➡️轨道：主要是轻型、预应力混凝土高架导轨，47.7 kg/m 钢轨直接固定在混凝土道床上。

➡供电方式：600 V DC，从轨旁（2 个垂直系列）的电刷处获取电源，通过变频变压转换器馈入线性感应电机。

➡现状：车辆是轻型重量，用线性感应马达提供能源，并有可控易操纵的转向架来降低噪声、震动、轨道与车轮磨损。Mark Ⅰ型车一般用四辆编组列车（300 人），Mark Ⅱ型车大多是两编组列车（260人）。一些四节编组的 Mark Ⅱ型车在周末高峰时期运行（520 人）。Millennium 线在 2002 年 8 月开通。不列颠哥伦比亚省提供资金的 CAD12 亿项目增加了系统的长度，从 29 km 延长到了 49 km，增加了 11 座新车站。第 12 座车站坐落在中路，于 2003 年 11 月开通，并且 2006 年 1 月线路新增车站达到第 13 座车站。60 个 Bombardier 建造的 Mark Ⅱ型车于 2002 年引进，提供新线的服务并提高老线 Expo 线的运力。从 Waterfront 站到 Columbia 站作为两条线具有共线的区间，这两条线都用上了新车。2007 年，在两个早高峰 Broadway 和 Waterfront 之间的小高路折返列车，来帮助缓解线上潜在的人群压力，客流量超过了 10 500 人/小时。

➡发展概况：Millennium 线上从 Commercial Drive 站到 VCC-Clark 站 1 km 的延长线于 2006 年 1 月开通。2006 年后期，Bombardier 赢得了提供 34 辆先进快速交通（ART）Mark Ⅱ型车的合同，目的是为了增加空中列车系统的运力。合同价值大约 7 700 万欧元并且包括进一步选定的 38 辆车。第一批协议中的 14 辆车已经于 2007 年年底交付使用。第一批其他车辆的计划在 2008 年年底到 2009 年完成。2006 年年底空中客车系统在除了最后的车站 Granville 站都安装了电梯。

➡车辆：210 辆。

UTDC（Mark Ⅰ）（1985/89/94 年）　　150 辆；

Bombardier（Mark Ⅱ）（2002 年）　　60 辆。

➡高峰运行车辆：192 辆。

➡订购：48 Bombardier 先进高速交通（ART）MK Ⅱ型车辆。

➡发车间隔：高峰时段 2～5 min，非高峰时段 3～8 min。

➡首/末车时间：平日为 5∶00～2∶00，周六为 6∶00～2∶00，周日和假日为 7∶00/1∶00。

➡与其他交通系统的连接：所有的票价对于公共汽车、无轨电车、空中列车和 Seabus 都一样。除了一个车站其他所有车站都连接着公共汽车线路车站。

➡售票：在自助式售票机中购票，机器可接受现金、信用卡和银行借记卡。

➥ 票制结构：基于时间和距离。三个分区票价在工作目的 04∶00～18∶30 实行。在工作日的 18∶30 和星期六、日全天以及假日实行单一票价。免费换乘，90min 内行程有效。有月票、10 天本票、低收入的老年人使用的低价票 63 000 名大学生使用的学生乘车证。

➥ 逃票控制：支付的凭据由巡视检票员检查。没有买票的可以在车站和车上的付费区办理。

➥ 信号：由中央计算机的 Seltrack 系统控制。全部列车均为无人驾驶，只有巡视员在列车及车站巡视。

➥ 老年人/残疾人的特殊服务：所有列车均装备了为轮椅设置的底开门车辆。残疾人可以方便出入所有车站。

➥ 自行车空间：除了在高峰方向的工作日高峰时段，其他时间允许两个自行车存放。

渥太华

 城区 81.212 9 万人，市区 117 万人（2006 年）。

 OC Transpo 提供渥太华的公共运输服务。城市委员会制定运输政策和引导服务的改进。运输服务的董事掌管在政策和政府预算范围内的运输系统，并且报给城市代理负责人公共工作服务（PWS）机构，这个机构再上报给运输委员会。运输委员会指定了九个委员会的成员。

 Light rail O-Train

➥ 最小间隔：15 min。

➥ 现状：2001 年 10 月在 Bayview 和 Greenboro 之间的一条 8 km 货运既有线 CP 铁路开通内燃机车项目。工程有三列 Bombardier Talent BR643 车辆，每列车有 135 个座位和 150 个站位。每个单位长 48 m，宽 2.9 m，重 72 000 kg，最高时速 120 km。此条线路是单轨运行，设 5 个车站。在这条线路中途点 Carleton 站设置过轨线路。平日每天平均客流量是 10 194 人。

➥ 发展概况：这个领航项目是通向全市性的轻轨系统的第一步。2006 年 12 月投票后终结了南北轻轨项目，城市委员会正在考虑其他的可行的快速发展运输方案。

墨西哥
Mexico

墨西哥城

 人口 联邦区 870 万人（2009 年），大都市区 1 810 万人。

 公共交通 市区服务的无轨电车、轻轨、地铁和部分公共汽车由独立的公共机构经营，许多特许经营的辅助公共汽车服务由统筹机构总体控制。大量的私人公共汽车公司"colectivo"一起提供出租车服务和郊区公共汽车服务。

 轻轨

轻轨（TrenLigero）

➭年客运量：

  1 830 万人次（2005 年）；1 970 万人次（2006 年）；

  2 100 万人次（2007 年）；2 050 万人次（2008 年）；

➭线路长度：12.66 km。

➭线路数量：1 条。　　➭车站数量：16 座（加 2 个终点站）。

➭最大坡度：1%。　　➭最小曲线半径：30m。

➭供电方式：750V DC，接触网供电。

➭现状：连接地铁 2 号线霍奇米尔科 Tasqueña 总站。

➭发展概况：2008 年年底，霍奇米尔科一个新的总站完成投入使用。

➭车辆：20 辆。

  西门子 TE-90 铰链式（articulated）（1990 年）　　　　　　M12；

  西门子 TE-95（1992 年）　　　　　　M4；

  西门子 TE-06（2008 年）　　　　　　M4。

➭高峰运营车辆数：18 辆。

- 订购：庞巴迪于 2009 年年底交付 4 节 6 轴铰链式 LRVs。

- 运行间隔：高峰时段 3.5 min，非高峰时段 6 min。

- 首/末车时间：05：00/23：00。

- 票制结构：单一票制；单程。

- 检票方式：全站机器售票，使用磁卡通过旋转式栅门进入。

- 对老年人/残疾人的特殊服务：政府颁布法令，老年人交通免费，于 2001 年 12 月 27 日生效。

Sistema de TransporteColectivo（STC）

- 运营类型：全线地铁，第一条线路于 1969 年开通。

- 线路长度：201.4 km。　　　　　其中隧道：113.3 km。

　其中高架：18.5 km。　　　　　- 线路数量：11 条。

- 车站数量：175 座。

- 轨距：1 435 mm（除了 A 线 Auxiliary guide rails 的辅助导轨）。

- 轨道：导轨为橡胶轮胎，安全轨（39.6kg/m）；A 线钢轮（56.9kg/m 钢轨）。

- 最大坡度：7%。　　　　　　　- 最小曲线半径：105 m。

- 隧道：复线钢筋混凝土灌注或者隧道暗挖。

- 供电方式：750 V DC，两侧导向轨供电；Line A，接触网供电。

- 运行间隔：高峰时段 1 min 55 s。

- 首/末车时间：05：00/24：00。

- 票制结构：单一票价；单程。

- 检票方式：旋转式栅门。

- 运营成本来源：票款收入占 42.4%，其他商业收入占 4.6%，联邦区政府占 42.5%，联邦建设（FIES）占 10.5%。

- 与其他交通系统的连接：有 52 个站与其他线路连接，一个连着 STE，44 个连着 CETRAMS。

- 单司机运行：全部运营线路。

- 信号：自动闭塞和联锁；ATO；三个控制中心。

- 车辆：3 139 辆（除了 A 线的钢轮，其他均为橡胶轮胎）

　阿尔斯通 MP68（1969/73 年）　　　M352 T176；

　CNCF NM73A-B-C（1975/79 年）　　M131 T114；

CNCF NM79（1980/83 年）　　　　M350 T177；

阿尔斯通 MP82（1982/83 年）　　　M150 T177；

庞巴迪 NC82（1982/83 年）　　　　M120 T60；

CNCF NM83A（1984/85 年）　　　M184 T91；

CNCF NM83B（1986/89 年）　　　M150 T174；

CNCF FM86（1990/92 年）　　　　M80 T86；

CNCF FM95A（1998/99 年）　　　M12 T6；

CAF NE92（1994/95 年）　　　　　M96 T48；

庞巴迪 NM02（2004/06 年）　　　M270 T135；

蒙 特 雷

 城市为 110 万人，大都市区为 380 万人（2005 年）。

 公共汽车服务由公共机构监督；还有轻轨/地铁服务。

◒ 运营类型：轻轨，首条线路（1 号线）于 1991 年开通。

◒ 年客运量：

5 150 万人次（2004 年）； 573 万人次（2005 年）；

602 万人次（2006 年）； 6 590 万人次（2007 年）。

◒ 线路长度：33.5 km。 ◒ 线路数量：2 条。

◒ 车站数量：32 座。 ◒ 轨距：1435 mm。

◒ 供电方式：1.5 kV DC，接触网供电。

◒ 现状：1 号线是 L 型高架线路，贯通东—西和南—北，连接西北 San Bemabé 和东南 Exposición。2 号线首段（4.8 km，6 座车站）于 1994 年 11 月投入运营，从 General Anaya 到 Fundadores，贯通南北，从 Zaragoza 到商业区 Monterrey，贯通东西。计划增加 3 号线、4 号线和 5 号线，加上现有线路延长，将形成路网格局，总线网长度超过 90 km。

2002 年 6 月，1 号线延长线——从 San Bemabé 到 Talleres 开始运营。

地铁使用"清洁"能源，这种绿色能源由有机垃圾分解产生的沼气生成。

◒ 发展概况：2007 年 10 月，向北延长的 2 号线首段开通。它从 General Anaya 到 Uniersidad（3.2 km，3 座车站）。其他 4 座车站于 2008 年 10 月开通，连接 Universida 到新终点站 Sendero（5.3 km，4 座车站）。2 号线延长线有 7 座地下站和 6 座高架站，连接商业区与蒙特雷北部部分郊区。

◒ 车辆数：84 辆铰链式车。

Concarril MM90（1990 年） M25；

Concarril MM90（1993 年） M23；

CAF 2 号线 MM93（1994/95 年） M22；

庞巴迪 MM05（2005 年） M14。

◒ 运行间隔：高峰时段 4 min12 s；非高峰时段 8 min。

◒ 首/末车时间：05：00/24：00。

◒ 票制结构：一票制。

◒ 检票方式：可重复使用非接触式的智能塑料磁卡，计次票。

◒ 运营成本来源：票款收入占 100%

Transmetro 和 Metrobus

在 9 条线路上 Transmetro 公共汽车服务有超过 80 辆公共汽车在运转，为改善公共交通覆盖面，由一个私人经营者提供，这项服务由 Me-

墨西哥

Mexico

trorrey 监管它为 103 000 个居民提供 5min 间隔的服务，全天运行时间为从 05：30 到 22：30。地铁车票包含一次免费换乘 Transmetro 服务。Metrobus，一种独立运营的公共汽车，也连接 Metrorrey 车站，使用综合车票系统，可以允许乘客乘坐地铁和 Metrobus。Metrobus 日均载客人数超过 45 000 人。

瓜达拉哈拉

 城市 160 万人，大都市区 410 万人。

 无轨电车和部分公共汽车服务由政府机构和政府所属企业经营。轻轨服务；大部分公共汽车服务由合作社成员独立经营。

轻轨

- 运营类型：轻轨，1989 年第一条线路开始运营。
- 年客运量：5 080 万人次（2001 年），6 210 万人次（2006 年）。
- 列车走行公里：540 万（2006 年）。
- 线路长度：24 km。
- 隧道：15. 1 km。
- 线路数量：2 条。
- 车站数量：29 座。
- 轨距：1 435 mm。
- 轨道：115RE 52 kg/m 混凝土轨枕。
- 供电方式：750 V DC，接触网供电。
- 车辆：48 辆。

  Concarril/Melmex TLG88（1989 年） M16；

  庞巴迪/西门子（Bombardier/Siemens）TEG90（1993/94 年） M32。
- 高峰运行车辆：40 辆。
- 运行间隔：高峰 5 min，非高峰 10 min。
- 首/末车时间：05：00/22：57。
- 票制结构：阶段；1、2 号线换乘需要付费。
- 检票方式：硬币或者纸币过旋转式栅门；磁卡
- 与其他交通系统的连接：公共汽车运送到每个终端。
- 运营成本来源：票款收入占 60% 。

  公共汽车
- 现状：作为轻轨路网的支线，按照合同，7 条线路、27 辆车延伸至 29 km。

美 国
The United States of America

亚特兰大

 城市人口为 537 958 人，大都市地区人口为 540 万人（2008 年）。

 在亚特兰大市和 Fulton、Cu Kalb 县，由 18 名议员委员会管理的运输局提供公共汽车和地铁，临近 Cobb 县的公共汽车与运输局设施连接，建议修建电车和市郊轨道线路。

- 运营类型：全部为地铁，于 1979 年开通。
- 年客运量：6 920 万人次（2006 年）。
- 列车走行公里：3 390 万（2006 年）。
- 线路长度：77. 2 km。
- 线路数量：3 条。　　　　 车站数量：38 座。
- 轨距：1 435 mm。
- 线路：混凝土道床上为 51. 1 kg/m 119RE 焊接长钢轨，在有居民区线路，为了降低噪音，轨道线路安装了橡胶弹性垫，地面和高架线路上有降噪防护屏设施。
- 最大坡度：3%。
- 最小曲线半径：230 m。
- 供电方式：750 V DC，第三轨供电。
- 运行间隔：8 min。
- 首/末车时间：
  05：00/01：00（星期一至星期五），05：00/00：30（周末和节日）。
- 票制结构：单一票价，设施内免费换乘，周票和月票，代币。
- 逃票控制：自动旋转栅门接受硬币、代币、磁性换乘车票、智能卡、周票和月票，全部车站有 CCTV，无人值守。

⮕与其他交通系统的连接：全部车站有公共汽车支线，24 座停车场车站有 20 000 个停车位。

⮕对老年人/残疾人的特殊服务：使用轮椅可进入全部车站。

⮕信号：ATP、ATO 和线路自动监控。

⮕车辆：338 辆。

⮕高峰运行车辆：160 辆。

⮕发展概况：目前 MATRA 正在重新建造轨道车辆中最老的 218 辆车。2006 年交付 24 辆，12 辆投入运行。

同时也承担重新建造和更新轨道线路的工程。

巴尔的摩

 城市人口为 637 455 人（2007 年），大都市地区人口为 267 万人（2008 年）。

 马里兰运输局（MTA），马里兰运输部门的一个机构管理公共汽车、地铁、轻轨运营。按合同经营公共汽车和轨道运营。Water 市郊出租车运营。建议巴尔的摩至华盛顿修建磁悬浮车辆线路。

⮕职工数量：354 人。

⮕运营类型：全部为地铁，于 1983 年开通第一条线路。

⮕年客运量：1 390 万人次（2008 年）。

⮕线路长度：23.7 km。　⮕隧道：7.2 km。

⮕线路数量：1 条。　⮕车站数量：14 座。

⮕轨距：1 435 mm。　⮕最大坡度：4%。

⮕线路：57.5 kg/m RE 焊接轨道。

⮕供电方式：700 V DC，第三轨供电。

⮕运行间隔：高峰段 8 min，非高峰 10～15 min。

⮕首/末车时间：05：00/24：00。　⮕票制结构：单一票价。

⮕逃票控制：自动进入门，售票机、人工售票。

⮕与其他交通模式的连接：公共汽车/轻轨/地铁换乘车票。

→ 对老年人/残疾人的特殊服务：轮椅可进入全部车站。

→ 信号：ATO，全部列车单人操作。　　　→ 运营财政费用：车票32%。

→ 车辆：100辆。

Transit America（1983年）　　　　　　　M72；

Transit America（1986年）　　　　　　　M28。

→ 职工数量：248人。

→ 运营类型：轻轨，于1992年开通首条线路。

→ 年客运量：790万人次（2008年）。

→ 线路长度：40.5 km。　　　　　　→ 线路数量：1条。

→ 车站数量：33座。　　　　　　　　→ 轨距：1 435 mm。

→ 供电方式：750 V DC，接触网供电。

→ 运行间隔：15min。　　　　　　　→ 首/末车时间：05：00/24：00。

→ 票制结构：单一票价。

→ 检票方式：在全部车站均设有售票机。

→ 逃票控制：流动运输警察和车票检察员。

→ 对老年人/残疾人的特殊服务：轮椅全可进入。

→ 与其他交通模式的连接：在市中心Howard大街上换乘公共汽车。

→ 信号：ATO，全部列车单人操作。

→ 车辆：53辆。

Adtranz　　　　　　　　　　　　　M17；

Adtranz 44（1997/98/99年）　　　M18；

其他　　　　　　　　　　　　　　M18。

→ 现状：在Cromwell已经建立了一个新的轻轨车辆段。

　　　正在研究从Cromwell到Glen Burnie（3km）的延伸线，准备从3种建议来选择出线路走向。

　　　轻轨复线项目

　　　项目回顾：轻轨双线项目包括设计和施工，大部分是在现有的轻轨系统上建造复线，美国和马里兰州提供资金，预计项目费用15 000万美元。

　　　2006年2月项目完工，系统复线15km。车站建造了4个新站台，目前仅有一个站台。

波士顿

 城市为 609 023 人（2008 年），大都市地区为
453 万人（2008 年）。

 马塞诸塞州港湾运输局（MBTA）经营公共汽
车、地铁和轻轨运营，为地区 4 530 万人口服务，
在外部地区有一些承包运营线路。按照 MBTA 的
合同，马塞诸塞州港湾市郊铁路公司（MBCR）
经营市郊铁路，Amtrak 负责市内旅客运营，不
同的货车铁路负责货运服务。波士顿有 4 条市内
铁路运营，由 Amtrak 经营全部线路。

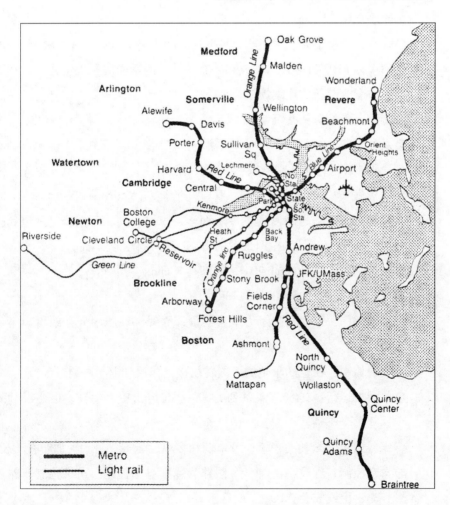

波士顿地铁和轻轨线路图

● 运营类型：全部地铁和轻轨。

● 线路长度：125 km，包括：

橙线（全部地铁）17.5 km；

蓝线（全部地铁）9.5 km；

红线（全部地铁）47.5 km；

绿线（轻轨）50 km。

● 隧道：24 km。

● 车站数量：84 座。

● 隧道中：28 座。

● 高架：3 座。

● 轨距：1 435 mm。

● 线路：传统道砟枕木的联合道床，38.6 kg/m ASCE，45.4 kg/m ARA-B，68 kg/m RE 轨道，木枕放在装有弹性垫的钢筋混凝土轨枕上。在弹性垫上放置全部新的连续焊接长钢轨。

● 隧道：盖挖单钻孔沉箱。

● 供电方式：全部 600 V DC，收集电流：红线，第三轨；Ashomo-Mattapan 轻轨延伸线，悬链线；橙线，第三轨；蓝线，第三轨和悬链线；绿线，悬链线。

● 发展概况：2007 年 12 月，重新开通连接 Mattapan 与 Ashomont 的轻轨线。这条线路为 PCC 车辆专用列车，1999～2004 年，修复后重新投入运行。2007 年 3 月，撤回最后的 Boeing-Vertol 轻轨车辆。

● 运行间隔：高峰 4 min30 s，非高峰 8 min。

● 首/末车时间：05：00/00：30。

● 票制结构：橙线和蓝线为单一票价；绿线和红线为分区票价，不免费换乘汽车。

● 收费控制：在全部车站的机器转门接受代币和电子码通过。

● 单司机运行：红线，24 系列 1 500 辆车可由单人驾驶，但是没计划运行这些单个车辆。

绿线，单人驾驶的轻轨，可单辆和多单元运行，每一辆加车有车长。

● 自动控制：红线，目前 69% 线路为速度自动控制。司机控制车站停车和开车；橙线安装 ATO。

● 监控：线路车站一端（Braintree，红线）安装 CCTV，由地方警察监控。

● 车辆：621 辆（地铁为 408 辆，绿线（轻轨）为 213 辆）。

Pullman 标准 3 000/3 200 PCC（1945/46）（1978/83 年修复和 1999/
2004 年重新修复）   M10；

Pullman 标准 01500/0 1600 红线（1969/70 年，1985/88 年 重造）   M74；

Hawker Siddeley 0600 蓝线（1978/80 年）   M70；

Hawker Siddeley 01200 橙线（1979/81 年）   M120；

Kinki Sharyo 3600 7 型轻轨车辆（1986/87 年）   M95；

Kinki Sharyo 3700 7 型轻轨车辆（1997 年）   M20；

UTDC 01700 红线（1987/89 年）   M58；

庞巴迪 01800 红线（1993/94 年）   M86；

Breda 3800 8 型轻轨（1999/2007 年）   M88。

➲订购：7 辆 Breda 轻轨车，94 辆西门子地铁车（蓝线），2007/2009 年
交货。

布法罗

 城市为 272 632 人（2007 年统计），布法罗 Ni-
agara Fall 都市地区为 112 万人（2008 年统计），
服务地区 120 万人（2009 年统计）。

 Niagara Frontier 运输局（NFTA）子公司提供公
共汽车和轻轨，政府特派员委员会管理纽约州
公共利益公司。

➲职工数量：157 人。

➲运营类型：轻轨，1985 年开通最早的线路。

➲年客运量：

537 万人次（2005 年）；   563 万人次（2006 年）；

583 万人次（2007 年）；   686 万人次（2008 年）。

➲列车走行公里：

190 万（2005 年）；   190 万（2007 年）。

➲线路长度：10 km。   ➲隧道：7.7 km。

➲线路数量：1 条。   ➲车站数量：14 座。

➲隧道：8 条。   ➲轨距：1 435 mm。

◯供电方式：650 V DC，接触网供电。

◯现状：在地区长远运输计划中，包括 3 条延伸线建议。

下一个 5 年计划将进行车辆大修。

◯发展概况：计划大修 27 辆运行的轨道车辆。NFTA 地铁准备在 5 年计划中进行这个项目，费用大约 3 300 万美元。

AnsaldoBreda 公司拿到了轻轨车辆的大修合同。合同价值 3 280 万美元。2006 年末开始工作，预计在 2010 年初第一批 2 辆车返回到 NFTA，车辆试运行 6 周。

◯车辆：27 辆。

Tokyu 轻轨车辆（1984/85 年）　　　　M27。

◯高峰运行车辆：18 辆。

◯车辆平均使用期限：24 年。

◯运行间隔：高峰为 7 min，非高峰为 10 – 15 – 20 min。

◯与其他交通系统的连接：全部与公共汽车系统联合。

◯逃票控制：市中心地面区段免费；AFC，地下部分无栅栏。

◯对老年人/残疾人的特殊服务：在地面区段有坡道和融雪设备；使用电梯到达地下站台。

◯信号：中央控制司机信号。

夏洛特

 城市 630 478 人，大都市地区 1 600 万人（2006）。

 市政部门提供公共汽车；私有电车；轻轨。

LYNX 蓝线（轻轨）

◯现状：2002 年年末批准了 LYNX 蓝线计划（以前称作南部通道轻轨计划（SCLRP））。系统长 15.4km，设 15 座车站，从夏洛特市内到现有轨道线的隔离轨道线上的州际 485。南端和远离市区的车站与夏洛特电车系统连接。7 座新车站已经与地方和快速公共汽车设施连接，并设有停车场。CAT 支线公共汽车为全部车站提供服务。

◆发展概况：2007 年 11 月 24～25 日，免费乘坐 LYNX 蓝线，2007 年 11 月 26 日开始收费运营。

一周运行 7 天，平日高峰运行间隔 7.5 min，非高峰运行间隔 15 min，周末运行间隔 20～30 min。运行时间为 05：00—01：00。

◆单一票价，持票人自由乘坐。在一定时间内从公共汽车到轻轨可以免费换乘。

◆车辆：16 辆。

西门子 S70 轻轨车辆。

 LYNX 蓝线延伸线东北通道（建议）

蓝线延伸线长 17.7 km，设 14 座车站，从市中心第九街延伸通过北部 Davidson 和大学区到达 UNC 夏洛特北 1-485。线路主要运行在现有轨道铁路线内，从市中心到 NoDa，然后保持在北部 Tryon 街（US 29）铁路线内运行，从 Sugar Creek 北部到 1-485。

列车一周运行 7 天，运行时间为 05：00—01：00，车票价与本地公共汽车票价一样。

高峰运行间隔为 7.5 min/h，非高峰运行间隔为 15 min/h。目前计划于 2013 年开通这条线路。蓝线延伸线计划费用 74 050 万美元，预计到 2030 年，每天将有 17 500 人次乘坐列车。

中心城市（街道车辆/轻轨——建议）。

中心城市街道车辆计划线路，将为中心商业区（CBD）和对周边乡镇和社会机构提供连接线路。建议轻轨/街道车辆线路，设 36 座车站，沿着 Beatties Ford 路将运行 16.1 km 线路，接近 1-85 沿贸易街通过中心商业区（CBD），沿着 Elizabeth 大街上的皮德蒙特州联合学院（CPCC），到达位于 Eastland Mall 的中央大街。

西部通道快速运输计划（轻轨/街道车辆——建议）

西部通道计划建议是 10.3 km 的线路，从贸易街到 Cedar 街、西到 Morehead 街，然后沿着 Wilkinson Boulevard 到 Harlee Avnuee，终点站在 Harlee Ave 的机场雇员停车处。

轻轨/街道车辆在街头小路的混合交通中运行。已经确认 10 座车站。没有包括停车和乘坐地点。列车在高峰时段运行间隔将为 10 min，非高峰时段和周末将为 15 min。这条线路需要 9 辆车运行。

芝加哥

 城市 283 万人（2006 年），大都市地区 950 万人（2007 年）。

 在 6 000 km² 的地区包括芝加哥市和郊区 Cook 县，周边有 Will、McHenry、DuPage、Kane

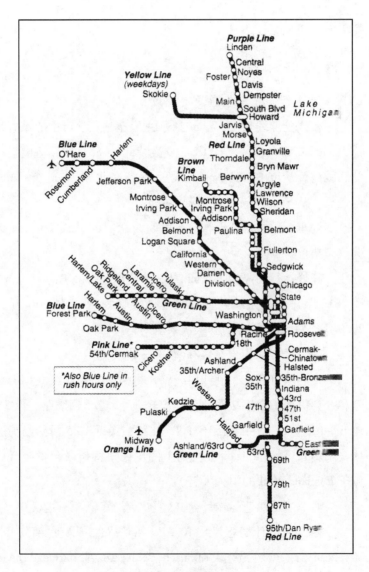

芝加哥地铁线路图

公司经营地区地铁和郊区铁路，在以前独立运营的基础上，在郊区一定范围内，由郊区公共汽车委员会（Pace）通过独立的管理公共运输地区，经营其他 RTA 管理的公共汽车。

地铁（轨道）

◉运营类型：全部为地铁。

◉年客运量：

14 830 万人次（2004 年）；　　　18 670 万人次（2005 年）；

19 520 万人次（2006 年）；　　　19 020 万人次（2007 年）。

19 820 万人次（2008 年）。

◉列车走行公里：

（每个平日）328 265　　　　　（2003 年）；

352 881　　　　　　　　　　　（2005 年）；

33 7407　　　　　　　　　　　（2007 年）；

34 5961　　　　　　　　　　　（2008 年）；

◉线路长度：358. 2 km。

◉隧道：18. 3 km。

◉高架：339. 8 km。

◉线路数量：8 条。　　　　　　◉车站数量：144 座。

◉隧道中：22 座。

◉高架：122 座。

◉轨距：1 435 mm。

◉线路：平底轨；道砟枕木道床；枕木放置在装有弹性垫的混凝土轨道床上。

◉隧道：5. 4 m 直径管道和盖挖。

◉供电方式：600 V DC，第三轨供电。

◉运行间隔：高峰 3~8 min，非高峰 7~20 min。

◉首/末车时间：

红线：24 小时运行（在平日）。

蓝线：24 小时（在 O'Hare 机场和森林公园之间）。

橙线：21 小时（在平日），20 小时（在周末）。

粉线：21 小时（在平日和周末）。

绿线：21.0 小时（在平日），19.0 小时（周末）。

棕线：20 小时（平日和周末）。

紫线：20 小时（平日和周末）。

黄线：18.0 小时（平日），17.0 小时（周末）

⮕票制结构：收费由付费类型决定：现金：全票是 2.25 美元；折扣票是 1 美元（仅是公共汽车）；芝加哥卡/芝加哥附加卡：公共汽车全票是 2.00 美元，轨道全票是 2.25 美元；通票：不限制乘坐通票为 5.75 美元（1 天）；14.00 美元（3 天），23.00 美元（7 天），28.00 美元（7 天 CTA/PACE）和 86.00 美元（30 天）。不限制乘坐折扣通票提供 35 美元（30 天）；U-通票：给学院和大学的每个学生提供的不限制乘坐票的价格为 0.86 美元。学校决定付给学生交通费用。

⮕逃票控制：全部车站销售磁码票卡；芝加哥卡/芝加哥附加卡（智能卡）。

⮕对老年人/残疾人的特殊服务：CTA 轨道系统大约一半多的车站（144 座车站中的 89 座），残疾顾客可以进入；每个"L"列车可以进入车辆。

⮕信号：CTA 轨道系统全部装备了司机室信号，经过驾驶员的司机室信号指示，提供列车保护和常用速度限制。线路固定信号的限制范围为连接、渡线和其他联锁的车站，装有运行停车的联锁信号，可以使列车通过停止信号自动停车。

⮕单司机运行：全部线路。

⮕车辆：1 190 辆。

Budd 2200（1969/70 年）	142；
Boeing 2400（1976/78 年）	194；
Budd/Train American 2600（1981/87 年）	596；
Morrison Knudsen 3200（1992/93 年）	258。

⮕高峰运行：1 002 辆（2008 年）。

⮕发展概况：慢行区计划。

为了恢复列车速度并减少旅行时间，CTA 正在继续减少"慢行区"，更换与混凝土连接的变质木轨和更换走行轨及接触轨。

自从 2007 年以来，慢行区已经从 22.3% 降及到 9.1%。

2008 年，CTA 完成的慢行区工程有蓝线 O'Hare 支线、在 Diversey 和 Wellington 之间的红线地铁和 North Main，在 Clark 连接线和西部之间的棕线 Ravenswood 支线，及在 Diversey 和 Wellington 之间的 Evanston 快速线，在 Tower 18 和 Tower 12 之间的环形高架轨道东北支线。

2009 年，继续完成慢行区工程，在 Addison 、Howard 和蓝线 Dearborn 地铁之间的红线 North Main，预计于 2010 年完工。Dearborn 地铁项目由联邦促进基金提供资金，项目资金为 8 800 万美元，更换线路 11.26km（7 miles），从 Division 车站到 Clinton 车站。

新轨道车

CTA 继续更新改造轨道车辆，并更换一些旧轨道车辆，有的旧车辆使用期已达 30 多年，例如 1969 ~ 1970 年购买的 2200-系列 Budd 车辆，以及 1976-1978 年购买的 2400-系列 Boeing Vertol 车辆，以及新的轨道车辆。

在标准规范里包括增加安全摄像机和通道对向坐椅，以及变流（AC）牵引电动机驱动。

项目宣布 406 辆新轨道车辆的基本订购计划，额外选择可以带来总共购买数量可达到 706 辆车。CTA 通过竞争计划程序，选择庞巴迪运输公司制造轨道车辆。

CTA 预期在 2009 年末至 2010 年初交付轨道原型车辆。这些原型车辆将进行 9 ~ 12 个月的试运行，包括完整的冬季和夏季，评估车辆设计和运营的各个方面。一旦原型车辆通过试验期，将交付剩下的车辆。

棕线扩大运输能力计划

CTA 花费 53 000 万美元，正在进行计划对棕线扩大运输能力，为加快发展的轨道线的运输能力，改造 18 座车站，达到 8 辆车进入车站的目标。计划 2009 年完成这些改进计划。

2009 年 7 月，16 座车站完工，Wellington 重新对乘客开放。在 Belmont 和 Fullerton 的 2 座车站工程相继完工。

克利 夫兰

城市人口为 438 042 人（2007 年），大都市地区人口为 209 万人（2008 年）。

在 Trustee 代表委员会管理下，由地区运输局为克利夫兰、Cuyahoga 县中的 65 个小镇和一些小的外部地区提供公共汽车、地铁和轻轨运输。为老年人/残疾人提供 Paratransit 系统、联合运输。2005 年已经统一了县里的全部运输机构。

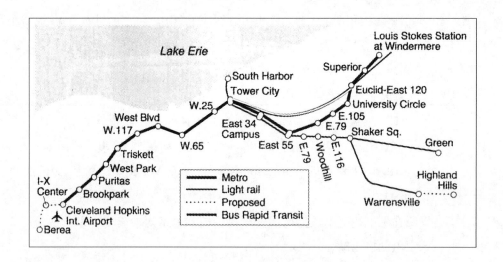

克利夫兰地铁、轻轨和 BRT 系统图

⮞运营类型：全部为地铁，（红线，于 1955 年开通最初的线路）。

⮞年客运量：

504 万人次（2004 年）； 545 万人次（2005 年）；

548 万人次（2006 年）； 590 万人次（2007 年）；

600 万人次（2008 年）。

⮞列车走行公里：

280 万（2004 年）； 388 万（2005 年）；

318 万（2006 年）； 274 万（2007 年）；

345 万（2008 年）。

⮞线路长度：30.6 km。

⮞隧道：0.97 km。

⮞地面/高架：29.6 km。

⮞线路数量：1 条。 ⮞车站数量：18 座。

⮞隧道：2 条。 ⮞轨距：1 435 mm。

⮞线路：45 kg/m，AAR-EE 连续焊接轨道枕木道砟道床。

⮞隧道：盖挖，盾构。

⮞供电方式：600 V DC，接触网供电。

⮞车辆：60 辆。

Tokyu 车辆（1985/86 年） M60。

◯ 高峰运行车辆：22 辆（特殊事件要多一些车）。

◯ 运行间隔：高峰 7.5min，非高峰 15～20 min。

◯ 首/末车时间：03：15/01：51。

◯ 票制结构：2.00 美元，月票、周票和日票。

◯ 逃票控制：一些车站有旋转栅门，在车上付费或售票处购票。

◯ 与其他交通系统的连接：在许多地铁和轻轨车站有停车场。

◯ 单司机运行：全部线路。

◯ 信号：具有自动停车 GRS 三星示位灯信号；司机室信号。

◯ 运营类型：轻轨（蓝线和绿线）于 1920 年开通首条线路（包括 Waterfront 线）。

◯ 年客运量：

273 万人次（2004 年）；　　　277 万人次（2005 年）；

291 万人次（2006 年）；　　　320 万人次（2007 年）；

330 万人次（2008 年）。

◯ 列车走行公里：

146 万（2004 年）；　　　164 万（2005 年）；

142 万（2006 年）；　　　130 万（2007 年）；

132 万（2008 年）。

◯ 线路长度：24.8 km（15.4 miles）。

◯ 线路数量：2 条。

◯ 车站数量：34 座。

◯ 供电方式：600 V DC，接触网供电。

◯ 发展概况：庞巴迪运输公司取得 3 100 万美元资金的车辆维修合同，对 34 辆 Breda 轻轨车进行中期修复。计划于 2008 年交付全部车辆。

◯ 车辆：48 辆

Breda 车辆（1983 年）　　　　　M48。

◯ 高峰运行车辆：17 辆（特殊事件要多一些车辆）。

◯ 运行间隔：高峰 5 min，非高峰 15 min。

◯ 首/末车时间：04：04/01：05。

达拉斯

城市 124 万人（2007 年），大都市地区（达拉斯-Fort Worth-Arlington）630 万人（2008 年）。

由代表委员会管理的地区运输局提供固定路线公共汽车、Paratransit 汽车、轻轨和市郊轨道运输、HOV 车道。按合同提供郊区公共汽车和一些 Paratransit 运输；短程早期传统电车。

⊙运营类型：轻轨，1996 年开通首条线路。

⊙年客运量：

1 650 万人次（2004 年）；　　　　1 750 万人次（2005 年）；

1 860 万人次（2006 年）；　　　　1 789 万人次（2007 年）；

1 940 万人次（2008 年）。

⊙线路长度：76.3 km。

⊙隧道：5.6 km。

⊙线路数量：2 条。

⊙车站数量：39 座。

⊙轨距：1 435 mm。

⊙供电方式：750 V DC，接触网供电。

⊙现状：在 1996 年 6 月～1997 年 5 月之间，达拉斯地区快速轨道（DART）轻轨线路分三段开通，北部 Park Lane 连接达拉斯中部和南部支线，运行到西部 Oak Cliff（红线）及南部 Oak Cliff（蓝线）。将来在城市地下区段有一座车站，在北部中心快速路的下面运行，于 2000 年开通运行。

目前，达拉斯地区快速轨道（DART）经营 76.3 km 轻轨系统，其中包括 39 座车站。

2002 年 7 月，DART 开通了新的延伸线，有 7 座新车站，4 座在达拉斯北部，3 座在 Richardson。红线延伸大于 14 km，在达拉斯的新车站，位于 Park Lane、Walnut Hill、Forest Lane 和 LBJ/Central。在 Richardson 的车站，位于 Spring Valley、Arapaho Center 和 Galatyn Park。

2002 年 11 月，蓝线延伸线完工，加上 Forest/Jupiter 和 Downtown Garlan 车站，2002 年 12 月，红线延伸线完工，线路延伸到 Richardson 的新 Bush Turnpike，在 Plano 的 Downtown Plano 和 Park Road。

2004 年底，DART 在达拉斯城区开通了 Victory 车站。西北通路轻轨延伸线的最初线路为 2.4 km。Victory 车站将用于 DART 轨道和 Trinity 铁路快速市郊轨道线。

⮞ 发展概况：2006 年 8 月，DART 开始建设西北/东南通路延伸线（绿线）。线路长度 34 km，从 Farmer 支线到 Pleasant Green，计划于 2010 年完工。计划进一步延伸这条线到西北部 Farmars Branch 和 Carrollton，到达东南部和达拉斯邻近的 Pleas ant Grove 地区。

绿线的第一段从 Victory 车站到 MLK Jr 车站，2009 年 9 月，开通线路 4.3km（2.7miles），有 4 座新车站。

新橙线已经开工，长 22 km（14 miles），有 7 座车站，线路运行在 Las Colinas 市中心和达拉斯 Fort Worth 国际机场，目前计划于 2012 开通。

蓝线延伸线也已经开始施工，从 Garland 到 Rowlett（长 7.2km（4.5miles），1 座车站，计划于 2012 年开通），新 Lake Highlands 车站（计划于 2010 年开通）。

当 2013 年完工时，轨道系统长度将达到 144.8 km。

DART 也计划大修轻轨车辆部件和重新制造售票机。

2008 年 10 月，第一批改造的 Kinkisharyo 超级轻轨车辆（SLRV）进入蓝线运行。改造过的新型低地板车辆有一段新的 9.4 m 中心区段，增加 25 个座位。目前改造计划于 2010 年底完成。

⮞ 车辆：115 辆

Kinkisharyo（1995 年）；	M40。
Kinkisharyo（1999 年）；	M55。
Kinkisharyo（2005 年）；	M20。

⮞ 高峰运行车辆：85 辆。

⮞ 运行间隔：高峰 5～10 min；非高峰 20 min。

⮞ 首/末车时间：05：30/00：10。

⮞ 票制结构：在达拉斯城市和 Addison、Carrollton、达拉斯 Farmars Branch、Garland、Glenn Heights、Frving Plano 和 Rowlett 免费停车设施之间，公共汽车和轨道及中运量快速汽车使用两种单一车票，月票、本地雇员使用轨道和公共汽车运输年票。

⮞ 检票方式：车站售票机。

⮞ 逃票控制：检查人员抽查；统一制服的交通警察。

⮞ 对老年人/残疾人的特殊服务：轮椅可以进入车站和车厢。

丹佛

 566 974 人（2006 年），都市地区 240 万人（2006 年）。

 1969 年，State Act 建立地区运输区段（RTD），为 6032km² 范围内的 6 个县镇提供公共汽车和轻轨运输，于 1973 年取得 6 个地区公共汽车系统的经营权，由直接选举的 15 名成员的委员会管理。

⊙运营类型：轻轨，于 1994 年开通。

⊙年客运量：

1 040 万人次（2005/06 年）；　　　　1 070 万人次（2006/07 年）。

⊙线路长度：56.3 km。

⊙线路数量：6 条。　　　　　　　　⊙车站数量：36 座。

⊙轨距：1 435mm。

⊙线路：在混凝土街道上的混凝土道床，其他为道砟。

⊙供电方式：750 V DC，接触网供电。

⊙运行间隔：高峰 5 min，非高峰 10 min，晚间和周末 15 min。

⊙首/末车时间：03∶30/02∶15。

⊙票制结构：分区；现金；月票；学生折扣票。

⊙检票方式：每个车站均有售票机，付费证明。

⊙逃票控制：流动检查。

⊙对老年人/残疾人的特殊服务：全部车站有坡道；在车厢尾部有伸缩式站台，老年人/残疾人有折扣票。

⊙信号：市中心外部自动闭塞。　　　　⊙车辆：87 辆。

⊙订购：30 辆西门子车辆（2007~2008 年交付）。

⊙发展概况：地区运输区段的（RTD's）Fas Tracks 计划。

　　Fas Tracks 回顾

　　（RTD）Fas Tracks 计划耗资 60 亿美元，12 年计划建设新的市郊轨道和轻轨线路 193.6 km（122 miles），公共汽车快速运输 29 km（18 miles），在轨道和汽车站有 21 000 个新的停车位，转换丹佛联合车站，进入多模式的运输枢纽，并提供扩展的公共汽车运输，直达 8 个乡镇地区。计划包括 6 条新的快速通路和 3 条现有线路的延伸线。

西部通路

·轻轨 19.47 km（12.1miles）；

·连接丹佛市中心，Jefferson 县、Lakewood 和 Golden；

·计划修建 12 座车站；

·2008 年开始计划工程；

·2012 年计划完工；

·2025 年计划乘坐率：31 200～865 000。

东部通路

·市郊轨道——电力多组动车（EMU）38km（23.6miles）；

·连接丹佛市中心到丹佛国际机场；

·计划修建 5 座车站；

·2010 年开始计划工程；

·2014 年计划完工；

·2025 年计划乘坐率：30 400～35 600。

金线

·市郊铁路——电力多组动车（EMU）18km（11.2miles）；

·连接丹佛市内商业区，Arvada 和 Wheat Ridge；

·计划修建 7 座车站；

·2011 年开始工程计划；

·2015 年工程完工；

·2025 年计划乘坐率：16 300～19 100。

·北部地铁通路

·市郊铁路——内燃多组动车（DMU）29 km（18miles）；

·连接丹佛市内商业区，商业城、Northglenn 和 Thornton；

·计划修建 8 座车站；

·2011 年开始工程计划；

·2015 年工程完工；

·2025 年计划乘坐率：10 200～11 900。

l-225 通路

·轻轨 16.9km（10.5miles）；

·连接东南部通路到东部通路通过 Aurora；

·计划修建 7 座车站；

·2011 年开始计划工程；

·2015 年工程完工；

·2025 年计划乘坐率：15 200～17 800。

US36 通路

·公共汽车快速运输（BRT）29 km（18miles）；

·连接丹佛市内商业区，Westminster、Broomfield、Superior、Louisville 和 Boulder；

·计划修建 6 座车站；

·2009 年开始 BRT 工程（车站和 HOV 车道），相关高速路改造的贷款未确定；

·2016 年计划完工；

·2025 年计划乘坐率：16 900。

中心通路

·轻轨延伸线 1.3 km（0.8miles）；

·2015 年计划完工；

·2025 年计划乘坐率：31 800～37 200。

东南通路

这条轻轨线长 30.7 km（19.1 miles），有 13 座车站，运行线路从 Broadway 到 Parker 路，于 2006 年 11 月开通，比计划提前开通。只有 1 座车站有停车——乘坐设施。

——这条线路有 34 辆西门子轻轨车辆运行及新的通信和控制系统。

——已经提供公共汽车支线。

——已经计划 3.7km（2.3mile）延伸线，3 座车站。2013 年开始计划工程，2016 年完工。

——到 2025 年计划平均每日乘客数量为 51 100～59 800 人。

西南通路

2000 年开通现有的轻轨线路 14km（8.7miles）；

·4 km（2.5mile）轻轨延伸线；

·在 Littleton 连接 Mineral 车站到达 Highlans Ranch；

·计划修建 2 座车站；

·2013 年开始计划工程；

·2016 年计划完工；

·2025 年计划乘坐率: 20 200 ~ 23 600。

休斯敦

城市人口为 220 万人 (2007 年), 市区面积为 573 万 (2008 年)。

公共汽车, 包括快速公交系统——扩展计划轻轨运输由哈斯里郡大都会运输局 (市政府) 提供。由代表委员会控制市郊铁路计划。

哈里斯郡大都会运输局——市政府

➡职工数量: 3 678 人 (包括临时工)。

➡背景: 创建于 1987 年, 地铁覆盖面积将近 3 398km² (1 311 平方英里)。

➡现状: 哈里斯城的选民同意于 1978 年创建 MTA, 允许使用州销售税的 1% 作为当局的部分基金。1983 年拒绝为最初铁路线发行金融债券, 1988 年选民同意为 13 年的公共交通发展项目支付 26 亿美元, 这就是著名的 2 阶段计划。截止到 1998 年 20 个运输中心、27 个停车换乘处、超过 1 200 处的公交候车棚和 115 km 的高架路投入使用。1988 年同意把销售税收入的 25% 投入到全部项目建设, 如道路、桥梁和人行道。

➡发展概况: 2003 年批准了地铁解决项目纲要, 计划分两个阶段施工, 确定了将近 48.3 km (25 miles) 的轻轨和超过 40.2 km (25 miles) 的通勤铁路, 加上 64.4 km (40 miles) 的快速公交 (BRT), 网络化的成果是 156 km (97 miles) 的新高速交通将于 2013 年完成。

48.3 km (30 miles) 的轻轨交通将包括铁路和那些与当前构架相同的地铁线路。

轻轨

➡运营类型: 轻轨, 开通于 2004 年 1 月。

➡线路长度: 12 km。

➡车站数量: 16 座。

➡现状: 12km 的系统, 即著名的红线, 于 2004 年 1 月开始运营, 从凡宁南到北部终点站休斯敦市区大学城。

列车由西门子运输制造, 最高时速 105km, 载客量 200 人 (包括 72 个座位) 和舒适的空调装置。西门子亦提供规划管理和系统整合、信号和通信系统、供电、架空线和铺设轨道。

日旅客行程次数已经超过 45 000 人。

◉ 发展概况：2009 年 4 月，地铁和帕森斯集团签订了一份合同，针对四条总长为 32 km（20 miles）的轻轨线路进行设计、建设、运营和维护（DBOM），包括北线、东端线、东南线和住宅区线。合同的总价大约为 14.6 亿美元，包括提高北线和东南线工作效率、建设完整的东端走廊、服务中心建筑和检查设备、从 CAF USA 公司订购的住宅区线的 29 辆车的最终校准和车站构造价值为 6.32 亿美元的首期。目前希望服务中心在 2013 年开工。

建议合同不包括大学城线。

2009 年 7 月，两条轻轨线路开工，加速了第三条的建筑建设。

◉ 车辆：183 节编组的低地板西门子 Avanto S70 车辆。

◉ 运行间隔：6 min。

◉ 首/末车时间：04：24/00：42（周一到周四），04：24/02：04（周五和周六），05：27/01：17（周日）。

◉ 检票方式：每站均有售票机。

◉ 票制结构：固定票价。

堪萨斯城

 城市 447 306 人（2006 年），市区 198 万人（2007 年）。

 固定线路和辅助服务由两个州的交通局掌管。由管理委员会监管。已有轻轨计划。

 ◉ 运营类型：轻轨，已计划修建。

◉ 现状：2006 年 11 月选民同意开通一条轻轨服务的建议，KCATA 和堪萨斯城 MO（KCMO）给出一份特殊的分析报告（AA），2008 年前重新开始由 KCATA 和 KCMO 提供零件。

拉斯维加斯

城市人口为 545 147 人（2005 年），市区人口为 180 万人（2006 年）。

地区变通委员会按合同管理城区和围绕市区的克拉克郡公共交通服务。慢速单轨铁路、新型单轨铁路于 200 4 年开通，这条线有远期延伸计划。驾驶视觉引导（BRT）运输线运营已与地区运输委员会（RTC）签订合同。已经提议在地区安装导轨（RFG），正在研究磁悬浮和电力机车车辆运行。

拉斯维加斯单轨铁路公司

➡ 年客运量：601 万人次（2009 年）。

➡ 运营类型：ALWEG 型单轨铁路，于 2004 年开通。

➡ 线路数量：1 条。

➡ 线路长度：6.8 km（4.2mile）（全高架）。

➡ 背景：拉斯维加斯单轨铁路公司拥有并经营单轨铁路系统，公司为非营利性机构，由内华达州政府指定的董事会监管。

　　2000 年拉斯维加斯单轨铁路公司与庞巴迪签订了一份合同，在拉斯维加斯东部林荫大道，景观走廊的中心设计建造一条无人驾驶的城市单轨运输系统。庞巴迪将负责系统最初 5 年的运营，并拥有随后 10 年的选择权。5 年合同包括运营和维护，总价值超过 5500 万美元。

　　庞巴迪和其财团伙伴——Granite 建筑公司将负责设计、建造、装备这一交钥匙（可立即投入使用）的民用工程。总投资金额为 65000 万美元。现状：拉斯维加斯单轨铁路连接 8 个主要景点，包括民俗中心。6.8 km（4.2 miles）的线路拥有 7 座车站，沿着拉斯维加斯景观大道，最高时速可达 50mph。共有 9 组车，每组 4 节，运行在高架单线铁路上，大多区域为 20 英尺高，最高点在拉斯维加斯民俗中心，可达 70 英尺。

　　免费循环乘坐巴士运行到三个地点。

➡ 发展概况：单轨铁路的第一阶段，6.8 km（4.2 miles）的部分有 5 个新建和 2 个重建的车站，于 2004 年 7 月开通。目前运营时间为周一至周四的 7：00 ~ 2：00；周五至周日 7：00 ~ 3：00。提供单程、1 日（24 小时无限制）、3 日和 10 日票及通行证。

　　目前正在审议一个延伸线计划，计划包括运行到麦卡伦国际机场和

美国

The United States of America

拉斯维加斯狭长地带的西侧路线。

2010 年 1 月，拉斯维加斯单轨铁路公司签署了 11 章的申请破产保护文件，该公司表示，运营将不会受到影响。

➡ 车辆：9 列 4 节编组车辆。

庞巴迪 M-VI 车。

➡ 运行间隔：5 ~ 6 min。

➡ 首末车时间：7：00 ~ 02：00；（周一至周四）；7：00 ~ 03：00（周五至周日）。

➡ 票制结构：单程、1 日（24h 无限制）、3 日和 10 日票及通行证。

➡ 控制系统：车辆自动控制系统。

➡ 监控：列车装有摄像机，车站配备视频监控系统，监测由中央控制中心控制。

其他单轨铁路

➡ 现状：曼德勒湾有轨电车提供神剑、卢克索和曼德勒湾胜地酒店间的连接。24h 运营，间隔 3 ~ 4min，包括 800 m 的高架导轨和两条独立的穿梭系统并列运行。导轨并排在街道上方 5 ~ 8 m。每一系统包含一列 5 节编组的车辆。也有一条小的单轨铁路，运行于幻影和金银岛酒店间。

洛杉矶

 人口 384 万人；城区 994 万人，都市区 1293 万人（2005 年）。

 公共交通 大多数南加州区域拥有公交运行，都市交通局负责规划、建设和运营轻轨和地铁。独立的部门负责。通勤铁路网络在洛杉矶的县镇中的市政省局或附属的经营商提供运输服务，同时与至少 88 个路易斯安那州合作城市的本地环线相连接，有些公交路线承包给私人经营。单独的运输部门在橙色线、河畔、圣博娜迪诺和文图拉县。

 地铁 **城区都市交通局（地铁）**

➡ 现状：协会创建于 1993 年，由南加利福尼亚捷运区和洛杉矶县交通运输委员会联合组建。协会由责任部门经营公交、地铁/轻轨网络，建设地铁/轻轨网络，全面规划地区的公共交通需求和经营整个网络。

公交、地铁、轻轨的服务面积为 3 711.5km²，服务人口为 960 万人。

地铁红线/紫线

➲职工数量：199 人。

➲运营类型：全部为地铁，开通于 1993 年。

➲年客运量：4 360 万人次（2008 年）。

➲线路长度：28 km（17.4 miles）。

➲线路数量：2 条。　　　　　➲车站数量：8 座。

➲轨距：1 435mm。

➲供电方式：750 V DC，第三轨供电。

➲发展概况：紫线运行于洛杉矶城和韩国城的威尔希尔/西站间。曾经是红线的一部分。

➲车辆：104 辆。

　Ansaldobreda　　　　　　　　M104。

➲运行间隔：高峰 5 min，非高峰 10 min。

➲首/末车时间：4：43/23：32。

➲票制结构：单程票，低于标准票价。

➲检票方式：车站售票机。

➲逃票控制：交警巡逻。

➲单人运行：所有列车。

➲集中控制：由中心控制室控制。

➲对老年人/残疾人的特殊服务：所有车站均设有高平台和升降梯。

➲安全：在洛杉矶县镇内，由洛杉矶司法部门（LASD）对地铁轨道安全负责，并在地铁和公共汽车上巡逻。

➲运营成本来源：票价的 4.6%。

轻轨（蓝、绿和金线）

➲职工数量：309 人。

➲运营类型：轻轨，初期线路开通于 1990 年。

➲年客运量：4 313 万人次（2008 年）。

➲线路长度：89.6 km。

➲线路数量：3 条。

⬧车站数量：49 座。

⬧轨距：1 435mm。

⬧供电方式：750 V DC，接触网供电。

⬧车辆：127 辆。

Nippon Sharyo   M69；

西门子   M58。

⬧运行间隔：高峰 6 min，非高峰 10～15 min。

⬧首/末车时间：04：03/23：42。

⬧票制结构：单程票、25 分换乘票、月票。

⬧检票方式：提前从售票机购买。

⬧逃票控制：由 MTA 警察随机检查。

⬧单人运行：所有列车。

⬧与其他交通系统的连接：所有车站与公交驳接，6 个车站提供 P + R 服务（汽车和自行停车场）。

⬧对老年人/残疾人的特殊服务：车站和列车通过高平台提供完备的无障碍通过。

⬧安全：在洛杉矶县镇内，由洛杉矶司法部门（LASD）对地铁轨道安全负责，并在地铁和公共汽车上巡逻。

⬧运营成本来源：票价的 26.8%。

⬧在建项目：博览会轻轨线（博览线）。

博览会轻轨线长 13.7 km（8.2 miles），配有 10 座车站（两个高架站 La Cienega Blvd 和 La Brea Ave）。

该线将沿着拥有博览会通行权的现有车站，从第七站——洛杉矶市中心到华盛顿地铁中心，再到国家卡尔弗城。建成时将具有两段线路。

地铁的运行路线完成后，由博览会地铁线建设局决定最终设计和建设的开始时间。

目前建设中的一期预计于 2010 年中开通。

该延长段的博览会线二期工程，目前处于早期阶段的环境规划阶段。

地铁金线和东区延长线

延长线将连接东区和洛杉矶市中心、Pasadena、San Femando Valley 和 South Bay。延长线全长 9.7 km（6 miles），将连接现有的地铁金线和 Pasadena，沿途有漫长的海滩和著名景点。将建成 8 座新车站（2 座地下站），供电方式是架空接触网。建设开始于 2004 年，预计于 2009 年开通。

地铁橙线延长线

地铁橙线延长线长 6.4 km（4 miles），将连接现有的 BRT 线，从 Canoga 站到 Chatsworth 地铁换乘站，作为既有线公交将拥有专有路权。

将落成 4 座新车站：Sherman Way、Roscoe Boulevard、Nordhoff Street 和 Chatsworth T 车辆段。Canoga 站将增加新的站台。Sherman way 站将建成新的停车换乘设施，Chatsworth 站将增设停车位。

目前计划延长线于 2012 年开通。

研究：目前正在进行的地铁研究包括：

Crenshaw 交通走廊；东区交通走廊 2 期工程；Subdivisio 海港交通走廊；区域联接交通走廊；西区地铁延长线；威尔希尔快速公交项目

迈阿密

 城市 409 719 人（2007 年），大都市区 540 万人（2008 年）。

 由城市辅助客运系统和通勤铁路部门提供公交、地铁、城区市民出行服务，及 Paratransit 和通勤铁路，由政府机关的专门委员会负责管理运营部门；联合小公共汽车运营。

 地铁（地下铁路）

➡ 职工数量：571 人。

➡ 运营类型：全都是地铁，初期开通于 1984 年。

➡ 年客运量：2 250 万人次（2008 年）

➡ 线路长度：36 km（22.4 miles）全接触网。

➡ 站间距离：1 km。   ➡ 线路数量：1 条。

➡ 车站数量：22 座。   ➡ 轨距：1 435 mm。

➡ 轨道：安装弹性减震垫。

➡ 供电方式：700 V DC，第三轨供电。

➡ 运行间隔：高峰 7 ~ 8 min，平时 15 min，19：30 后和周末 30 min。

➡ 首/末车时间：05：00/24：00。

➡ 票制结构：单一票制。

➡ 检票方式：在入口旋转式栅门精确记票；预售通行证/代币。

对老年人/残疾人的特殊服务：提供降低票价和有折扣的通行证，为单一票制乘客提供特别交通服务（STS），日均客流 2 900 人次。

与其他交通系统的连接：换乘公交需要额外费用，免费换乘大众运输工具；月票；换乘通勤铁路；在某些站提供 P + R 服务。

➡ 单司机运行：所有列车。

➡ 集中控制：部分，全部操作中断。

➡ 监视：CCTV 为旅客列车控制。

➡ 运营成本来源：运费占 23%，补贴占 77%。

➡ 车辆：136 辆。

美国交通运输（联大）（1983/84 年）M136。

➡ 高峰运行车辆：104 辆。

➡ 发展概况：

橙线 1 期

2007 年六月，MDT 重新命名了橙线的三个主要基础设施项目，将分三期建设扩建 35 km（22 miles）的地铁系统。

迈阿密联合运输中心（MIC）/厄灵顿高地走廊是一个长 3.8 km（2.4 miles）的地铁系统的扩建，从现有的位于 NW 第 22 大道和 NW 第 41 街和厄灵顿高地站，沿着 112 号国家公路到 MIC 附近的迈阿密国际机场（MIA）。项目包括：1 座在 MIC 的车站，连接 Trirail、地铁公交系统、观光巴士、出租车服务、将来的全国铁路客运站、到 MIA 的自动大众运输工具和机场中心车辆设施。

已于 2008 年 1 月完成设计，于 2009 年 5 月开始修建。计划 2012 年橙线一期能够开通运营。本项目计划投资 52 600 万美元。

橙线 2 期：北部走廊地铁扩建

橙线 2 期：北部走廊地铁扩建将增加 15.3 km（9.5 miles）的高架双轨、重轨扩展。运行于现有的高架导轨，仅在 NW 第 62 街从北部的马丁路德金 Jr 地铁站，沿着 NW 第 27 大街走廊服务社区、迈阿密 Dade 学院和在海豚体育馆和考尔德竞赛路线的运动场，终点站在佛罗里达高架桥南侧的 NW 第 215 街。终点站在 NW 第 215 街，以便未来与 broward 城连接。延长线将新建 7 座车站，分别在：NW 第 82 街/北侧、NW 第 119 街/迈阿密 Dade 学院、阿里巴巴大街/Opa-Locka、NW 第 163 街/Bunche

公园、NW 第 183 街/迈阿密花园、第 199 街/海豚体育馆和第 215 街/考尔德竞赛路线的运动场。同时也在 NW 第 103 街预留了与新线接驳的车站。

MDT 管理该项目的环境评估。

橙线 3 期：东西部走廊。

地铁延长线

MDT 建议修建大约长为 16 ~ 21 km（10 ~ 13 miles）的地铁延伸线，从迈阿密国际机场（MIA）的迈阿密联合运输中心（MIC）到佛罗里达国际大学（FIU）和 SW 第 137 大街的西点。该项目将至少包括 10 个车站，预计年支出将达到 22.81 亿美元。建造比较方案包括一是从 MIC 开始建造西部地铁延伸线，二是不建造而使用基础线路/运输系统管理（TSM），专家对两个方案进行比较评估，从中选择一个方案。

NW 第 7 街运输村项目

NW 第 7 街运输村项目是一个综合开发项目，这将是在自由城的一个多式联运枢纽，位于迈阿密最古老的社区。在 3 区社区中，这个项目将创造经济增长和社会发展的机会。迈阿密交通运输村将建在社区，最大的提高运输服务质量和振兴区域发展，面积覆盖东南角的第七大道和第六十二街，并提供至 I-95 的直接入口。

明尼阿波利斯/圣保罗

 明尼阿波利斯人口为 382 605 人，圣保罗人口为 179 590 人。

 市政运营商和私人运营商提供公共汽车运输，由参议会负责市区的交通计划、政策和日常运营。随着郊区面积的持续扩大，需要提供独立的本地通勤。鼓励骑车出行、拼车安排、轻轨和通勤铁路。

 ➡发展概况：从市中心到机场和美国购物中心的全轻轨线路开通于 2005 年 12 月。长为 19.3 km（12 miles）的 Hiawatha 线有 17 座车站和两个主要的 P + R 设施。在它运营的第一年，在线运营达 780 万，比预计高 58%。2007 年日平均运量 28 000，超过 2020 年的预估值。

　　2007 年，市政参议会开始在中央走廊建造一条轻轨线路的初步工程，位于明尼阿波利斯市中心和圣保罗市中心，线路长 17.7 km（11 miles）共 15 个车站，建设正式开始于 2010 年，将于 2014 年开通运营。

　　2007 年市政参议会开始建设一条长 64 km（40 miles），的通勤铁路线，位于北部走廊，于 2009 年开通运营。

　　如需了解更多信息，请参见地铁运输的独立项目。

　　2008 年，市政参议会提供了经联邦同意的中心走廊轻轨线的最终设计，在明尼阿波利斯市中心和圣保罗市中心，线路长 17.7 km（11 miles）共有 15 个车站，另外加上现有与 hiawatha 线共用的 5 个车站，建设正式开始于 2010 年，将于 2014 年开通运营。

其他运营线

⊃ 现状：有 5 个自营的通勤运营项目选择退出：枫树园运输系统（高峰时期快速服务）、明尼苏达谷官方运输（高峰时期快速服务）、普利茅斯城（快速通勤、逆向通勤和电话预约）、沙科皮城（电话预约和共乘/搭乘）及西南地铁运输委员会（快速通勤、逆向通勤和电话预约）。

地铁运输

⊃ 职工数量：2 650 人。

⊃ 现状：地铁运输是市政委员会的一个经营分支。它在本地区运营着超过 90% 的常规线路，其服务范围涵盖明尼阿波利斯、圣保罗（孪生城市）和大多数周边郊区。

⊃ 发展概况：市政委员会采纳了一个长期的运输政策计划，要求建造 5 条新运输线（参见独立项目）。

　　项目之一是西北地铁运输调整计划，始于 2007 年，完成于 2009 年，提高密西西比河以西和 55 号高速公路以北的服务区域。

　　接下来 5 年，在一个绿色倡议计划下，轨道交通局打算用 150 辆新一代混合动力汽车取代现有的 314 辆巴士，另有 164 辆新巴士将结合最先进的高效燃油技术，以减少排放物和提高燃烧效率。2007 年 8 月，轨道交通局提高了生物柴油的燃料供给量，从 5% 到 10%。在夏季的几个月里，这种混合应用率维持在 20%。

　　2009 年年初，轨道交通局签订了一个价值 100 万美元的合同，以数码方式记录视频安全系统。

纽瓦克/新泽西

 城市 281 402 人，市区面积为 215 万（2006年）。

 纽瓦克提供公共汽车、轻轨的通勤铁路服务，新泽西其他区域由新泽西州立运输公司和私人汽车公司合作提供支持整个新泽西交通。运营已扩展至整个州，但是纽瓦克、纽约城和费城的广大郊区需要特殊的通勤服务，如通勤巴士和通勤铁路也由新泽西州运输和私人提供，双区域的地铁运营由纽约港口局、新泽西（见纽约）和其他的辅助服务商如 Amtrak、纽约 MTA and SEPTA 提供。

➲运营类型：轻轨。

➲年客运量：1 539 万人次（2006年）。

➲列车走行公里：430 万（2006年）。

➲线路长度：172 km。

➲线路数量：3 条。 ➲车站数量：35 座。

➲轨距：1 435 mm。

➲线路：50 kg/m TEE 铁轨 ARAB 型枕木道砟道床，在隧道中车站为木制枕木混凝土道床。

➲最大坡度：6%。 ➲最小曲线半径：12 m。

➲隧道：明挖隧道，双轨制。

➲供电方式：600 V DC，接触网供电。

➲运行间隔：高峰 2 min，非高峰 6 min。

➲首/末车时间：05：00/01：00。

➲票制结构：单一票价，运输到某一汽车线路。

➲检票方式：1999 年研究的支付样式。

➲与其他交通系统的连接：在 11 个车站有 38 条公共汽车线路提供换乘服务。

➲运营成本来源：包括在公共汽车数据中。

➲单司机运行：所有车辆。

➲信号：简单的轨道电路模块。

➲监视：CCTV。

➲车辆：93 辆（72 辆 NJT 自有和已订购）。

纽瓦克城市地铁

→年客运量：520 万人次（2005/06 年）。

→现状：线路始建于 1929 年，首期运营于 1934 年。线路长 15.9 km（9.9 miles），共有 17 座车站。

21 辆 Kinki-Sharyo 轻轨车辆在线运营，有 5 辆 PCCS 车辆在车库中。

→发展概况：2006 年 7 月，开通了一段长 1.6km 新线，从纽瓦克-Penn 车站到纽瓦克-Broad 街车站。部分线路在地下运行，有 4 座车站。计划要延伸到纽瓦克解放国际机场。

Hudson-Bergen 轻轨

→现状：该系统连接居住州和西部泽西市的交易场所和新港中心、霍博肯终端业务和购物中心，经过通道和 NY 水路方便连接到纽约市。该系统长 43.8 km（27.2 miles），共有 23 座车站，52 辆 Kinki-Sharyo 轻轨车辆在线运营。

→发展概况最后的区段，从 Hoboken 终点运行到 Bergen 北部 Tonnelle 大街的停车换乘站台，并延伸到在 Bayonne 的第 22 街，2006 年 2 月工程完工。

河流线

→现状：河流线是长为 54.7 km（34 miles）的轻轨线，连接特伦顿与卡姆登，共有 20 座车站，服务社区沿特拉华河的路线 130 通道，并连接到新泽西交通、Amtrak、PATCO 和 SEPTA 的交通运输网络。

纽 约

城区 827 万人，市区为 1 882 万人（2007 年）。

城市运输局（MTA）的各种辅属机构管理公共汽车，地铁和郊区铁路网络运营。MTA 负责桥梁和隧道，由一个董事会代表城市和郊区县镇管理。纽约和新泽西间的区域地铁由港口局负责运营。私立的公共汽车线路提供其他的郊区和通勤服务，由运输局城市部管理从新泽西的其他通勤巴士服务运营（见纽瓦克/新泽西），还有一些私人提供的门到门的迷你巴士和到曼哈顿的快速路。通勤渡船由城市运转的史泰登岛渡轮和私人经营，主要运行在新泽西和曼哈顿之间，纽约港和哈得逊河走廊提供重建的渡轮服务。建议建设轻轨和快速公交运输。

 MTA 纽约城市运输——地铁运营

➲职工数量：25 078 人。

➲运营类型：全部为地铁，最初的地下线路开通于 1904 年。

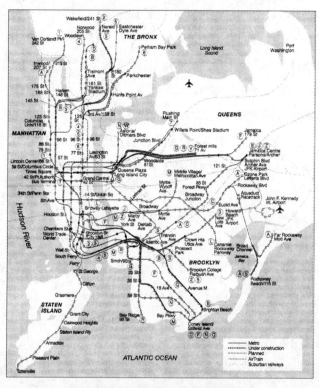

纽约地铁网络和郊区轨道线路图

➲年客运量：（年平均）16 亿人次。

➲列车走行公里：56 670 万。

➲线路长度：接近 1 061.9 km（2004 年）。

➲隧道：233 km。

➲线路数量：26 条。

➲车站数量：468 座。

➲地下：277 座。

➲高架：153。

➲轨距：1 435 mm。

➲轨道：枕木道砟道床或混凝土道床，或混凝土装有弹性垫。

➲隧道：明挖式，越江隧道衬砌混凝土灌注，马蹄形隧道。

➲供电方式：625V DC，第三轨供电

➲背景：2002 年，川崎和阿尔斯通运输公司在纽约组成了一个有限责任公司，为 NYC 运输基地供应其订购的 660 辆 R160 地铁车辆。川崎将制造 660 辆中的 260 辆，也将为 R160 合同提供牵引电机，同时利用它从与 NYC 运输签订 R143 车合同中获得的经验提供技术援助。从 2002 年起，川崎将为 R160 车，包括阿尔斯通的部分，供应所有的转向架。该合同包括两个附加的订单：620 辆或 380 ~ 420 辆。车辆合同的第一部分约定（620 辆）最晚于 2009 年前交货，而第二部分的可选约定（380 ~ 420 辆），可于 2009 ~ 2010 年交货。

➲发展概况：2006 年，MTA 董事会投票赞成与 DMJM + Harris 和 Arup 签订合同，最终设计第二大道地铁工程的第一段。最初的部分长为 3.54 km，共有 4 个车站，包括与 BMT 百老汇大街的地铁联运。合同总价 15 040 万美元。

下一步批准的合同总价为 1710 万美元，是加固水下地铁隧道和另一个价值为 8 000 万美元的额外监视摄像机和运动传感器。

2006 年 11 月，川崎重工交付和接收条件的第一组 10 辆 R160 地铁车辆。

➲运营车辆：接近 6 494 辆（2007 年）。

51 ft 车

川崎 R62（1984/85 年）	315；
庞巴迪 R62A（1985/87 年）	824；
川崎 R110A（1992 年）	10；
庞巴迪 R142（1999/2003 年）	1030；
川崎 R142A（1999-2004 年）	600；

75 ft 车

圣路易斯车辆 R44（1972/74 年）	272；
普式标准车辆 R46（1975/77 年）	252；
西屋-Amrail R68（1986/88 年）	425；
川崎 R88A（1988/89 年）	200；

60 ft 6 车

Budd R32（1964/65 年）	594；
圣路易斯车辆 R38（1968/67 年）	196；

圣路易斯车辆 R40S（1968/69 年）	292；
圣路易斯车辆 R40M（1968/69 年）	99；
圣路易斯车辆 R42（1969/70 年）	391；
川崎 R143（2001/02 年）	212；
阿尔斯通 R160A（2005/07 年）	114；
川崎 R160B（2005/07 年）	114。

→ 高峰车辆运行：5 284 辆。

→ 运行间隔：高峰 2～10 min，非高峰 5～15 min，深夜 20 min，在大多数车站 24 小时运营。

→ 票制结构：单一票价；地铁卡乘公共汽车也有效，每次使用地铁卡将获得 15% 的红利，每张价值 7 美元，包括一次免费史泰登岛地铁或者任一本地的 NYCT 公交、MTA 公共汽车或 LI 公共汽车；1、7、14 或 30 天无限乘坐地铁卡。

→ 检票方式：十字转门自动存取电子卡费用（地铁卡）。

→ 对老年人/残疾人的特殊服务：在 NY 城，相关合作部门为老人提供半价费用。NY 城 DOT 和 MTA 在纽约市为老人提供部分费用退还的特许权。63 个车站提供无障碍服务。

→ 运营资金来源：票价的占 85.4%，其他商业收入占 2.1%，FTA、州和本地政府补贴占 3.9%，税收的占 8.5%。

→ 单司机运行：仅在 4 节编组和 G 线上应用，1999 年也许可扩大到其他线路的夜间和周末运营。

→ 信号：路边信号/列车控制。

MTA 史泰登岛铁路（SIR）

史泰登岛快速运输局

→ 职工数量：310 人。

→ 运营类型：全部地铁。

→ 年客运量：410 万人次（2007 年）。

→ 线路长度：23 km。　　→ 线路数量：1 条。

→ 车站数量：22 座。　　→ 轨距：1 435 mm。

→ 轨道：50 km/m ARA-B 枕木碎石/煤矸道床。

→ 供电方式：600V DC，第三轨供电。

→ 现状：尽管是 NYCT 的一部分，这条史泰登岛上的线路却是独立运营的。

MAT 史泰登岛铁路（SIR）每天 24 小时运营在圣乔治和 Tottenvill 站之间。在圣乔治站，乘客可以换乘史泰登岛轮渡。

1997 年 7 月取消了检票，车次不通过圣乔治（唯一有十字转门设备的车站）。这些旅行不再计数，导致旅客行程次数下降。

◆车辆：64 辆。

圣路易斯车 R44（1971/73 年）　　　　　　　M64。

◆高峰运行车辆数：46 辆。

◆运行间隔：高峰时段 5 min，非高峰时段 30 ～ 60 min。

◆票制结构：单一票制。

◆检票方式：自动转门在圣乔治中转站和 Tompkinsville，接受地铁卡；除了圣乔治中转站和 Tompkinsville 不收费。

◆对老年人/残疾人的特殊服务：在 NY 城，相关合作部门为老人提供半价费用。NY 城 DOT 和 MTA 在纽约市为老人提供部分费用退还的特许权。在圣乔治、Dongan 山、Great kills 和 Tottenville 站提供无障碍服务。

◆运营成本来源：票款的 30.7%，其他经济收入的 2.2%，补贴/拨款的 58.1%，税收的 9%。

◆信号：彩色-位置-接近信号灯；双轨回流。

◆职工数量：1250 人，包括警察。

◆运营类型：全部是地铁，最早线路开通于 1908 年，PATH 创建于 1962 年。

◆年客运量：7 496 万人次（2008 年）。

◆线路长度：22.2 km。　　　　　　◆地下：11.9 km。

◆线路数量：4 条。

◆车站数量：13 座（7 in NJ，6 in NY）。

◆地下：10 座。　　　　　　◆轨距：1 435 mm。

◆最小曲线半径：27.4 m。

◆隧道：单线，主要铸铁制或混凝土建筑。

◆供电方式：650V DC，第三轨供电。

◆发展概况：PATH 正处于一个 10 年数十亿美元的现代化的发展中期，包括更换全部运营车辆，更换信号系统和加高车站。2005 年末，从川崎订购了 340 辆价值 49 900 万美元的新高速列车，2008 年中期开始交付，计划于 2011 年完成。这个现代化计划也包括价值 58 000 万美元的新信号系统。

美国

The United States of America

- 车辆：359 辆。

圣路易斯车 PA1 （1965 年）	M153 ；
圣路易斯车 PA2 （1967 年）	M43 ；
Hawasaki Siddeley 加拿大 PA3 （1972 年）	M35 ；
川崎 PA4 （1986 年）	M94 ；
川崎 PA5 （2008 年）	M34 ；

- 订购：212 辆新的川崎车，计划于 2011 年完成交付。

- 运行间隔：24 小时，高峰 4 ~ 6 min。

- 票制结构：基准票制与联运折扣票，与其他运营商的通票。

- 检票方式：准确兑换，自动转门。

- 监控：警察监督；CCTV；由 CCTV 监视转门。

- 运营成本来源：票价的 35%，其他商业收入的 1.6%；赤字财政收入由母公司港务局自行承受。

- 信号：区间信号系统为自动闭塞。

纽约和新泽西港务局

公共事务部

肯尼迪国际机场捷运——肯尼迪国际机场

- 运营类型：自动化轻轨。

- 年客运量：440 万人次 （2006 年）。

- 线路数量：3 条。
- 车站数量：10 座。

- 现状：12.8 km （8 miles） 的轻轨系统在机场中央航站区的九个航站楼之间循环运营，连接机场租车、雇员停车区，并延伸到机场区域轨道交通枢纽，提供与长岛、布鲁克林和曼哈顿中心商业区的驳接服务。本系统开通于 2003 年，机场捷运允许肯尼迪国际机场的旅客和雇员直接进入纽约机场国际入口。

　　纽约和新泽西港务局与庞巴迪运输签订了运营合同。

- 车辆：32 组。

庞巴迪先进的快速运输 MK ll。

- 运营时间：24 小时。

- 票制结构：机场内免费，从牙买加或海滩站凭单一票价。

- 检票方式：可从自动售票机购买地铁卡付费。

- 对老年人/残疾人的特殊服务：全程无障碍。

- 与其他交通系统的连接：在长岛与铁路连接，在牙买加站与巴士连接；

与 NYC 地铁相接。

纽瓦克机场捷运——纽瓦克国际机场

◗ 运营类型：单轨（高架）。

◗ 年客运量：180 万人次（2007 年）。

◗ 线路数量：1 条。

◗ 车站数量：8 座。

◗ 现状：全部由计算机自动控制的单轨车辆运行在长 7.7 km（4.8 miles）的双向双车道导轨上。机场环形线完成于 1996 年 5 月，为纽瓦克国际机场三个航站楼、公共停车场和租车处间提供运输服务。1996 年 6 月，核准机场环线的伸长线项目，与 Amtrak 和新泽西铁路运输系统联网，提供大量运输，连接本区域。于 2001 年项目完工。

纽约和新泽西港务局与庞巴迪运输签订了运营合同。

◗ 运营时间：24 小时。

◗ 票制结构：机场内免费。

◗ 对老年人/残疾人的特殊服务：全程无障碍。

◗ 与其他交通模式的连接：与新泽西运输和 Amtrak 的东北走廊（NEC）铁路线相连。

◗ 背景：在几个提议中，在 1994 年，纽约市议会批准了一条 3.5km（2.2mile）的轻轨线，线路沿着曼哈顿第 42 街，共有 7 座车站。发起人为纽约市运输部门和第 42 街发展公司，1992 年收到 13 个团队的意向。1993 年获得 FTA 的计划赠款 90 万美元，得征了项目的发展。预计年客流量达到 900 万，目前没有实现需要 17 辆车的计划。

◗ 现状：尽管计划至今未被批准，第 42 街仍有一个条 3.2 km（2 miles）线路的轻轨项目。第 42 街的提议于 1999 年 7 月提出。

◗ 发展概况：早在 2005 年，42 街的提议提出后，进行了三次可行性研究，最终在市中心构建 1 条轻轨线路和 1 条步行街道。

2006 年 1 月，进行一个远期环行项目的技术研究。

直到 2009 年，情况依然没有改变，运输部门仍然没有落实该项目，但是大都市运输局（MTA）和纽约市运输一直在进行扩建 7 条地铁线路的工作，这将大大提升整个走廊通勤流量。

诺福克

人口 2 357 474 人（2007 年）

166 万（2008 年）

公共交通 公共局代表委员会管理公共汽车、城市辅助客运交通、有轨电车及轮渡服务；轻轨在建。

轻轨运输（LRT）——Tide 线（在建）。

Tide 线将延伸到东弗吉尼亚医疗中心，通过诺福克市中心到达新城路，全长 12 km，共有 11 座车站。HRT 预计日客流量在 6 000 ~ 12 000 人次之间。将增强与巴士的驳接能力。预期费用为 23 210 万美元，需要 9 列 LRT 车辆。

奥兰多

人口 城市 213 223 人（2005 年）。

市区面积：198 万（2006 年）。

公共交通 固定线路巴士适应需求的服务，通勤辅助项目由政府当局 9 位成员组成的委员会提供。延伸线由私人运营。有规划的通勤铁路。

OIA 连接轻轨

OIA 的目标是连接轻轨运输，建设一段长 2.5 km 的轻轨系统。连接奥兰多国际机场，该系统正规划一个向南北延长的扩建轻轨项目。公共和私营地面运输也能与之相驳接。

于 2003 年开始研究方案，2005 年 8 月完成研究。评估确定了最初的 8 个可选的 LRT 方案。收到的最初评估意见确认和修订可选线路。从本质上讲，在位置上，沙湖路走廊是最佳选择方案（LPA）。

费城

人口 城市 145 万人，市区面积 583 万人（2007 年）。

公共交通 州和地方政府任命的代表董事会控制的交通管理局与运行在费城-Lindewold-大西泽沿岸城市间的新泽西

州运输列车相连接。经营巴士、无轨电车、地铁、有轨电车和市郊铁路，服务部门管辖，并获得保障。另外，到 Lindenwold、新泽西的地铁线路由港口局运营。

港口局运输公司（PATCO）

↪职工数量：325 人（接近）。

↪运营类型：全部为地铁，1969 年开通。

↪线路长度：23.3 km。

↪地下：4.1 km。

↪高架：3.7 km。

↪线路数量：1 条。

↪车站数量：13 座。

↪地下：6 座。

↪轨距：1435mm

↪轨道：66km/m 无缝焊接轨；隧道里，混凝土道床，地面，道砟枕木道床，高架，轨道锚挂混凝土层面。

↪最大坡度：5%。

↪最小曲线半径：61 m。

↪隧道：明挖法。

↪供电方式：685V DC，第三轨。

↪现状：PATCO 是北美第一条新型高速自动化交通线路，由 PTC 运营（前任为 SEPTA）的现有线路是 1935 年修建的，经过富兰克林大桥连接费城市中心隧道和 Camdan，特拉华港务局经营桥梁和港口。

PATCO 经营利用混合模式，包括连接铁路和停车服务的智能卡收费系统。这个系统被立方交通系统股份有限公司整合，得到立方票价中心系统（NCS）的支持。

运行间隔：高峰 3～4 min，非高峰 7～12 min；24 小时服务。

票制结构：分成 5 个区域的带状票制，2 次或 10 次票。

检票方式：所有车站均无员工，装备自动兑换机、自动售票机和双向门。

逃票控制：所有收费区域有 CCTV，由 PATCO 警察实施监控和强制执行。

对老年人/残疾人的特殊服务：降低票价。

与其他交通系统的连接：内部运输管理由新泽西运送公共汽车乘客

和 SEPTA，也从大西洋城运输到 NJT；7 个车站有 12 000 多个停车位。

运营成本来源：票款的 56.4%，不足资金由特拉华河港务局贷款补充。

➡单司机运行：所有车辆。

➡信号：机车信号，与路旁信号联锁；除 PA 申报的门外，全部为自动化。

➡监控：在 4 个地下站。

➡车辆：121 辆。

Budd（1968~1969 年）信号车	M25；
Budd（1968 年）	M50；
Vicker 加拿大（1980-1981 年）	M46。

➡高峰运行车辆：96 辆。

菲尼克斯

 人口　城市 155 万人，市区为 417 万（2007 年）。

 公共交通　菲尼克斯公共运输部管理市区及郊区的巴士服务，覆盖人口 300 万人。Tempe、Scottsdale 和区域公共运输局同属山谷地铁管理私立运输合同，区域公共运输局或本地其他自有资金运营的当地其他服务。跨城的通勤巴士服务、MaricopaXpress 开通于 2008 年，连接 Maricopa 城与菲尼克斯和 Tempe（www. Maricopa-az. gov）。有轻轨项目在建。

 轻轨

轻轨（METRO）

➡线路数量：1 条。　　➡线路长度：32 km。

➡车站数量：28 座。

➡发展概况：全长 32 km 的 METRO 轻轨线于 2008 年 12 月开通，地面线路有 28 座车站，8 个 P + R 设施和 50 辆车。运营第一年的日旅客行程次数达 26 000。

基于 2008 年 1 月到 3 月的数据，平均日旅客行程次数超过项目预期值，周末旅客行程次数亦超过项目预期值，特别是在特殊事件期间。

开通之前，METRO 使用选择权，又购买了 14 辆车，连同原来购买的 36 辆，车辆总数达到 50 辆，满足沿线不断增长的客流和特殊事件的需求。

Maricopa 政府协会（MAG）采用了区域交通规则，并提供部分资金，增加全县的销售税收，要求 2005 年前建设一条另外的全长 59.5 km（37 miles）的轻轨/高容量的主干通道。

西北延长线：全长 8 km（5 miles），在第 19 大道到 Rose Mofford 公园之间运行，该条轻轨线路将分 2 个阶段建设，第一阶段长 5.15 km（3.2 miles），终点在 Dunlap 大街，计划于 2014 年开通。

Tempe 南线：全长 3.2 km（2 miles），运行在 Tempe 的南大街附近，计划开通于 2015 年。交通模式为巴士快速交通（BRT）、现代有轨电车（MC）和轻轨铁路运输（LRT）。考虑将线路置于 Rural 路和 Mill/Kyrene 路。

中心台地全长 4.3 km（2.7 miles），通向市中心。计划于 2015 年开通。交通模式为巴士快速交通（BRT）和轻轨铁路运输（LRT）。

Glendale：已确定线路走向和运输模式。计划 2017 年开通。资金来源于 Glendale 和菲尼克斯城税收。

1-10 西线：全长 17.7 km（11 miles），在 79 大街的高速公路末端运行。计划于 2019 年开通，交通模式考虑巴士快速交通（BRT）和轻轨铁路运输（LRT）。运输线路将连接 32 km 的新线到 79 大街的 P + R 车场。

东北菲尼克斯：全长 19.3 km（12 miles），向东北运行到天堂谷购物中心，计划于 2025 年开通。将确定运营模式和线路。

山谷地铁轨道股份有限公司（METRO）代为管理该区域的轻轨运输（LRT）的规划、设计、建设和运营。

METRO 正在进行可选性分析研究，在 RPT 确定 3 个走廊，名为中心台地、1-10 西和 Tempe 南。研究的目的是评估潜在高性能运输（HCT），以改进走廊内的诸如 LRT 或快速巴士运输（BRT）。

2007 年 3 月，菲尼克斯城会议同意实施西北延长线项目，最初用本地资金从 Montebello 大道到 Dunlap 大道，沿着 19 大道建设一段长 5.2 km（3.2 miles）的线路。这一阶段计划于 2012 年完成。已完成延长线设计的 95%，建设开始于 2009 年中期。

项目的二期工程，将扩展 2.3 km（1.4 miles）到 25 大道和山景路，计划于 2017 年完成。

中心台地的可选性分析也在按计划进行。2008 年 7 月，MAG 地区议会推荐 1-10 路权，HTC 证明 1-17 西为更理想线路。项目组正在评估从菲尼克斯市中心到 1-10 高速干路的可行性。

Tempe 线的可选性分析期望完成于 2009 年中期。

系统配置研究已于 2008 年早期结束。已确定建设的第一阶段研究，从乘客方面和其他经营特色来说，走廊配对最好的是采用 91.7 km（57 miles）轻轨运输系统。METRO 开始第二阶段的研究评估旅游市场服务，以及评估每个走廊的相对成本效益。本研究已处于最后阶段，预计不久将确定最终报告。

匹 兹 堡

 城市人口为 310037 万人（2008 年）。

 由运输局负责提供保留专用车道的巴士、电车轻轨和缆车服务，县区服务由 magiev 建议的代表董事会管理。

有轨电车/轻轨

➡运营类型：部分传统的有轨电车按照轻轨的标准重新建设。

➡年客运量：

680 万人次（财政年度 2003 年）；680 万人次（财政年度 2004 年）；

730 万人次（财政年度 2005 年）；740 万人次（财政年度 2006 年）；

710 万人次（财政年度 2007 年）。

➡列车走行公里：270 万（2003 年）。

➡线路长度：40.5 km。

➡地下线路长度：3.9 km。

➡线路数量：4 条。

➡轨距：1 588 mm。

➡供电方式：650 V AC，接触网供电。

➡车辆数：83 辆。

西门子——Duewag SD 400 轻轨列车（1984～1985 年）；

还有一些翻新车辆（2005 年）　　　　　M55；

CAF（2005 年）　　　　　　　　　　　M28；

➡高峰运行车辆：63 辆。

➡定购：这批车辆中的 55 辆计划由 CAF 翻修。第一批的 44 辆列车已经送

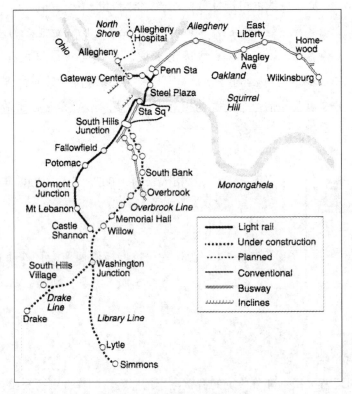

匹兹堡轻轨线路图

到了修理厂。剩下的 11 辆列车也将会翻修。

➲ 运行间隔：高峰为 3 min，非高峰最小间隔为 15 min。

➲ 与其他交通系统的连接：与本地公共汽车线路相连接的有 12 座车站。

➲ 检票方式：每辆列车设有票箱，高峰时段内在 12 座车站的站台检票。

➲ 列车平均速度：24.8 km/h（15.4mile/h）。

➲ 发展概况：第二阶段的轻轨工程于 2004 年 6 月完成，这项工程是在 Overbrook 线的 8.4 km（5.2mile）线路上重新建造的，购买了 28 辆新列车，并大修了现有的 55 辆轻轨列车中的 40 辆，这项工程修建了 10 座新车站。剩下的 15 辆原始列车也要进行重新修理。

还有一项工程是延长 T 线至城市的北岸。这条线路将会铺设到机场，连接城市的北部和西部。于 2006 年开始修建北岸连接通道，计划于 2011 年完成。

28 辆崭新的 CAF 列车已于 2005 年交货。

2006 年 5 月，运营部门与 CAF 签署了关于修理 55 辆西门子列车中最后 15 辆的合同。这批车辆的交货期限为 2008 年初。

波 特 兰

 人口 城市人口为 550 396 人（2007 年），大都会区人口为 221 万人（2008 年）。

 公共交通 公共汽车、轻轨和通勤铁路由 TriMet 公司负责运营，一个政府机构负责整个州的交通运输，这个机构由州长指派的志愿者管理。运营区域的面积为 950km²，覆盖 Oregon 郡、Clark 郡和华盛顿。由独立的运输机构负责相对较晚开通的运营服务，这些机构需要与 TriMet 公司协调票款问题。中心城区的有轨电车归政府所有并由政府进行管理，TriMet 公司根据合同负责运营。

 轻轨

轻轨（规模最大）

➡ 运营类型：轻轨，于 1986 年开通首条线路。

➡ 年客运量：

3 190 万人次（2004 ~ 2005 年）；3 260 万人次（2005 ~ 2006 年）；

3 400 万人次（2006 ~ 2007 年）；3 520 万人次（2007 ~ 2008 年）；

3 520 万人次（2008 ~ 2009 年）。

➡ 列车走行车公里：

1 080 万（2004 ~ 2005 年）；1 060 万（2005 ~ 2006 年）；

1 050 万（2006 ~ 2007 年）；1 090 万（2007 ~ 2008 年）；

1 160 万（2008 ~ 2009 年）。

➡ 线路长度：83.7 km。

➡ 线路数量：5 条。　　　　➡ 车站数量：84 座。

➡ 轨距：1 435 mm。

➡ 轨道：无缝钢轨安装于枕木或混凝土的道砟道床。

➡ 最大坡度：7%。

➡ 供电方式：750 V DC，接触网供电。

➡ 运行间隔：高峰 7 ~ 10min，非高峰和周六为 15 ~ 20min，夜晚和周日为 15 ~ 30min。

➡ 首/末车时间：03：25/01：40（只有周五是 02：23）。

➡ 票制结构：分段计价（3 个辐射区）；2 小时免费换票；免费换乘区仅用于轻轨或街道车辆，设有公交车；年轻人折扣票，老年人和残疾人折扣票；当日票有效。

➡ 检票方式：巡查人员查票，所有车站均设有自动检票机；与公共汽车免费换乘。

➡ 与其他交通系统连接：55 个车站能够与公共汽车连接；轻轨车站设有 23 个停车场，提供 9 606 个停车位，还有 15 个计程车及接送转乘区；所有公共汽车上都有自行车架，能够容纳两辆自行车，37 个 LRT 车站设有自行车库；4 个通勤铁路车站和 2 个公共汽车运输中心；每列 2 节编组的列车都有 8 个自行车位。

➡ 对老年人/残疾人的特殊服务：每列车都至少有一节车厢设为低底盘，所有乘客都能进入。

➡ 信号：交通信号灯在所有的街道区段为首选，其他区段为自动闭塞。

➡ 车辆：127 列

庞巴迪列车/BBC（1983 年/1986 年）	M26；
Gomaco Brill replica cars（1991 年/1992 年）	M2；
西门子 SD660 低底盘列车（1996 年/2004 年）	M77；
西门子 S70 低底盘（2009 年）	M22。

➡ 高峰运行车辆：103 辆。

➡ 发展概况：I-205/波特兰商业街最大的轻轨工程：

2007 年 2 月开始建造，线路长度为 13.4 km，连接克拉克马斯郡和波特兰州立大学，将来可能延长到密尔沃基，温哥华和西南方向。根据预测数据，到 2025 年新线每天的客运量为 46 500 人。行车间隔计划为 15min。这条线路于 2009 年 9 月开通。

这条线的 I-205 区段于 2007 年 4 月开始修建，长度为 10.5 km。设有 8 个新车站和 5 个停车换乘设施（至少 2 300 个停车位），这 8 个车站都能够换乘公共汽车，包括在克拉克马斯郡中心的 10 条公共汽车线路。

波特兰—密尔沃基轻轨工程：

这个工程将会修建一条长度为 11.7 km 的轻轨线路，这条线路连接 TriMet 系统最繁忙的运输终点站——波特兰市中心的波特兰州立大学和克拉克马斯郡北边的栎树橡木林。这条线路包括 10 座车站，连接 South Waterfront、SE Portland 和密尔沃基市，还会设有 2 个拥有 2000 个停车位的停车换乘设施。当这条线路于 2015 年开通的时候，它将会是克拉克马斯郡的第二大轻轨项目、当地的第六大线路。2009 年春季，这项工程已经接近由联邦运输管理的初期工程。

在 2009 年年初，TriMet 公司授予莫特麦克唐纳德舱口公司修建波特兰—密尔沃基轻轨工程初期工程的合同——线路的东段。

萨克拉门托

 人口　城市人口为 453 781 人，大都市区人口为 207 万人（2006 年）。

 公共交通　由运输局指派的理事会负责监管城市和整个地区的公共汽车和轻轨，辅助客运系统鉴定承包合同。私营公司负责在 Yolo 郡、罗斯维尔市和福尔松，一些通勤运输服务和签约公共汽车运营。

 轻轨

- 职工数量：168 人。
- 运营类型：轻轨，于 1987 年开通首条线路。
- 年客运量：

  870 万人数（2000 年）；　　850 万人次（2002 年）；

  850 万人次（2003 年）；　　1 100 万人次（2005 年）；

  1 450 万人次（2006 年）。

- 列车走行公里：200 万（2005 年）。
- 630 万（2006 年）。
- 线路长度：60.2km。
- 线路数量：2 条。　　　　车站数量：47 座。
- 换乘站：26 座。　　　　　轨距：1 435 mm。
- 供电方式：750 V DC，接触网供电。
- 发展概况：2004 年和 2005 年，21 UTDC-built 轻轨线原来由 San Jose 经营，在萨克拉门托提供运营服务前，要重新改造所有设备。

  2006 年 12 月，RT 完成了美国火车公司轻轨区段最后 1.1 km（0.7mile）的修建工作，从福尔松走廊站至萨克拉门托山谷站。

  公司计划修建南方线第二阶段的延长线，长度为 6.8 km（4.2mile），设立 4 座车站，从科秀尼斯河流学院至位于 Meadowview 公路的终点站。RT 已经完成了初期工程，并对建设和计划延长运营的影响进行了评估。

  公司计划修建 Downtown Natomas Airport 轻轨线路，这条线的长度为

20.9 km（13mile），设立 14 座车站，连接市中心和萨克拉门托国际机场。2007 年 7 月，一份修订的环境影响声明报告已提交到联邦交通管理局。

为了使用视频监视轻轨系统，成立了一个视频控制中心。建立经费为 606 250 美元，由国土安全部提供资金。

➡ 车辆：97 辆。

西门子 SD100 单铰接装置双向（1987 年、1991 年）	M36；
CAF 低底盘单铰接装置双向（2002 ~ 2003 年）	M40；
UTDC（1987 年）	M21。

➡ 运行间隔：白天为 15 min，夜晚为 30 min。

➡ 首/末车时间：04：30/19：00（金色线），01：00（蓝色线）。

➡ 票制结构：单一票价，单程免费换乘，市中心低票价，当日票和月票。

➡ 检票方式：所有车站都设有售票机；预购票，月票。

➡ 逃票控制：RT 查票职员、警察/郡治安官会检查购票证明。

➡ 单司机运行：所有列车。

➡ 对老年人/残疾人的特殊服务：除了一座车站，都设有坡道或电梯。

➡ 与其他交通系统的连接：设置了 18 个停车换乘设施，共提供 7 482 个停车位，还有 26 个公共汽车换乘中心。

➡ 全程运行时间：55min。

盐湖城

 城市人口为 181 698 人，大都市地区为 102 万人（2009 年），运营服务区域为 167 万人。

 由当地政府负责运营公共汽车和轻轨，区域覆盖了市区和盐湖城、犹他州、戴维斯郡、韦伯郡、图埃勒郡、白蜡槭郡的周边地区；已经规划通勤铁路。

 ➡ 运营类型：轻轨，于 1999 年开通首条线路。

➡ 年客运量：

610 万人次（2000 年）；　　　　　　1 010 万人次（2003 年）。

➡ 列车走行公里：

240 万（2000 年）；　　　　　　　　370 万（2003 年）。

➡ 线路长度：32.2 km。　　　　　➡ 线路数量：2 条。

◆车站数量：23 座。　　　　　　　　　　◆轨距：1 435 mm。

◆供电方式：750 V DC，接触网供电。

◆现状：1999 年开通的 TRAX 线连接盐湖城市中心和桑迪城。这是当地铁路系统的第一阶段。

　　1995 年，盐湖城成为 2002 年冬季奥运会的主办城市，政府批准了 24 100 万美元，其中的 7 000 万美元用于改进公共设施。23 列车由西门子交通运输公司提供。

　　TRAX 线已经接管了 UTA 公司在 1993 年购买的单轨 Union Pacific Railroad 线，在这条线上，货运火车会在午夜和凌晨 5 点之间运行。由于单架桥不合规则，全部线路已经改为双向轨道。

　　根据 1999 年 12 月关于轻轨的介绍，UTA 在桑迪线 24 km 的基础上修建了 2 条延长线。在 2002 年 2 月冬季奥运会之前，长度为 5.3 km 的大学线于 2001 年 12 月开通。在冬季奥运会以后，从医疗中心开始修建大学线的延长线。这项工程会增加 2.5 km，于 2003 年 9 月开通。盐湖城国际机场的轻轨延伸线，Mid-Jordan、西部谷城、德雷珀等线路处于计划进程中的不同阶段。机场线将在盐湖城市中心与国际机场之间增加 10.6 km，设立 8 个新车站。这条线主要在城市街区运营。长度为 16.7 km 的 Mid-Jordan 线，为 Midvale、West Jordan 和 South Jordan 提供服务，将会在现有的 UTA 的铁路专用线建造，地面全部交叉道路信号灯拥有优先权。这条延长线将增加 9 个车站。西部谷线将会在 7.8 km 的线路上设立 4 座车站，初期建设在已有的街区和取得最新所有权的区段，信号灯的优先权高于交通系统。桑迪线的延长线将会在 13.6 km 的线路上增加 5 座车站，并利用 UTA 拥有的拥铁路线。最后，轻轨系统延长线的完成时间取决于联邦政府对时间的掌握和地方政府的经费资源。

◆发展概况：UTA 已经从圣克拉拉流域交通管理局获得了 29 辆 LRVs 型列车。这些列车将会在桑迪线和大学线运营，以解决这两条线运力不足的问题，有利于提高计划性，而且会对现有 40 列车考虑更有效的预维修计划。这些车辆经过大修和更新改造，保证适应现有的轻轨系统级号，预计车辆投入运行后可增加运营收入。由于这些车已经使用了 20 年，2007 年初，UTA 与庞巴迪签订合同，由庞巴迪负责 29 量 UTDC 车辆的中期大修工作。

◆车辆：69 辆

西门子运输公司的列车（1999 年）　　　　　　M23；

西门子运输公司的列车（2001 年）	M10;
西门子运输公司的列车（2003 年）	M7;
UTDC（1987 年）	M29。

➲ 运行间隔：工作日和周六为 15min，周日和节假日为 20min。

➲ 首/末车时间：周一至周日为 05：01/23：32；周五至周六为 05：01/01：02；周日和节假日为 09：15/21：02。

➲ 单司机运行：所有列车。

➲ 票制结构：单一票价与公共汽车相同，在盐湖城市中心的 5 个车站免费，职员、学生。雇员有折扣票。

➲ 检票方式：所有车站都设有售票机、月票、日票、Eco 票，从公共汽车换乘的 2h 内免费。

➲ 逃票控制：UTA 的交通公共安全职员负责检查购票证明。

➲ 与其他交通系统的连接：公共汽车/轻轨系统互相换乘的 2h 内免费；23座车站中的 12 座设有停车换乘设施，共能提供 3 879 个停车位；11 座公共汽车站设立在指定的小巷中，在街道上还设有 12 座公共汽车换乘站。所有车辆都能放置自行车。

➲ 对老年人/残疾人的特殊服务：降低票价；所有车站的入口都设有坡道，而且每辆车尾部驾驶室位置的站台都是可收缩的。

圣地亚哥

 城市人口为 127 万人；大都市区的人口为 298 万人（2007 年）。

 在圣地亚哥郡南部的部分地区，都市交通系统的子公司提供公共汽车和轻轨运营，北方郡交通区提供北部公共汽车和铁路运营。都市交通系统也负责与出租车和小公共汽车签署合同，并进行协调工作。由私营公司负责轮渡。

都市交通系统（MTS）

➲ 现状：都市交通系统是以前的都市交通发展委员会，为了统一交通系统于 1985 年成立。都市交通系统联合了固定线路和辅助客运系统的运营商，其中包括圣地亚哥、丘拉维斯塔、Lemon Grove、纳雄耐心城、Poway、桑蒂和圣地亚哥郡南部地区的部分联合团体。都市交通系统的管辖范围覆盖了 76% 的郡，运营区域为 8 357 km2，服务于 219 万人口。

轻轨交通网络的运营工作委托给都市交通系统的电车公司，有 3 条独立的线路，分别是蓝色线、橙色线和绿色线。都市交通系统有 89 条公共汽车线路，贯穿圣地亚哥地区，由私营公司和政府部门负责运营。

轻轨网络还在计划扩建，有的延长线正在建设。已经过渡到圣地亚哥政府联合团体（SANDAG）。SANDAG 依旧与 CALTRANS 共同工作，为了在州际公路建设快速公共汽车，计划于 2012 年开始动工。

都市交通系统为圣地亚哥城和其他城市的出租车、小公共汽车和其他以劳动抵偿的车辆发放许可证，并对其进行管理。

2004 年 11 月，67% 的投票者赞同继续将 50% 的本地税收补贴公共交通、高速公路和本地公路的改进。

➡ 年客运量：

7 540 万人次（2003~2004 年）；　　7 690 万人次（2004~2005 年）；
8 260 万人次（2005~2006 年）；
9 070 万次（2007~2008 年）。

➡ 列车走行公里：

5 130 万（2003~2004 年）；　　5 110 万（2004~2005 年）；
5 850 万（2005~2006 年）；
5 880 万（2007~2008 年）。

➡ 运营成本来源：37.5% 来自票款收入，62.5% 来自补贴。

➡ 补贴来源：地方交通发展基金，州交通资助，联邦政府交通管理补助和名为 TransNet 的地方 50% 的营业税收。

旧金山 |

 人口　　城市 739 426 人（2005 年）

 公共交通　　市政部门负责城市地区的公共汽车、无轨电车、架空索道车和轻轨运营；在旧金山、圣马特奥、Alameda 和 Contra Costa 郡内之间，由海湾地区快速交通行政区运营部门负责地区地铁运营。市郊铁路连接 San Jose 和圣弗朗西斯科，为圣克拉拉郡和圣马特奥郡提供服务。多家运营商负责在交叉海湾上的轮渡和公共汽车运营。

电车/轻轨（地铁）

➡职工数量：627 人。

➡运营类型：传统电车升级到轻轨标准，10 km 的城市中心隧道设有高站台车站。

➡年客运量：

4 290 人次（2003 年）；　　　　　　4 520 人次（2004 年）。

➡线路长度：50.2 km。

➡线路数量：7 条。

➡轨距：1 435 mm。

➡供电方式：600 V DC，接触网供电。

➡运行间隔：6~10min。

➡首/末车时间：05：00/00：30。

➡票制结构：单一票价，月票，市政"通行证"。

➡检票方式：在隧道区段，车站内的检票方式是在站台入口设置栅栏；在地面区段，硬币或纸币能够投入票箱。

➡信号：在 Market Street 隧道使用 Seltrac 移动闭塞。

车辆：192 辆。

多种型号旧车（1895/1952）	M23
Boeing Vertol SLRV（1979）	M1
St Louis car pcc ex-philadelphia（1948）	M14
St Louis car pcc double-ended（1948，1994 重造）	M3
（1996/2003）	M157

➡发展概况：2006 年春季开始在新线——T 线进行试运行。于 2007 年 1 月中旬计划在新线上前导运行，只在周末的白天运行，到 2007 年 4 月开始全部运营。

圣克拉拉谷交通运输局——轻轨运营部门

➡运营类型：轻轨，于 1987 年开通首条线路。

➡年客运量：

550 万人次（2004 年）；　　　　680 万人次（2005 年）；

830 万人次（2006 年）；　　　　1 030 万人次（2007 年）；

1 050 万人次（2008 年）。

➲列车走行公里：

240 万（2004 年）；290 万（2005 年）；

340 万（2006 年）；350 万（2007 年）；

350 万（2008 年）。

➲线路长度：67.9 km。

➲线路数量：2 条，包括分支线路。

➲车站数量：62 座。　　　　　➲轨距：1 435 mm。

➲供电方式：750 V DC，接触网供电。

➲现状：圣克拉拉谷交通运输局现阶段运营着两条轻轨线路，分别是
Mountain View-Winchester 线和 Santa Teresa-Alum Rock 线，包括到阿尔马
登的往返汽车。

➲发展概况：2005 年，开通了两条延长线，从会展中心至 San Jose Diridon
以及从 San Jose Diridon 至温彻斯特。

➲车辆：99 辆（包括旧车）。

Kinki Sharyo 低底盘轻轨列车（2002～2003 年）　　　　　M99；

历史旧车　　　　　M2。

➲高峰运行车辆：47 辆。

➲运行间隔：高峰 15 min（在两条线重叠的区段为 7 min 30sec），中午 15
～30 min，非高峰 15～60 min。

➲首/末车时间：04：30/01：30。

➲票制结构：单一票价，加票价，年票，月票，多次使用票，日通票（3
次单价）团体票，地方雇员年票。

➲检票方式：所有车站均设有票机；巡视员检查购票证明。

➲与其他交通系统的连接：鼓励市民在运输中心换乘公共汽车；在 Tamien
站、Mt-View 站和 SJ Diridon 站设有 Caltrain；在 10 座车站设有停车换乘
设施，提供 6 298 个停车位。

➲对老年人/残疾人的特殊服务：所有车站都有水平面站台；在所有的票机
上都有盲文说明；每辆轻轨列车上都有四个轮椅位置。

➲运营成本来源：14% 来自票款收入。

圣路易斯

 人口　城市人口为 350 759 人（2007 年），大都市地区人口为 282 万人（2008 年）。

 公共交通　负责公共汽车、轻轨和辅助客运系统由圣路易斯政府和周围的密苏里、伊利诺伊政府运营，由众议院的董事会控制。

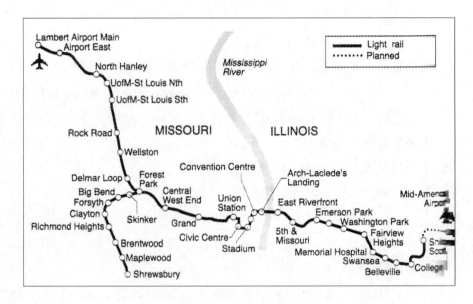

圣路易斯轻轨线路图

 地铁

➥旧金山湾地区快速运输部门。

➥运行类型：全部为地铁，1972 年开通第一条线。

➥年客运量：11 200 万人次（2008/09 年）。

➥线路长度：167 km。

➥隧道内：42 km。

➥高架：38.4 km。

➥线路数量：5。

➥车站数量：43。

➥轨距：1 676 mm。

➥轨道：防震垫上铺设混凝土枕木。

➥最大坡度：4%。

➥最小曲线半径：120 m。

➥隧道：Tranbay 管道：为了高效防止地震干扰，设计钢筋混凝土的双段暗式沉箱隧道。

➲供电方式：1kV DC，第三轨。

➲职工数量：不少于 2 300 人。

➲背景：密苏里州和伊利诺伊州之间达成共识，于 1949 年成立地铁运营部门，并被美国国会批准，地铁线路穿过地方、郡和州的边界，为该地区居民建设地铁、提供设备和运营服务。服务地区覆盖了圣路易斯和周边密苏里州和伊利诺伊州的部分地区。

由于是两个州的发展机构，而且以这个机构继续运营，于 2003 年 2 月采用新的名字“地铁”。

现状：地铁公司拥有和运营圣路易斯大都市地区的公共交通系统，包括公共汽车、轻轨和 Metro Call-A-Ride 辅助客运系统。

发展概况：2006 年 10 月，美国国土安全部批准了将 110 万美元的补贴给地铁公司，用于改进铁路和城市间公共汽车的安全性。

由于一项交通运营资金出现赤字，地铁公司必须在 2009 年 4 月减少至少 30% 的公共汽车、轻轨和 Metro Call-A-Ride 服务。密苏里州的立法机关已经通过了一个包括一次性给圣路易斯地区 1 200 万美元经费，用于支持交通服务。如果这项拨款被密苏里州的州长批准，有了资金，就会使即将消减的 1/3 和取消的交通运营得到重新恢复。已经提出一个恢复交通运营的计划，可能在 2009 年的下半年落实。

轻轨

MetroLink

➲运营类型：轻轨，于 1993 年 7 月开通首条线路。

➲年客运量：

1 480 万人次（2002 ~ 2003 年）；1 450 万人次（2003 ~ 2004 年）；
1 560 万人次（2004 ~ 2005 年）；1 660 万人次（2005 ~ 2006 年）；
2 180 万人次（2006 ~ 2007 年）。

➲线路长度：73 km。

➲隧道：4. 71 km。

➲线路数量：2 条。

➲车站数量：37 座。

➲轨距：1 435 mm。

➲轨道：在枕木上铺设 45. 7 km 57-kgRE 轨道，在枕木上铺设 27. 35 km

65-kgRE轨道隧道内设有混凝土厚板。

➡供电方式：860 V DC，接触网供电。

➡现状：2001 年 5 月，Metro 开通了圣克莱尔县的 MetroLink 延长线，这条线路在原有 27.4 km（17mile）的基础上，增加了将近 29 km（18mile）。延长线连接了圣路易斯东部的 5th& 密苏里站和位于贝勒维尔的西南伊利诺伊大学。圣克莱尔县的所有公共汽车线路都能与轻轨系统连接，并且能够实现公共汽车与轻轨联运。建设 St 圣克莱尔县延长线的费用来自圣克莱尔县 0.5% 的消费税和联邦政府新的启动资金。这项工程共花费了 33 900 万美元。圣克莱尔县的一段 5.6 km（3.5mile）轻轨区段于 2003 年 6 月开通。夏伊洛至斯科特的延长线于 2011 年初开始修建，使用了来自伊利诺伊州的市政建设资金和圣克莱尔县交通行政区配套资金共计 6 000万美元财政补贴。MetroLink 延长线的这个区段花费为 7 500 万美元。这个区段能够连接起圣路易斯郡西北部的兰伯特圣路易斯国际机场、斯科特空军基地、O'Fallon 快速发展的社区和伊利诺伊州的夏伊洛。

发展概况：下一项计划从夏伊洛—斯科特车站至美国中部机场的 8.5 km（5.3mile）区段的工程设计已经完成。同时正在筹集建设资金。

2006 年 8 月，Metro 开通了穿过县镇 MetroLink 的延长线，长度为 12.9 km（8mile），设有 9 座车站，起始站为森林公园——DeBaliviere。Cross County 支线连接西部和克莱顿市区的边缘，穿过这个区域的第二商业区，转向南方至 Lansdowne 大街附近。穿过县镇的联盟由圣路易斯城、大学城、克莱顿、里士满高地、布伦特伍德、梅普尔伍德和什鲁斯伯里的公社组成。

这个项目的设计和建造费用全部来自地方资金，共花费 67 600 万美元。从 2003 年 4 月开始建设工作，2006 年 8 月 28 日开始正式运营。

➡车辆：87 辆。

西门子——Duewag SD400（1992/93）——LRV1   M31；

西门子——Duewag SD460（1999/2000）——LRV2   M10；

西门子——Duewag SD460（2000/01）——LRV3   M24；

西门子——Duewag SD460（2004/05）——LRV4   M22。

➡高峰运行车辆：56 辆。

➡运行间隔：支线的高峰 10 min，非高峰 15 min；干线的高峰 5 min，非高峰 7.5 min。

➲首/末车时间：05：00/01：00。

➲单司机运行：所有列车；所有列车都能双向行驶。

➲票制结构：单一票价。

➲检票方式：检票系统。

➲与其他交通系统连接：19 座车站设有停车换乘设施。

➲对老年人/残疾人的特殊服务：所有车站和列车都有易接近的 ADA。

➲逃票控制：所有车站都有 CCTV；警察巡逻；列车上有两路乘客救援电话；停车换乘设施设有蓝色编码电话，能够直接与 MetroLink 控制中心联系。

➲运营成本来源：32.1% 来票款收入，4.6% 来自其他商业来源，63.3% 来自补贴。

➲补贴来源：联合交通工具维护费和伊利诺伊州的交通部门；圣路易斯城。圣路易斯郡、麦迪逊郡和圣克莱尔郡的交通营业税。

➲新车购置经费来源：FTA 资金证书和地方配套经费。

华盛顿

 城市人口为 588 292 人（2007 年），大都市区人口为 536 万人（2008 年）。

 地区董事会监管的交通运输局负责提供华盛顿市、马里兰郊外的部分地区和弗吉尼亚的公共汽车和地铁运营。分散地区的公共汽车能够将乘客运送到地铁，县机构负责提供蒙哥马利郊区、亚历山大、费尔法克斯和乔治王子郡的公共汽车、地铁运营。马里兰州运营 MARC 铁路；地方运输委员会运营弗吉尼亚铁路；私营公司负责通勤公共汽车。

➲运营类型：全部为地铁，于 1976 年开通首条线路。

➲年客运量：75 500 万人次（2009 年），78 000 万人次（2008 年）。

➲线路：169.6 km。

➲隧道：81.2 km。

➲高架：14.84 km。

➲线路数量：5 条。　　　　　➲车站数量：86 座。

➡地下：47 座。　　➡高架：6 座。

➡轨距：1 435 mm。

➡轨道：52.16 kg/m 钢轨。　　➡最大坡度：4%。

➡最小曲线半径：213m。

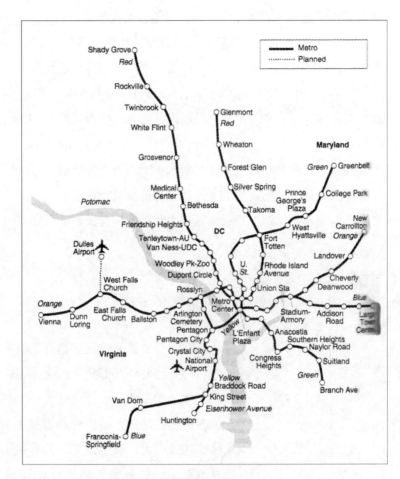

华盛顿地铁图

➡供电方式：750 V DC，第三轨供电。

➡运行间隔：高峰 5~6min，非高峰 12~20min。

➡首/末车时间：平日 05：00，周末 07：00/周日至周四 24：00，周五和周六 03：00。

➡票制结构：分段计价；储值票；日票、半月票和月票；公共汽车/地铁通用票。

➡检票方式：所有车站均设有 AFC；所有收费口均设有员工厅，警方不间断巡视；设有电子票卡校验机。

➡ 单司机运行：所有列车。

➡ 信号：路旁和驾驶室信号；ATS、ATO 和 ATP；列车能够自动驾驶，人工 ATP 模式或人工无 ATP 模式。

➡ 监视系统：所有站台、电梯和停车场设有 CCTV；在一些地下车站安装有化学品探测器；在车站和隧道内设有电子自动火灾保护系统。

➡ 车辆：1 086 辆，4 节编组或 6 节编组。

阿尔斯通 6000 系列	M182；
Rohr（1976 年、1977 年、1978 年）	M290；
Breda 2000 和 3000 系列	M428；
CAF/AAI 5000 系列	M186；

➡ 高峰运行车辆：564 辆。

➡ 发展概况：一条蓝线的延长线，连接阿狄森路和 Largo 镇，在摩根马大街设有一座车站。这条延长线长 4.83 km（3mile），设有两座车站。

　　红线也增加了一座车站。纽约大街站是 Union 站和罗得岛州大街站的中间车站。

　　杜勒斯走廊地铁工程。

　　杜勒斯走廊地铁工程第一阶段是准备在 Tysons Corner 建设一段短的隧道工程已经开始建造车站地基和建造第一个支撑导轨的桥墩的装置。第一阶段是从 Tysons Corner 地区的 East Falls Church Metro 站向西 4 站至雷斯顿东部的 Wiehle 大街站。将于 2013 年底开始运营。第二阶段将于 2016 年开通，已经设有 6 座车站——雷斯顿公园路、赫恩登—门罗、Route 28、杜勒斯机场、Route 606 和 Route 772。

西雅图

城市 598 541 人，国王郡地区 188 万，大都市地区（西雅图——塔科马港——贝尔维）：335 万（2008 年）。

市政府机构负责西雅图大都市和国王郡的公共汽车、无轨电车、海滨老式电车和通勤铁路运营。城市运营单位负责单轨铁路和渡轮。在临近斯诺霍米什和皮尔斯郡的地方，有其他运营商负责的公共汽车，这些地区已与国王郡连接，组成了高速运输管理局。轻轨运输。

连接塔科马港的轻轨

- 运营类型：轻轨，于 2003 年 8 月开通。
- 年客运量：

  约 90 万人次（2007 年）；   90 万人次（2008 年）。
- 线路长度：2.6 km。   线路数量：1 条。
- 车站数量：5 座。   轨距：1 435 mm。
- 供电方式：750 V DC，接触网供电。
- 现状：这条长 2.6 km 市中心环线于 2000 年开始修建。预留轨道贯穿街区，一半线路为单轨。

  三辆 Inekon/斯柯达和阿斯特拉低底盘有轨电车作为波特兰订单的附购品订购，于 2002 年 9 月交付。2002 年，三轨结构的维修设备工程安装完工，位置在 L 形线的车南端附近。

  吉普特海湾地区中部运输署直接雇佣塔科马线的运营商和维护人员。
- 发展概况：线路于 2003 年 8 月开始运营。从开通至今，已经运送了至少 200 万名乘客。
- 车辆：3 辆有轨电车。

  斯柯达/Inekon 阿斯特拉 10T 低底盘型列车（2002 年）   M3。
- 运行间隔：10min（周一至周六、周日 11：30 ~ 18：30），20min（周日 10：00 ~ 11：30 和 18：30 ~ 20：00）。
- 首/末车时间：06：00/20：00（周一至周五），08：00/22：00（周六），10：00/20：00（周日）。
- 票制结构：免费。

中心线轻轨

- 运营类型：轻轨（2009 年 7 月开通）。
- 线路长度：25.11 km。   线路数量：1 条。
- 车站数量：13 座。
- 背景：2003 年 11 月，中部运输署开始修建中心线轻轨的开始部分。这条 22.5 km 的线路连接西雅图市中心和 Tukwila，设置 12 座车站，于 2009 年 7 月开通。列车在高峰时间的间隔为 7min，在非高峰为 10 ~ 15min。
- 现状：2004 年 12 月，中部运输署与西雅图港口就修建轻轨线路的延长线达成了一致意见，这条延长线长 2.6 km（1.7mile），在西雅图—塔科

马港国际机场建立一座新车站。这项工程于 2006 年 9 月开始动工，到
2009 年 12 月开通运营。

　　到 2020 年，这条长 25.11 km（15.6mile）、连接西雅图和西雅
图——塔科马港机场的线路将每日运送乘客 45 000 人。

◉发展概况：还在计划修建北方更远的延长线。

　　北方线将会连接四个市中心——西雅图市中心、国会山、大学城和
北方大门——这条线路将会贯穿乘客最多的地区。2006 年 4 月，中部运
输署理事批准了北方线工程，包括最终的线路和车站位置，并与大学线
一同成为第一批修建的线路。

　　大学线是计划在北方修建的延长线，长度为 5.07 km（3.15mile），
连接西雅图市中心和华盛顿大学，车站设在国会山和大学校园。2009 年
1 月，这个项目从联邦交通管理局获得了 81 300 万美元的补贴。

　　两个车站和隧道结构于 2009 年开始修建。大学线计划于 2016 年运营。

国王郡地铁（KCM）

◉职工数量：3 692 人（2003 年）（其中 2 700 人为司机）。

◉运营成本来源：14% 来自票款收入，2% 来自其他运营来源，61% 来自销
售税，12% 来自补贴，5% 来自中部运输署，2% 来自收入利息，4% 来自
其他收入来源（2003 年）。

◉补贴形式：51.5% 的补贴来自当地销售税的 0.6%，36.6% 的补贴来自电
车消费税。

◉背景：1973 年，西雅图和国王郡的公共交通由西雅图市政当局管理，为
了控制水污染，一个新的机构于 1957 年建立。1982 年，0.3% 的销售税
专用资金增长到 0.6%。华盛顿州地铁运营地区电车消费税的 0.5% 被分
配到公共交通。

　　1994 年，地铁被归入现有的国王郡政府和不再是现有的独立政府。
公共交通由郡交通部门接管。

　　于 1990 年开通一条位于市中心 2km 长的隧道，用于运营双层公共
汽车；这条隧道是为轻轨设计的，当西雅图的中心线路开通时，就会将
轻轨系统引入隧道。线路设有 3 座地下车站，1 座联合车站，在每个终
点都设有公共汽车站台。有 27 条线路使用这条隧道，并且每天的客运量
为 35 000 人。

近些年，西雅图市中心以外的地区人口快速增长，且就业岗位增加，需要新的方法来面对变化的公共交通带来的需求。一项新的交通发展计划在 1996 年颁布实施，这项计划增加了 400 000h 的首/末车时间以适应中心辐射交通网络系统，既方便国王郡中央区的居民和上班族，又持续性连接西雅图市区。

在进行一次示范后，7 个 Puget Sound 中心的公共交通车站已经完成了计划，在一个大范围内公共区域的检票系统应用智能卡技术。供应商在 1999 年开始寻求建议。PugetPass 于 1999 年开始大规模的引进技术，在全部 5 个地区的运营线路上能够使用。

● 现状：现阶段的地铁运输线路覆盖 5527km2（2134 平方英里）的区域，为 170 万人提供出行服务。交通运输服务包括公共汽车、无轨电车、有轨电车和辅助客运系统。还有上下班交通车合用小组，拥有 660 辆运营车辆，每年运送乘客 260 万人。

南美洲
South America

北美洲

欧洲

亚洲

非洲

南美洲

大洋洲

阿根廷
Argentina

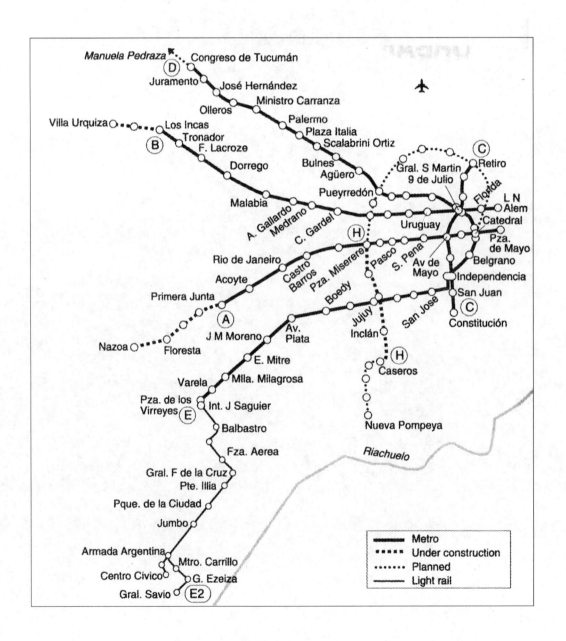

布宜诺斯艾利斯

 人口

城区 278 万人，大都市区 1 240 万人。

 公共交通

公交主要由独立的道路管理协会监管，中小型巴士主要由国家运输机构监管。地铁轻轨的所有权归市政府，郊区铁路系统所有权归州政府，但是这些公共设施的经营管理权归私人公司。在波多黎各马德罗区设有地铁轻轨的展示和介绍中心。

阿根廷

Argentina

现状：CNRT 公司成立于 1996 年，是由 CONTA、CNF、UNCPRF 三家公司合并而成的 CNRT 公司主要负责公共交通服务的统筹与管理。

中小型巴士

现状：大约有 190 多条市区公交线由私人经营。中型、小型巴士服务占据大约 80% 的公共交通服务，覆盖了大约市区 54% 的城市路网。

Metrovias SA

现状：Metrovias 公司获得经营布宜诺斯艾利斯地铁、地下有轨电车以及郊区线路的特许经营权。该公司属于 Roggio 组织，这个组织是阿根廷建设委员会的一员，该组织享有建设委员会 55.3% 的所有权。该公司的技术支持由比利时轨道交通顾问委员会（SC）提供。作为组织里重要的成员，该公司承担着地铁、地下有轨电车、轻轨系统、Urquiza 线的运营管理工作，运营网长达 70 km，共 103 个站，年客运量约为 3 亿人次。

 地铁

➲职工数量：2 500 人。

➲运行类型：地铁，首条线路开通于 1913 年。

➲年客运量：25 630 万人次（2000 年）、23 860 万人次（2001 年）、21930 万人次（2002 年）。

➲线路长度：39.5 km。

➲线路数量：5 条。

➲车站数量：67 座（全部为地下站）。

➲轨距：1 435 mm。

➲轨道：44 kg/m 或者 45.5 kg/m 的钢轨铺设在碎石枕木道床上；新线用的是混凝土轨枕。

➲隧道：所有均为双轨；A 线是明挖，其余线路是暗挖。

⊃供电方式：A 线 1.1 kV DC，接触网供电；B 线 550 V DC，第三轨供电；C \ D \ E 线都是 1.5kV DC，接触网供电。

⊃运行间隔：高峰时段 3~6 min，非高峰时段 10~12 min。

⊃票制结构：单一票制，免费换乘。

⊃检票方式：手动；自动旋转门检票闸机。

⊃运营成本来源：67% 的票款收入；5% 的其他商业收入；28% 的补贴。

⊃车辆：497 辆车。

A 线

⊃订购：2001 年向 ALSTOM 公司订购 80 辆车。

⊃年客运量：280 万人次（1991 年）。

⊃现状：从 E at Plaza de Ios Virrcycs 开往 Gcn Savio 的轻轨开通于 1987 年，采用的是 750 V DC，共 13 座车站。财政将补贴这条线的后续建设。已经为 E1 线的后续建设进行了规划，准备连接 Plaza de Ios Virreyes 和机场。

⊃车辆：17 辆车。

Fab militares/Siemens LRV（1988）M17。

郊区铁路

⊃年客运量：

2 660 万人次（2003 年）；　　　　2 830 万人次（2004 年）；

2 770 万人次（2005 年）。

⊃现状：1994 年 1 月 Metrovias 公司签署了一份为 Urquiza 线提供 20 年电车服务的协议，这条线从 Urquiza 起一直发往阿根廷首都。Urquiza 线连接了布宜诺斯艾利斯和莱莫斯共有 23 站。

⊃发展概况：Metrovias 公司组织进行了轨道的更新，平交道口的安全工作以及乘客的无障碍设施。

⊃车辆配备：108 辆动车组（通常 2 辆编组）。

巴 西
Brazil

巴洛奥里藏特

 城市 245 万人，大都市区 539 万人（2009 年）。

 城市的公车服务由独立的经营商管理。协调控制则由 BHTrans 负责。城市间的公交运输服务以及都市圈的铁路公交系统则是由国有企业负责。同时这类国有企业也负责着其他城市交通运输系统的管理。

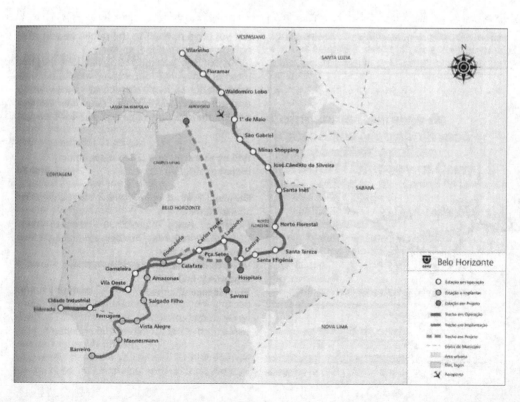

CBTU-Metrô de Belo Horizonte（Metrô BH）

- 职工数量：1 841 人（聘用员工 800 人，外包员工 1 104 人）。

中央主管机关

- 管理模式：区域地铁于 1986 年开始运营。
- 年客运量：

2 940 万人次（2004 年）；　　　3 200 万人次（2005 年）；

3 560 万人次（2006 年）；　　　3 950 万人次（2007 年）；

4 390 万人次（2008 年）。

- 全线长度：28.2 km。
- 线路数量：1 条。
- 车站数量：19 座。
- 轨距：1 600 mm。
- 轨道：传统碎石道床。
- 供电方式：3 kV DC，接触网供电。
- 现状：巴西的通勤铁路公司（CBTU）是联邦政府的公司，负责在巴西五个大城市地区的列车运营管理系统。这五个大城市有：贝洛奥里藏特、累西腓、纳塔尔、若昂佩索阿和马塞约。地铁 1 号线的监管工作由贝洛奥里特监管局（STU-BH）负责。1 号线长 28.2km，从黄金国开往维拉里纽。一些持有公交一卡通的乘客在乘坐某些地铁线路或公交线路时将享受 50% 左右的优惠政策。
- 发展概况：预计还将有两个线路即将建成使用，分别是 2 号线（9.3 km）——连接东西两个方向从巴鲁雷开往医院，以及在建线 Pampulha Savassi。
- 车辆：25 辆 4 节编组电动车组。
- 运行间隔：高峰时段 5.5 min，非高峰时段 12 min。
- 首/末车时间：05:45/23:00。
- 与其他交通系统的连接：提供与市郊铁路换乘的巴士服务。
- 运营成本来源：票价覆盖 63% 的运营成本，另外 37% 由中央财政补贴。

巴西利亚

 城市 198.422 万人（2000 年人口普查），大都市区 230 万人。

 巴士服务由市政府的公共交通管理局（DETRAN-DF）直接管理。

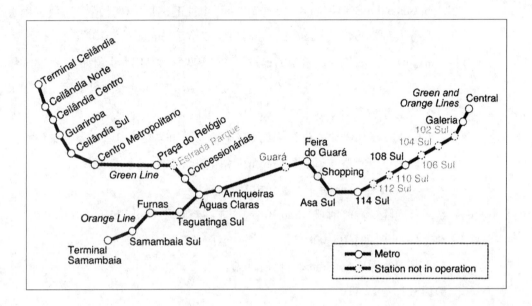

 Companhia do Metropolitano do Distrito Federal-Metrô-DF

➲运营类型：传统式地铁。

➲线路长度：40.4 km。

其中隧道长度：10.4 km。

➲线路数量：2 条。

➲车站数量：21 座（加计划建设总共 29 座）。

➲轨距：1 600 mm。

➲轨道：表面铺碎石砟；隧道内部整体道床 57kg/m 钢轨。

➲最小曲线半径：250 m。

➲供电方式：750 V DC，第三轨供电。

➲现状：绿线连接 Metrô-DF Central 站，始发站位于巴西利亚市中心的巴士站，这条线路从 Aguas Claras 开往 Ceilandia Sul 车站。橙线的首发站也在位于市中心的中央公交总站，该条线路与绿线并行，一直行至 aguas claras 站，分开后，橙线延伸向 Samambaia 站方向。两线的形状像一个

"Y"，正好迎合了这座城市乘客流动的形态。地铁线路中既有地面线也有地下线。地面线主要有垃圾填埋路段、沟渠路段和水平路段，也有少数高架路段。

🢣发展概况：Metro-DF 的总工程预计全长 40.4 km，从 Brasilia 市中心开往卫星城 Samambaia、Ceilandia、Taguatinga、Aguas Claras 和 Guara。108 Sul 和 Ceilandia Sui-Ceilandia 站是 2008 年 4 月正式开始建造的。这项工程将服务 Guaruroba，Ceilandia Centro 和 Ceilandia Norte 站。102 Sul、112 Sul 和 Guara 站也已经在紧张的建设当中。102 Sul、112 Sul 预计将于 2009 年建成，Guara 站预计将于 2010 年建成。Estrada Parquet 站已经完工但还未向公众开放使用，这是 Metro-DF 公司的市场战略之一。104 Sul、106 Sul、110 Sul 站现在还剩一些内部建设，例如装修、设备完善、地下轨道的坡度还没有进行调试，Onoyama 站也还没有进行上述工作。

🢣车辆：80 辆（20 辆 4 节编组电动车组）。

🢣运行间隔：高峰时段 6 min10 sec，非高峰时段 7 min 15 s，10 min。

🢣首/末车时间：06:00/23:30（周一至周五）。

🢣与其他交通系统的连接：已有计划。

🢣信号：全部 ATC。

🢣监控：已有计划。

福塔雷萨

238 万人（2005 年 7 月）。

公共汽车服务由 CETTUSA 管理并由私人公司经营。区域地铁系统正在开发市郊铁路线。

Companhia Cearense de Transprotes Metropolitanos-Metrofor（Metropolitan Transport Company of Ceará）Rua 24 de maio no 60-centro, Fortaleza, CE/CEP 60.020-001, brazil.

🢣运营类型：市郊重轨。

🢣背景：Metrofor 是一家国有公司，其前身是塞阿拉州政府于 1977 年 5 月创建的公司，公司的主要职责是协调政府在 Fortaleza 和 metropolitan 地区

的轨道交通项目。

● 现状：两条地铁独立路线（43km，17 站）已升级成一个初级阶段的通勤铁路/地铁，其票价中含有 18% 的运行费用。

● 发展概况：该地铁建设项目包括三个阶段，估计耗资 5.90 亿美元。这些项目通过引进先进的电子设备来更新现有主线的列车运营管理系统。这些更新的新设备包括：新机车车辆（共 18 列车）、现代信号和通信系统以及经过改良的车站电气化系统。这项工程预计可以将客流承载能力提高到约 344 000 人/每天。Ansaldobreda 公司将为 Fortaleza 地区地铁提供 20 辆电力动车和其他设备。这些列车将用于长度约为 23kmSUL 线的运营中，这条新线将成为连接 Fortaleza 和 Maracanau 地区的首条线路，该线路预计将于 2010 年年底正式完工。

第一阶段工程：完成南线的建设，这条线路连接了 Fortaleza 地区的 João Felipe 站和 Pacatuba 地区的 Vila das Flores 站。这项工程包括客运运输系统与货运运输系统的分离，以及复轨建设。在 Couto Fernandes 和 Vila Perry 之间的原长 24 km 的复轨客运线路也将在这次工程改造中增加 3.8 km 的地下线和 2.8 km 的高架线延长线。

第二阶段工程：将在 Caucaia 和 Fortaeza（João Felipe）之间建设长约 19 km 的互连线路，并增加 8 辆客运列车，这一工程中还包含该线路的电力和通信信号系统的建设。

第三阶段工程：完成城市地铁、巴士公交以及私家车的系统整合。还将进一步研究 Maracanau-Fortaleza-Caucaia 线在未来可能需要开设的新站以及需要配备的新车等一系列问题。专家设想在 Maracanau 的 Conjunto Jereissati 和 Maranguape 市之间建立起以柴油机车为主要牵引动力的列车运输系统作为这两个地区连接的纽带。Meterofor 公司已经和 Alstom 公司签署了买卖协议。这次交易包括 10 辆采用了 ONIX 3000 传动系统和最新信号系统的四节编组客运列车。Alstom 公司还将负责在交易范围之内的整体工程的管理与整合，还有电力及动力系统安装调试工作。整个系统将在 Alstom 公司位于 São Paulo 的工厂中进行加工调试。工程中的动力牵引设备将由 Alstom 公司位于法国 Tarbes 的工厂提供。

阿雷格里港

 人口 城市 142 万人（2007 年），市区 380 万人。

 公共交通 公共汽车、迷你公交车和固定线路的合乘计程车的服务，由持有特许经营权和组成财团的私人公司运营，由市政管理部门负责监督。市政部门已经建设了公交专用道。城市公共交通中还有市郊铁路。

 地铁

Empresa de Trens Uvbanos de Povto Alegre SA（Trensurb）

➡职工数量：1 123 人（截至 2003 年 12 月）。

➡运营类型：区域地铁，于 1985 年开始运营。

➡年客运量：

41. 29 万人次（2002 年）；

44. 68 万人次（2003 年）；

48. 9847. 25 人次，（2004 年）；

45. 78 万人次（2005 年）（2006 年）。

➡线路长度：34. 5 km。

➡线路数量：1 条。

➡车站数量：17 座。

➡轨距：1 600 mm。

➡轨道：传统道砟道床，砟双块混凝土轨枕，57 kg/m 钢轨。

➡供电方式：3 kVDC，接触网供电。

➡背景：Trensurb 成立于 1980 年，主要开发具有高载客量的从 Porto Alegre 城区到 Novo Hamburgo 的联

邦铁路系统（RFFSA）。这条线从 Mercado 开往 Sapucaia do sul 的线路于 1985 年开始正式运营，并于 1997 年增开了到达 São Leopoldo 的 Unisincs 的全长为 3.9 km 的延长线，又于 2001 年开设了到达 São Leopoldo 长度为 2.4 km 的延长线。

⊙ 现状：虽然 Trensurb 还不是 Companhhia Brasileira de Trensurbanso 的一部分，但是巴西的城市列车公司（CBTU）已经讨论过这一问题，只是还没有明确的意向。该公司是由联邦政府运输部直接监管的一家国企。联邦州立研究机构和市政府于 2003 年 12 月签署了一项科研协议，将对 Porto Alegre 大都市区域铁路网络系统中的中等和大容量载客的公共运输系统进行整合研究，Transurb 也将参与到这一研究项目之中。根据该协议研究第二条线的工作将展开。

⊙ 发展概况：从 São Leopoldo 开往 Novo Hamburgo 的长度为 9.3 km 的 1 号线延长线的建设已在筹备当中，该条线将设置 4 座车站。

⊙ 车辆：25 辆四辆编组列车

日本 Sharyo/日立/川崎（1984 年）。

⊙ 高峰运行列车数：19 列。

⊙ 运行间隔：高峰时段 5min，非高峰时段 10min。

⊙ 首/末车时间：05.15/23.20。

⊙ 票制结构：单一票制。

⊙ 运行控制/通讯：CTC、ATC 和 ATS 以及机车信号。

⊙ 与其他交通系统的连接：142 巴士路线与阿雷格里港地铁 16 个站相互换乘。

⊙ 运营成本来源：票价为 32.6%，4.7% 为其他商业来源资助，赠款占 62.7%。

累西腓

市区 156 万人，大都市区 377 万人（2009 年）。

巴士服务主要由私营企业经营管理并受市政府的直接监管。地铁和市郊铁路由国有企业经营。

大都会城市交通公司（EMTU）

⊙ 职工数量：300 人。

⊙ 现状：创建于 1980 年的 EMTU 公司，是为了减少公共交通持照经营者和政府机关之间的摩擦。EMTU 通过网络监督 359 条公交线路与 18 条迷你小巴线路。这些线路分别由 17 家不同的公司经营。

CB Tu-Metrorec

- 运营类型：区域地铁，1985 年开通；市郊铁路。
- 车辆：25 辆四节编组电动车组。
- 高峰运行车辆：19 列车。
- 运行间隔：

  中央线：高峰时段 5 min，非高峰时段 7.5 min；

  南线（电车线）：高峰时段 26 min，非高峰时段 26 min；

  南（柴油）线：高峰时段 60 min，非高峰时段 65 min。
- 首/末车时间：电车 05：00/00/23：00；柴油车 05：30/20：00。
- 与其他交通系统的连接：提供与市郊铁路接驳的服务以及 56 条公交线接入换乘服务。
- 运营成本来源：票价占 22%，中央财政补贴占 78%。

里约热内卢

610 万人，大都市区域（包括尼泰罗伊和其他 13 个城市）1 260 万（2006 年）。

一部分公交车服务由国家控股的公司负责，一部分由独立的私人和合伙经营商负责。他们主要负责与 Niterói 市比邻区域的这种客运服务，同时承担部分优质快递服务。拥有地铁专营权的私人经营者还负责横跨巴拉海湾的渡轮服务。市郊铁路由地区及国家机构直接监管。

Concessão metroviária do Rio de Janeiro SA (metrô rio)

- 运营类型：第一条轻轨线路开通于 1979 年。

- 线路长度：42 km。
- 线路数量：2 条。
- 车站数量：34 座。
- 轨距：1 600 mm。
- 最大坡度：4%。
- 最小曲线半径：250 m。
- 隧道：主要采用明挖施工法。采用隔断墙从 0.8 m 到 1.2 m 厚，以防止

由于地下水位高导致的土壤沉降。

⊃ 供电方式：750 V DC，第三轨供电。

⊃ 现状：1 号线采用六节编组列车，2 号线采用 4 节或 5 节编组列车。

⊃ 发展概况：2 号线 Batafogo 到 Pavuna 区间于 2009 年采用新了的 ATP 系统，使得行车间隔减少到 13min 以内，大大缩短了乘客的候车时间。三个新站将建成：总奥索里奥（2009 年 12 月）、新城区（2010 年 3 月）和乌拉圭（2014 年 12 月）。同时计划于 2012 年购买 114 辆新型 6 节编组列车。同时从 Ipanema 到 Barra 的 1 号线 13.5 km 延长线也在筹备建设中，这条线将横跨城市交通密集区，并在该地区增设 6 个新站以减少公交压力。

⊃ 车辆配备：182 辆。

Mafersa	M46；
Mafersa	B 100；
阿尔斯通	M22；
阿尔斯通	B 14。

⊃ 运行间隔：周一至周六 1 号线 4-7 min；2 号线 5-10 min。

⊃ 首/末车时间：周一至周六 05：00/24：00，周日假期 07：00/23：00。

⊃ 票制结构：单一票制，公交一卡通系统。

⊃ 检票方式：自动售检票。

⊃ 与其他交通系统的连接：都市/市郊铁路、轮渡和巴士（城际和城市线）

⊃ 自动控制系统：1 号线采用 ATC 系统，2 号线采用 ATS 系统。

圣保罗

城市 1100 万人，市区 1830 万人（2006 年）。

都市区的巴士服务大多是由私人经营，而圣保罗市内公共汽车和无轨电车的服务则完全由私营公司运行。私营公司通过与圣保罗 Transporte SA（SPTrans）签订服务合同从而获得运营权。圣保罗 Transporte SA（SPTrans）作为市政交通机构代表圣保罗大都会运输秘书处（STM）负责对本地交通运行进行监督。地铁由市政府、州政府和联邦政府联营运作的公司负责运行，并同样受到 STM 的监督管理。STM 还监督都市圈内城市间的铁路和巴士服务，其分别由国家城市轨道交通（CPTM）和大都会公交局负责运营（EMTU）。都市区每天大约共有 2 000 万人次出行，其中约 50% 乘坐公共交通工具，而在这 50% 中巴士的比重为 75%。

 圣保罗大都会列车公司（CPTM）

- ➡ 职工数量：6 400 人（截至 2009 年 7 月）。
- ➡ 运营类型：郊区重轨。
- ➡ 年客运量：

  36 880 万人次（2004 年）；　38 960 万人次（2005 年）；

  43020 万人次（2006 年）；　46 570 万人次（2007 年）；

  54 100 万人次（2008 年）。

- ➡ 线路数量：6 条。
- ➡ 线路长度：260.7 km。
- ➡ 车站数量：89 座。
- ➡ 轨距：1 000 mm，1 600 mm。
- ➡ 背景：CPTM 由圣保罗州政府创办于 1992 年 5 月，用以经营城市的郊区客运服务，并在 1993 年 8 月运营之前开始接手由 FEPSA 运营的路线。1994 年 5 月，CPTM 从之前的运营商城市列车巴西公司（CBTU）手中接管其负责运行的路线从而整合了市郊铁路和地铁的运营服务。
- ➡ 现状：现在有 6 条线路在运行中。2008 年，线路名称由原来的字母命名方式改为以数字形式命名，以便与地铁命名达成一致。

  目前正在运营的线路有：7 号线——红宝石（Luz-Jundiai，60.5 km），共有 17 站，其中 Barra Funda 作为中转站可与地铁线路以及 8 号线进行换乘；

  8 号线——钻石（Júlio Prestes-Amador Bueno，42 km），包括 24 个车站，其中 OSQSCO 和 Presidente Altino 站可与 9 号线换乘；

  9 号线——翡翠（Osasco- Jurubatuba，31.8 km），共 18 站；

  10 号线——绿松石（Luz-Rio Grande de Serra，37.2 km），共 14 站；

  11 号线——珊瑚（Luz-Estudantes，50 km），共 16 站，其中 Brás、Tatuapé 和 Coriuthians-Itaqeura 三站可与地铁进行换乘；

12 号线——蓝宝石（Brás-Calmon Viana, 38.8 km），共 14 站，Brás、Tatuapé 和 Calmon Viana 三站为中转站。

➡ 发展概况：对现有线路的改进、新线路的改进、发展和升级作为政府计划的一部分，被称为 ExpansaoSP（圣保罗扩展计划）。乘客很快就可以乘坐新的 4 号线——黄色，该线预计将于 2010 年投入运营。

轻轨 6 号线——橘色和第 16 号线——银色、在未来也将投入使用。

目前的工程包括建设中的新站——Vila Aurora（计划于 2010 年年底完工），信号系统升级以及 Francisco Morato 和 Franco da Rocha 车站的现代化更新建设。

7 号线——红宝石线的现代化更新工程

2007～2013 年，17 亿巴西里尔将被投入到 7 号线——红宝石线的现代化更新建设中。工程包括轨道、牵引供电方式、信号和通信系统的更新，以及车站和列车车辆的更新。Lapa 和 Barra Funda 之间中央部分的轨道布局将被更新。更新后的轨道布局与重新建设的 Lapa 站和 Água Branca 站将服务于 7 号线——红宝石和 8 号线——钻石。

8 号线——钻石的现代化更新工程

2007～2013 年，644 00 万巴西里尔将被投入到 8 号线——钻石线的基础设施和车辆更新中。更新包括购买 24 列新车和 12 列现有车的翻新工程。

9 号线——翡翠的扩展工程

2007～2014 年，9 号线——翡翠将耗资 10 亿巴西里尔，从而完成包括轨道、信号、通信、车站和车辆更新在内的完全现代化工程。2008 年，12 列新车已经交付使用，并已开设 4 个新车站。

10 号线——绿松石的改造计划

到 2014 年为止，15 亿巴西里尔将被投入到 10 号线——绿松石线的改造建设中。改建工程包括在 Maua 和 Santo Andre 之间建造第三条轨道以及在 Maua 和 Bras 之间建造第四条轨道。最初的重点工作是于 2012 年之前完成计划中的 ABC 特快列车。

11 号线——珊瑚的扩展计划

该工程计划将 Guaianazes 和 Suzano 之间的路线段延长 13km，使 CPTM 的东部快车增加运行线路的长度。这项工程计划于 2010 年完成。该线路的其他基础设施改建工程将截止于 2014 年，估计耗资 12 亿巴西里尔。

巴西 Brazil

351

12 号线——蓝宝石的改建计划

12 号线——蓝宝石的改建计划开始于 2005 年，预计于 2014 年完成，预计耗资 10 亿巴西里尔。已经修建完成五个站台，已翻新 1 5 列现有车。另外，订购了 20 列新车。

新线路的修建计划

机场快线（Expresso Aeroporto）

新线路将圣保罗市中心与国际机场相连。工程预计于 2010 年开始，并在 3 年内完成。28.3 km 的线路将包括路面线路部分（14 km），地下线路部分（2.9 km），高架部分（8.8 km）和地面通道部分（2.6 km）。

13 号线——翡翠

全长 6 km 的 13 号线——翡翠线计划从圣保罗到 Guarulhos 的线路。这将包括 1.2 km 的路面线路和 4.8 km 的高架路段，包括 5 个可与 12 号线相互换乘的换乘站。

牵引机车车辆：2009 年 9 月至 2011 年 11 月，12 列升级翻新列车和 24 列 PPP5000 系列新列车将交付 8 号线使用，7 号线和 12 线有 40 辆新列车将被投入使用，而 9 号线和 11 号线也有 8 列新订购列车将被投入使用。

车辆型号：Budd/Mafersa Class 1100（1956 年）　　　　M19T38；

Budd/Mafersa Class 1400（1976 年）　　　　M12T24；

Budd/Mafersa Class 1600（1978 年）　　　　M13T26；

Mafersa Class 1700（1987 年）　　　　M21T21；

CAF/Adtranz/Alstom Clss 2000（1999 年）　　　　M58T58；

Alstom/Bombardier/CAF Class 2000

Series II（2008 年）　　　　M32T32；

CAF Class 2100（1974 年）　　　　M43T86；

Siemens Class 3000（2000 年）　　　　M18T18；

FNV/Cobrasma Ciass 4400（1965 年）　　　　M20T40；

Nippon/Kawasaki/Kinki Class 4800（1958 年）　　　　M3T6；

Cobrasma Class 5000（1978 年）　　　　M76T152；

Mafersa/Sorefame Class 5500（1979 年）　　　　M20T20；

ACEC（MOD. BT BRASIL）Class 5500

Series II（1979 年）　　　　M4T4；

➡ 运行间隔：高峰时段 4~14min。

⮕首/末车时间：04:00/24:00。

⮕信号/通讯：

　　ATC（7 号线、8 号线、9 号线和 10 号线），ATS（列车自动监控系统）（12 号线和东部快车线部分），在 11 号线的 2km 延长部分运用 CTC。

圣保罗大都会公司地铁（CMSP）

⮕职工数量：7 520 人（2007 年 12 月）。

⮕运营类型：地铁，始于 1974 年。

⮕年客运量：

50 300 万人次（2004 年）；　51 300 万人次（2005 年）；

56 400 万人次（2006 年）；　61 200 万人次（2007 年）。

⮕线路长度：61.3 km。

其中隧道长度：32.8 km。

其中高架线长度：14.7 km。

⮕线路数量：4 条。

　　1 号线——蓝色，2 号线——绿色，3 号线——红色，4 号线——黄色正在建设之中，5 号线——紫丁香。

⮕车站数量：55 座。

其中隧道内车站数量：29 座。

其中高架线车站数量：15 座。

⮕轨距：1 600 mm（1 号线、2 号线和 3 号线）1 435 mm（第 5 行）。

⮕轨道：隧道和高架桥部分是由 57 kg/m 的铁轨在混凝土的横梁上连续铺设；1 号线、2 号线和 3 号线为混凝土轨枕，5 号线为 UIC 60。

⮕最大坡度：4%。

⮕最小曲线半径：300 m。

⮕隧道：双轨明挖回填，单轨盾构挖掘。

⮕供电方式：750 V DC，输电轨（借以供给动力）（1 号线、2 号线和 3 号线），1500 V DC，受电弓（5 号线）。

⮕现状：圣保罗大都会公司——地铁（CMSP）目前运营 4 条线路，总长 61.3 km。运营和维护的处理方法通过了 ISO 9001:2000 标准认证。2006 年，圣保罗地铁实施职业健康安全管理体系——SGSSO，成为巴西第一个通过 OHSAS 18001:1999 认证的公共交通公司。

➡发展概况：2 号线——绿色

2004 年 3 月，2 号线的扩展工程开始动工，工程包括 3.7 km 的新路线扩展和 3 座新车站的建造。2006 年其中两座新站 Chacara Kabin 和 Imigrantes 开始投入使用。第 3 座新站 Alto do Ipirange 也已于 2007 年 6 月建成投入使用。目前，2 号线总长 10.7 km，共有 11 座车站。4 km 的延长线路和 3 座最新车站还在建设中，已定于 2010 年被投入使用。

4 号线——黄线

4 号线于 2004 年 3 月开始建设，将圣保罗市的中心区与城市的西部部分地区 Vila Sonia 相连。该线路长度为 12.8 km，共有 11 座车站，全线为地下线路，该线路计划将分两个阶段进行建设。当完成后，4 号线将与 1 号线、2 号线和 3 号线相连接。它还将与圣保罗大都会列车公司——CPTM 所运行的 4 条线路相连。VIAQUATRO 私人公司在公私合作关系的合约基础上获得了 4 号线——黄线的特许经营权，该线路将由其进行运营。此公司负责提供列车车辆、信号系统以及其他各种资源。这项特许权是由圣保罗州政府授予的，期限为 30 年。2010 年年初该线的部分线路开始运行。14 列六节编组列车已从 Hyundai Rotem 订购。西门子公司将提供以通信系统为基础的 Trainguard MT 系列列车控制系统。

辅助功能

圣保罗地铁为方便老年人和残疾人乘客，对现有车辆和车站进行了升级改造。这些改进工程包括新直梯/扶梯的安装，视觉和触觉通信的改善，音响系统的改进，对工作人员在突发性和灵活性问题上的持续培训，介绍关于地铁的使用，用户手册和指南的活动，为视障乘客准备的盲文语言和特殊象形指南，以及在车站及列车上为轮椅准备的预留位置。

智能卡

2006 年，市公交智能卡收费系统开始在地铁路网上实行。该公司目前在投标一项关于以通信为基础的列车控制（CBTC）技术过程，此技术将应用于 1 号线、2 号线和 3 号线，以减少列车车次间的时间间隔。圣保罗地铁正在为 2 号线 16 列新车，1 号线和 3 号线 17 列新车和 98 列现有列车的现代化更新工程进行招标。

➡机车车辆：702 辆六节编组列车。

1 号线——蓝色

Mafersa（1974 年）   M306；

2 号线——绿色

Alstom Transporte/Adtranz

（now Bombardier）Spain（1998/99 年）　　　M66；

3 号线——红色

Mafersa/Coberasma（1982 年）　　　　　　　M282；

5 号线——紫丁香

Alsthom（2002 年）　　　　　　　　　　　　M48；

⊃高峰运行车：630 辆。

⊃运行间隔：（高峰时段）

1 号线：109 s；　　　　　　　　　　2 号线：149s；

3 号线：101 s　　　　　　　　　　　地铁 5 号线：307s。

非高峰时段：（2007 年 12 月）

1 号线：147s；　　　　　　　　　　2 号线：221s；

3 号线：143s；　　　　　　　　　　地铁 5 号线：507s。

⊃首/末车时间：04：40/24：35。

⊃票制结构：公交一卡通系统，并对部分公交线路打折；老年人、残疾人和失业者可免费乘坐；学生享有半价票；单程票仅用于地铁 5 号线。

⊃检票方式：磁卡票；智能卡。

　　圣保罗地铁为方便老年人和残疾人乘客，对现有车辆和车站进行升级改造。这些改进工程包括安装新直梯/扶梯，改善视觉和触觉通信，改进音响系统，对工作人员在突发性和灵活性问题上的持续培训，介绍关于地铁的使用、用户手册和指南的活动，为视障乘客准备的盲文语言和特殊象形指南，在车站及列车为轮椅上准备的预留位置，为行动不便的用户提供方便的厕所设施。

⊃与其他交通系统的连接：CMSP 率先通过发展支线以达到与市郊铁路、公共汽车和无轨电车之间的整合。

⊃收入控制：微处理器控制的电子闸机负责访问控制和数据收集；中央处理系统负责车费收集。

⊃信号：ATS（列车自动监控系统）——该系统自动监控列车驶离、掉头和列车管理，该监控由 2 个控制中心完成，1 号线、2 号线和 3 号线由一个控制中心负责，地铁 5 号线则由另一个控制中心负责。ATO（列车自动运作执行系统）——该系统负责列车自动进行门的控制、车站自动停靠、车站层级之间的控制操作。ATP（列车自动保护系统）负责列车运行安全。

⊃运营成本来源：票价：占 76.7%，其他商业收入：占 6.8%，特许经营款：占 13.9%，其他经营收入的支持：占 2.6%。

大都会公司在圣保罗 SA 城市交通（EMTU／SP）

⊃职工数量：17 735 人（包括获得特许权的运营商）。

⊃年客运量：47 900 万人次/年，其中地铁为 6 500 万人次。

⊃列车走行公里：30 700 万。

⊃现状：Empresa Metropolitana de Transportes Urbanos de Sao Paulo（EMTU/SP）受 STM—圣保罗州政府城市交通秘书处管辖，并以在圣保罗州大都市区提供中低容量的公共交通运输服务为目标。EMTU 负责对其在大都市区域的运营服务，如计划的公交线路运营服务、包车和特殊的市内公交车服务进行监督和管理，同时也对私人巴士运营商 Sao Mateus-Jabaquara Metropolitan Corridor（Corredor ABD – Sao Mateus-Jabaquara）进行监督管理。EMTU 负责管理和规划中低容量的交通服务以及与高容量模式的兼容任务。与市政府当局对区域范围运营服务进行沟通和协作是 EMTU 实施举措和达成目标最主要的方法。EMTU 是混合股份制公司，它的目标是促进和管理在圣保罗州大都市区的中低容量交通服务。EMTU 还负责监督和管理在圣保罗市以外但在都市圈内的 39 个郊区自治城市间的巴士运行服务。它主要对四部分线路进行监督管理："常规线路"（普通巴士业务，其中包括 50 家私人运营商，共有巴士 3 950 辆，服务线路 489 条）、"机场线路"（不同地点到圣保罗市 Guarulhos 和 Congonhas airports 机场的特别巴士服务）、"Fretamento"（包车/私人租用巴士公司——近 600 名个体经营者共有巴士和迷你巴士 5 654 辆）、和"Corredor Metropolitano Sao Mateus/Jabaquara'"（东南部 33km 巴士公交线路，其中大部分为无轨电车）。最后一部分线路由获得特许经营权的 Metra 进行管理，期限到 2017 年为止。

⊃发展概况：根据 2007～2010 年的战略规划和 2007～2010 年的扩展计划确定的指导方针，EMTU 制定了一系列的战略发展项目以助于完成其发展目标。一些项目总结如下：

巴西氢燃料巴士开发

该项目第一次在巴西氢燃料动力原型巴士研究会上提出。此后通过与 Ministerio das Minas e Energia（巴西联邦矿业和能源部）的共同合作进

行研究与开发。该项目有以下赞助伙伴：联合国发展计划——UNPD，全球环境基金 – GEF 和 FINEP（研究和开发项目基金）。该原型车计划于 2008 年在 Sao Mateus – Jabaquara Metropolitan Corridor 进行测试。

此项目将有利于：污染物的零排放交通运输系统（仅残留水蒸气）；可在全球范围内传播的创新技术；通过在巴士运营公司、制造商和大学之间建立合作关系从而建立新型公交运营市场；以及对巴西氢燃料巴士规范化的发展综合票务将使 CPTM 的 D 线路（铁路系统）和 Sao Mateus – Jabaquara Metropolitan Corridor's 的终端（巴士/无轨电车系统）同时使用同一种车票。乘客将节省 0.3 元巴西里尔，往返车票共可节省 7% 的车票费用。Guarulhos 的圣保罗巴士走廊（Guarulhos – Sao Paulo Bus Corridor）将成为一条城市间的主要干道。该项目包括专用车道的铺设、先进车辆的建造和公共交通优先。

西北都市巴士走廊

西北都市巴士走廊整合了市内和市际间巴士系统。位于坎皮纳斯都市圈内的西北都市巴士走廊已经建成。坎皮纳斯都市圈包括以下城市：Hortolandia、Sumare、Monte Mor、Nova Odessa、Americana、Campinas 和 Santa Barbars D'Oeste。

该项目的优点包括：32.7 km 的公交优先专用车道，大城市终端的整合；中转站以及巴士站和车辆的现代化；旅客行程次数估计高达每月 3 500 000 万人次。更新后巴士将降低污染物的排放从而提高环境质量（提高车辆质量同时减少巴士行程公里数）。

大都会集成系统

大都会集成系统（Sistema Integrado Metropolitano - SIM）是在 Baixada Santista 都市圈内建设中的公交系统。该项目包括建造 Baixada 特快——一条 14 km 的特快轻轨运输线路。

该项目的优点是：提高效率，减少车辆使用，减少 10% 的二氧化碳排放量，减少 30 min 的行程时间。

大都会运输系统公司（METRA）

➲ 年客运量：约 6 500 万人次/年。

➲ 线路数量：13 条（包括无轨电车）。

➲ 线路长度：巴士 82 km（其中迷你巴士 62 km），无轨电车总长度 67 km（包括重复/重叠路线）。

⊙现状：CMSP 被授权在城市周围建设和经营接驳无轨电车网络。由于一段 10.4 km 的路段未能完成电气化的建设，从而导致最初预计作为"临时"车辆的一些巴士将长期使用。EMTY 在不久后接手了线路的运营，但 CMSP 仍然作为建设主管部门负责建设方面的工作。1988～1990 年，四条中等容量的线路在南部地区开通。四条线路共计 33 km，分别从 Ferrazopolis 和 Piraporinha 站开往 Jabaquara 地铁站、位于郊区铁路段的 Santo Andre 站，以及属于 SPTrans 无轨电车的 Sao Mateus 终点站，此外另有其他五处中转站。线路全程除了 3 km 的路段，其余全部采取专用车道，其中 22 km 的路段为无轨电车专用。1997 年，EMTU 系统的操作和维护转包给私人运营商 METRA，合同期限为 20 年。

⊙发展概况：2000 年 8 月，METRA 开通了从 Diadema 到 Brookin 之间的一条全新线路。这段线路是在 1990 年完成最初 33 km 线路基础上的新增路段。然而，这段 15 km 由迷你巴士运营的新路段并没有增设专用车道，是否建设其专用车道，目前还在讨论中。2001 年，METRA 承包了 EMTU 的公交专用道路和相关基础设施的维护，合同期限为 20 年。METRA 自 2002 年以来，开始逐步收回自 1988 年开始使用的 46 辆 Cobrasma 型号的无轨电车，并更换成在南美洲第一次引进的新型号低地板无轨电车，从旧车辆中回收的电器设备更新后将重新投入到新车的使用中。其中，推进设备由 Eletra 公司进行翻新，然后将被安装在新型车身外壳"Urbanuss Pluss LF"型号中，底盘设备则由 Busscar 公司提供。

⊙车辆：巴士 134 辆（其中 30 辆为链接式巴士，3 辆为混合动力巴士），迷你巴士 25 辆。

常规 2 轴，柴油车	101；
铰接式柴油车	30；
混合动力 2 轴车	3。

⊙车队：61 辆无轨电车。

Cobrasma/Tectronic（1986/90 年）	18；
Scania/Marcopolo/Powertronics ex-Belo Horizonte	22；
Marcopolo/Volvo articulated（1998 年）	10；
Busscar/Mercedes-Benz/Eletra partially lowoor（2001）	1；
Busscar/Eletra lowoor（2002/05 年）	1。

智 利
Chile

人口	市区 528 万人，城市地区 668 万人，大都市区 720 万人（2009 年）。
公共交通	政府管理的私人公司负责运营公共汽车服务，以及小巴士和出租车服务。政府拥有地铁的管理权。

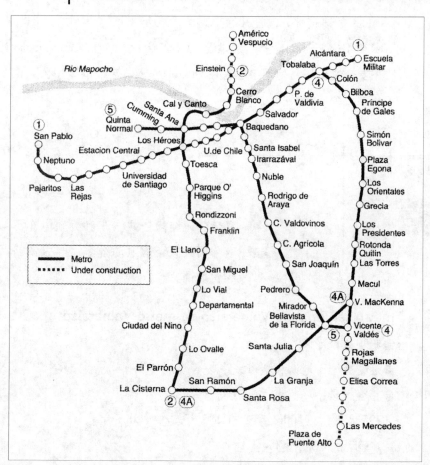

Empresa de Transporte de Pasajeros Metro（Metro de Santiago）

⇨职工数量：1 344 人。

⇨运营类型：地铁，胶轮车，于 1975 年开通。

⇨年客运量：每年 328 万人次。

⇨线路长度：57. 2 km　　　⇨其中隧道长度：74. 2 km；

⇨线路数量：5 条。　　　　⇨车站数量：89 座。

⇨轨距：1 435 mm。

⇨轨道：混凝土表面上安装 40 kg/m 导轨，用于胶轮列车的运行。

⇨最大坡度：4. 8%。

⇨最小曲线半径：205m。　　⇨隧道：盖挖式。

⇨供电方式：750 V DC，受电于两侧导轨。

⇨发展概况：1、2 和 5 号线的延伸在最近两年和 2005 年年底已经开始，4 号线最初的两个部分也已开工。2006 年 3 月，4 号线从 grecia 到 vicente valdes 的连接部分已经开始建设。2006 年 8 月，4A 线从 Vicuña Macken-na 到 La Cisterna 已经开始建设。La Cisterna 将变成 Transantiago 计划中的主要交通枢纽，计划中还有在 Quinta Normal 建设的专用公共汽车专用道和第二个枢纽换乘站。

瓦尔帕莱索

城市为 275 442 人，市区 170 万人（2007 年）。

私营公司经营公共汽车和无轨电车；市政和私有公司共同经营电动缆车；国家铁路系统辅助经营地铁。

metro regional de Valparaiso sa-metro Valparaiso

⇨职工数量：160 人。

⇨运营类型：地铁和城市铁路。

⇨年客运量：

795 万人次（2006 年）；　1 135 万人次（2007 年）；

1 198 万人次（2008 年）。

⇨列车走行公里：

267 万（2006 年）；　　243 万（2007 年）。

◉运营类型：地铁，于 2005 开通。

◉线路长度：45 km。

　其中隧道长度：5 km。

◉车站数量：20 座。

　其中隧道车站数量：4 座。

◉供电方式：3 000 V DC。

◉轨距：1 676 mm。

◉背景：地铁 Valparaiso（Metro Regional de Valparaíso SA）始建于 1987 年，隶属于 Empresa de los Ferrocarriles del Estados（EFE）-Chilean 的国家铁路，为了缓解基于现有铁路上的通勤乘车上下班人流的压力。

◉现状：Metro Valparaiso 的运营服务在 Puerto 和 Limache 之间（45 km，20 座车站），电压为 3 000 V DC。公共汽车在一些火车站也提供短途的运输服务。

◉车辆：54 辆。

　Alstom x' trapolis 两节编组（2005 年）。

◉运行间隔：高峰时段 6 ~ 12 min，非高峰时段 12 ~ 18 min。

◉首/末车时间：06:15/22:30。

◉票制结构：分区（5 个区）票价。

智利 Chile

361

哥伦比亚
Columbia

麦德林

2005 年城市人口 240 万人，市区人口 360 万人。

公共交通：以公交、小巴和地铁服务为主，电车（电缆电车）为辅，均由私有公司运营。快速公交（附加地铁）线路正在建设中。

Metro de Medellin Ltda

➡ 职工数量：815 人。

➡ 运营类型：全部为地铁，1995 年开始运营。

➡ 背景：成立于 1979 年。

➡ 现状：1995/96 年地铁开始分三段运行。

美德林地铁获得 ISO9001：2000 标准认证。

➡ 发展概况：A 线预计向北部延伸到 Hatillo，线路长度 21 km，新增 2 座车站，目前正在建设中，它将利用已有的轨道到 Cisneros。

➡ 线路长度：31 km（包括连接线）。

- 高架线长度：9 km。
- 线路数量：2 条（包括高峰区段 Niquía 和 San Javier 之间的连接线）。
- 车站数量：25 座。
- 轨距：1 435 mm。
- 供电方式：1.5 kV DC，接触网供电。
- 运行间隔：高峰时段 5 min，非高峰时段 10 min。
- 首/末车时间：05:00/23:00。
- 票制结构：单一票制；1 次、2 次和 10 次车票；一些使用于 Civica 区段的灵通卡折扣票。
- 检票方式：栏栅旋转式闸机、Civica 灵通卡。
- 运营成本来源：92% 来自票款，8% 来自其他商业收入。
- 车辆：126 辆，3 节编组，来自 MAN、Ateinsa 和西门子的 M84、T42。

电缆电车

- 系统类型：架空电缆传输系统，于 2004 年 7 月投入使用。
- 线路数量：2 条。
- 车站数量：9 座（其中 4 座与地铁站换乘）。
- 现状：目前 2 条线路正在运营中，J 线服务于 Juan XXIII、Vallejuelos 和 La Aurora；K 线于 2008 年开通，服务于 Andalucia、Popular 和 Santo Domingo Savio。
- 发展概况：另外，S 线正在建设中，预计于 2009 年开通。它将由 Santo omingo Savio 车站直达 EI Tambro，中间不设车站。

厄瓜多尔
Ecuador

基 多

城市 150 万人（2005 年），市区 180 万人（2001 年人口普查）。

公交，包括 Ecovia 和 Metrobús BRT 系统，小巴服务主要由已形成线路或区域范围联合和合作的独立运营商提供，由市政当局监管。市政服务机构也经营一些线路、无轨电车线路。轻轨线路正在计划中。

秘 鲁
Peru

利 马

 人口

LIMA 和 Calao 组成的大都市区 848 万人，其他城市共计 761 万人（2007 年人口普查数据）。

 公共交通

LIMA 和 Callao 及周边的公共汽车服务由许多独立的公司负责运营，小巴、中巴和出租车服务由市政部门和政府进行监管；地铁；公交专用道和快速公交（BRT）规划完成。

 地铁

经营单位：AATE（Autoridad Anonima del Tren Electrico）

➥ 运营类型：于 2003 年开始正式运营地铁。

➥ 线路长度：9.8 km。 ➥ 线路数量：1 条。

➥ 车站数量：7 座。 ➥ 轨距：1 435 mm。

➥ 供电方式：1 500 V DC，接触网供电。

➥ 现状：LIMA 通过国际招标的方式出让该条线路的特许经营权。这条 9.8 km 的线路从 Villa EI Salvador 到 Atocongo Bridge，共有 7 座车站和 1 个停车场。铺设双线铁轨，轨距为 1 435 mm，供电方式采用直流 1 500 V 架空网，采用集中控制指挥。该线路共有列车 32 列，由意大利 Tralima 公司制造。

➥ 发展概况：招标条款中规定运营方对 1 号线及其延长线的运营合同期为 33 年，其中包括 3 年的建设期。该条线路的延长线从 Atocongo Bridge 到 LIMA 郊区的 Av Grau/Hospital 2 de Mayo，线路长度为 11.7 km，计划设置 9 座车站。LIMA 的远期规划是要修建 6 条线路。

➥ 车辆：32 列（包括 2 列备用车）。 ➥ 运行间隔：10min。

➥ 首/末车时间：6:00-18:00。 ➥ 票制结构：单一票制。

➥ 与其他交通系统的连接：可换乘公交车。

波多黎各
Puerto Rico

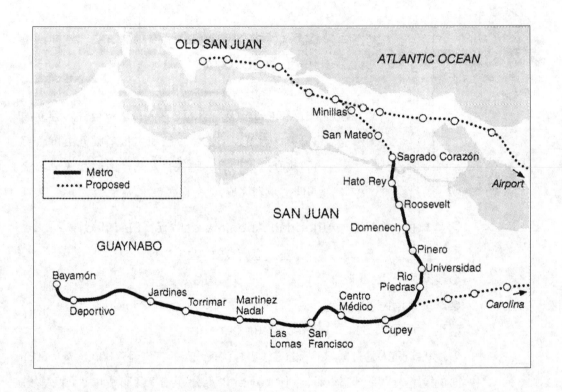

圣胡安

城市 426 618 人（2006 年）；大都市区域 200 万人。

公共汽车服务由政府交通管理部门与私人公司签订合同后，私人公司提供服务；快速公交、短程往返巴士服务由政府运营的公司提供，私人企业和国有企业共同提供出租汽车、小巴和有轨电车服务以及地铁、渡轮服务。

➡经营单位：ACT。

➡运营类型：地铁，于 2005 年开通。

➡年客运量：

750 万人次（2005/06 年）；　　　　750 万人次（2006/07 年）。

➡列车走行公里：

520 万 km（2005/06 年）；　　　　520 万 km（2006/07 年）。

➡线路长度：17.2 km。　　　　➡线路数量：1 条。

➡车站数量：16 座，其中地下车站 2 座，高架车站 10 座。

➡轨距：1 435 mm。

➡供电方式：750 V DC，第三轨供电。

➡现状：第一条线路于 1997 年开工建设，于 2005 年 6 月开通，从 Bayamón 至 Sagrado Corazón。

➡发展概况：Carolina 和 Caguas 两个区域有计划要将线路扩展至 Santurce 区。与此同时，也有将线路延伸到 Old San Juan 和 Luis Muñoz Marín 国际机场的计划。

➡车辆：37 辆 2 节编组列车。

西门子公司生产的不锈钢车体列车（2000/03 年）。

➡首/末车时间：05:0030/23:30。

➡控制系统：ATC。

➡信号：基于无线发射的列车探测和控制系统。

➡票制结构：单一票制；乘坐 AMA 公交车再换乘地铁可优惠；学生和60～74 岁的乘客享受优惠；年龄超过 75 岁的老人和年龄小于 6 岁的儿童以及无工作人员可免费；月票；预付费多次使用储值票卡。

➡与其他交通系统的连接：换乘 AMA 公交车和小巴可优惠。

➡对老年人和残疾人的特殊服务：可以免费预约，为年龄超过 75 岁的老人提供服务。

波多黎各

Puerto Rico

委内瑞拉
Venezuela

加拉加斯

 城市人口 319 万人，大都市区人口 495 万人（2008 年统计）。

 地铁和一些公共汽车由政府部门下设的公司负责运营，还有许多私营的公共汽车；"Por Puesto" 小型公共汽车只有 18~32 个座位；吉普车行驶于城市周围陡峭的山脉，设有 12 个座位；通勤铁路由国家铁路公司运营。

→ 运营类型：全部为地铁，于 1983 年开通首条线路。

→ 年客运量：

74 030 万（2004 年）；

78 940 万（2005 年）；

85 390 万（2006 年，包括洛斯特克斯市的地铁）；

96 250 万（2007 年，包括洛斯特克斯市的地铁）；

102 040 万（2008 年，包括洛斯特克斯市的地铁）。

→ 线路长度：45.6 km（包括 9.5 km 的郊区线）。

→ 线路数量：4 条（包括 1 条郊区线路）。

→ 车站数量：43 座（包括郊区线的 1 座车站）。

→ 轨距：1 435 mm。

→ 轨道：规格为 54 kg/m 的无缝钢轨，铺设在 Stedeftwin-block 的枕木上，下面是混凝土（隧道线路）或道砟（地面线路）道床。

→ 隧道：明挖法。

→ 供电方式：750 V DC，第三轨供电。

○现状：2006 年，设在郊区的洛斯特克斯地铁线路在 11 月开通，4 号线（一条从 Capuchinos 至 La Rinconada 的 2 号线延长线）于 7 月开通。

○发展概况：一条位于东部的延长至 4 号线（6 km，5 座车站）的线路正在建设中，计划于 2012 年开通。

现在已经有 2 条线路的进一步规划。

位于郊区的洛斯特克斯地铁线路正在扩建，扩建长度为 11.8 km，设有 5 座车站。

已经计划修建第二条郊区线路——de Guarenas 地铁线路，这条线向东通往 Guarenas 和 Guatire（长度为 40 km，其中地下约 20 km）。

○车辆：456 辆。

○高峰时间运行车辆：345 辆。

○定购：Las Adjuntas 至洛斯特克斯市的延长线订购了 6 列 4 节编组的列车。

○首/末车时间：05:30/23:00。

○列车运行间隔：高峰时段为 1 min30 s。

○票制结构：分区段票制；磁性编码单程票，2 次票和 10 次票；联合通票。

○售检票：出入口设有十字旋转闸机，并设有售票机，乘客在车上验票。

○信号：全部为 ATC。

○运营成本来源：58% 来自票款收入，5.8% 来自其他商业来源，36.2% 来自补贴。

巴伦西亚

 人口 城市人口 74 万人，大都市地区人口 150 万人（统计）。

 公共交通 公共汽车由私营公司运营。有轻轨和地铁。延长线正在建设和规划中。

 地铁 CA Metro de Valencia-Valmetro

○运营类型：地铁，第一阶段于 2007 年 11 月开通。

○线路长度：6.2 km。

○车站数量：7 座。

➲ 背景：CA Metro de Valencia-Valmetro 成立于 1991 年。这家公司有 2 个股东：巴伦西亚市长占有 98% 的股份，FUNVAL 占有 2% 的股份。

➲ 现状：一条新的地铁线路的第一个区段于 1997 年中期开始建设。西门子交通公司提供电力和机械设备，同时还提供 12 辆 SD 460 型高速列车。

已经计划修建一条北部通往 Guaparo 的延长线，长度为 4.5 km，设有 6 座车站。

第二条连接东西方向的线路也已经列入计划。

➲ 发展概况：地铁系统的第一阶段于 2007 年 11 月开通。

➲ 车辆：12 辆（现阶段运营的是 2 节编组）。

西门子 SD 460　　12。

➲ 运行间隔：4 min。

➲ 首/末车时间：06：00/22：00。

➲ 票制结构：单一票制；学生购票享受折扣；已经计划向老人、残疾人和儿童打折。

➲ 检票方式：人工售票；2008 年年初开始使用自动售票机。

➲ 逃票控制：自动检票闸机。

非洲
Africa

北美洲

欧洲

亚洲

非洲

南美洲

大洋洲

阿尔及利亚
Algeria

阿 尔
及 尔

 人口　城区 120 万人，大都市区 350 万人（据统计）。

 公共交通　该城市的公交车系统大多是由国有公司（ETUSA）管理，它的管辖范畴包括城市的公交线路、沿海地区、公共电梯设备以及缆车。郊区的铁路运输、轻轨、地铁由阿尔及利亚国家铁路公司（SNTF）经营。电车的电缆拓展计划也已在筹备当中。这座城市的出租车使用量正在逐年增长，大多数出租车公司都是私营制的。

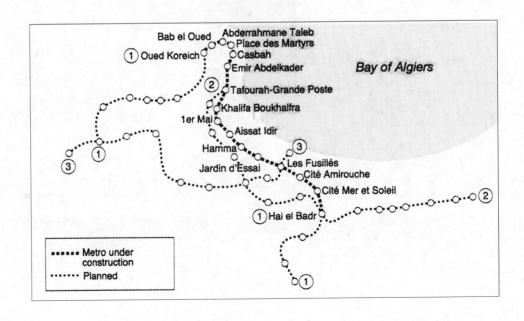

Société Nationale des Transports Ferroviaires（SNTF） 阿尔及利亚国际铁路公司

⮕ 运营类型：郊区重轨地铁。

⮕ 年客运量：2730 万人次（所有线路）（2004 年）。

⮕ 现状：该公司提供从阿尔及尔 Maritime 到 Blida（50 km）和 Theia（54 km）的列车服务。这条线的列车采用的是柴油牵引推拉式制动列车。

⮕ 发展概况：SNTF 于 2004 年与 ALSTOM 公司签署了关于阿尔及尔郊区铁路电力网络设备改造的协议，该网络设备采用 25kV 交流 50Hz，且网络系统约 300 km，覆盖到的区域有 EI Harrach-EI Affroun、Oued Smar-Gué de Constantine 和 Algiers-Thenia。SNTF 在 2006 年与 Stadler 公司签署了订购协议。欲订购 64 辆 4 节编组（FLIRT）铰接式动力列车，以便为阿尔及尔郊区改造后的运营网络系统服务。这批车辆将从 2008 年开始配备，预计于 2010 年全部配备完成。整个交易协议还包含驾驶员技术培训以及为期 10 年的专业维修服务。

Enterprise Metro d'Agler（EMA）

⮕ 运营类型：轻轨（正在建设中）。

⮕ 现状：建设东部线路 SYSTRA 和 RATP-Développement 的方案已经提交到了有关部门。这条 Carrefour du Ruisseau 和 Bordj el Kaiffan 线路全长约为 16.3km，共设有 30 个站。指挥中心设在 Bordj el Kciffan。Alstom 公司将为这条线路提供 29 辆 Citadis 电车。

⮕ 运营类型：地铁。

⮕ 现状：2006 年基于西门子交通运输系统的地铁网络建设已经在阿尔及尔地铁 1 号线展开。CAF 公司将为这条线提供 14 列 6 节编组列车，Thales 将提供这条线路的票务系统。票务系统和运营系统结合后将采用可回收的电磁票和接触式的智能卡票。1 号线 1 期工程大部分是地下线，全长 9km，共设有 10 座车站，预计将于 2009 年正式开通。另外有由 3 条线路组成的地铁网络建设已在计划筹备中，预计全长 60 km，共 60 座车站。

埃 及
Egypt

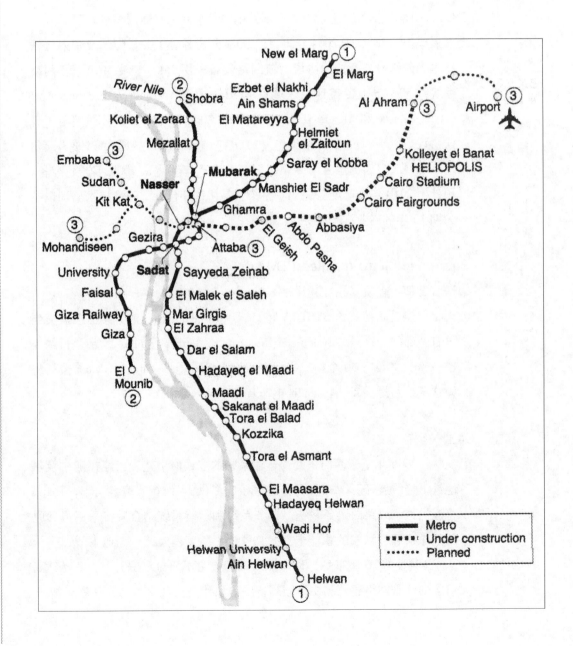

亚历山大

 人口 400 万人。

 公共交通 公交、轻轨和有轨电车服务由交通管理局提供，该管理局负责亚历山大的管理。郊区轨道服务由国有铁路（ER）运营，地铁服务正处于提案讨论阶段。

 轻轨

轻轨（Ramleh 线）

➡ 运营类型：轻轨，主要是独立的线路。

➡ 线路长度：16 km。　　　➡ 线路数量：3 条。

➡ 轨距：1 435 mm。

➡ 供电方式：600 V DC，接触网供电。

➡ 车辆：42 列 3 节编组，来自三家车辆设备公司。

Kinki Sharyo/Toshiba（1976 年）	108；
Kinki Sharyo 双层（1994 年）	MC6；
SEMAF（1995 年）	M12。

➡ 发展概况：目前已经完成现代化的轨道与接触网，同时也安装了电子信号设备。新的车站和维修厂正在规划中。计划把 Ramleh 线提高到城市地铁的水平。

开罗

 人口 城市 680 万人，市区 1 790 万人（2006 年）。

 公共交通 由政府控股的交通管理局提供公交服务，同时它也在开罗和希里奥波里斯，以及横跨尼罗河的渡口经营有轨电车，其他外延固定线路的共享出租车以及小巴服务由私有运营商提供。郊区轨道和地铁（目前正在扩建）由国有铁路公司运营。地铁 3 号线正在建设阶段。

 地铁

地铁（1 号线）

➡ 运营类型：全部为地铁运营，于 1987 年和 1989 年分两期运营。

➡ 日均客运量：120 万人次。

⊃线路长度：44 km。

⊃线路数量：1 条。

⊃车站数量：35 座（5 座地下车站）。

⊃车辆：43 列 9 节编组列车。

地铁（2 号线）

⊃运营类型：全部为地铁运营，第一期于 1996 年运营（分 5 期开通运营）。

⊃日均客运量：120 万人次。

⊃线路长度：21.6 km。

其中地下线路长度：13 km。

其中高架线路长度：8 km。

⊃线路数量：1 条。

⊃车站数量：20 座（12 座地下车站，2 座高架车站，6 座路面站）。

⊃轨距：1 435 mm。

⊃现状：城区地铁 2 号线的第一部分长 8 km，从 Shobra-el-Kheima 到与 1 号线的交叉点 Mubarak（Ramses 广场），于 1996 年开始运营。国家地下隧道管理局（NAT）是从规划和建设管理局中分离出来的。

2 号线 IIA 区段长 5.1km，从 Tahrir 广场到开罗大学设 3 座车站，于 1999 年 4 月开始运营。IIB 区段进一步延长到与 ER's Upper Egypt 线的交叉点 EI Giza（2.5 km，3 座车站），于 2000 年开始运营。

⊃发展概况：2 号线的第五段为从 Giza 郊区到 EI Mounib 车站的地面延长线，长 2.6 km，于 2005 年 1 月落成。

⊃车辆：35 列 8 节编组列车。

Mitsubishi（1994/95 座）M140 T140。

⊃首/末车时间：05:00/24:00（1 号线）；05:00/00:15（2 号线）。

⊃运行间隔：高峰时段 2 min45 s。

⊃票制结构：计程票价；周票或季票；针对警察、军官、4～10 岁儿童以及残障人士及其陪同人员的折扣票。

⊃对老年人/残疾人的特殊服务：在 2 号线大多数车站设置升降直梯（除了 Sadat、Mubarak、EI Mazallet 和 Shubra EI-Khelma）。

突尼斯
Tunisia

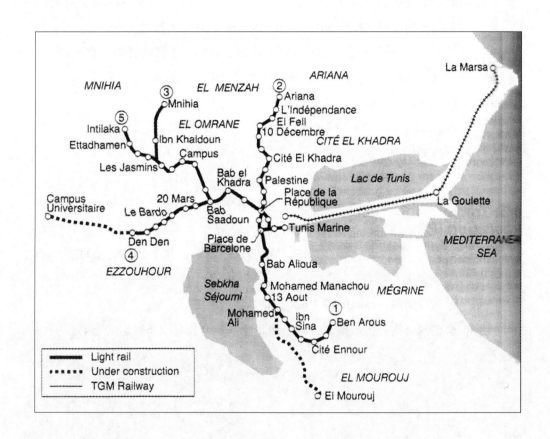

MNIHIA *EL MENZAH* *ARIANA* La Marsa

③ Mnihia ② Ariana

⑤ Intilaka *EL OMRANE* L'Indépendance
Ettadhamen Ibn Khaldoun El Fell
  Campus 10 Décembre *CITÉ EL KHADRA*
Les Jasmins
  Bab el Cité El Khadra
  Khadra *Lac de Tunis*
  Palestine
Campus 20 Mars Place de la La Goulette
Universitaire Le Bardo Bab République
  Saadoun
  Place de Tunis Marine *MEDITERRANE*
  Barcelone *SEA*
Den Den
④ Bab Alioua
EZZOUHOUR Mohamed Manachou *MÉGRINE*
  Sebkha 13 Aout
  Séjoumi Mohamed Ibn
  Ali Sina ① Ben Arous
  Cité Ennour

——— Light rail
••••••• Under construction *EL MOUROUJ*
——— TGM Railway
  ○ El Mourouj

突尼斯

人口 99 万人（2007 年），都市地区人口为 20 万人。

公共交通 中央政府公司和一些私营公司提供突尼斯市区和郊区公共汽车服务。另外也负责运行轻轨和郊区铁路运输。两个公司直接对运输部负责。国家铁路（SNCFT）提供其他郊区铁路运输。

377

单位名称：Société du Metro de Tunis（SMLT）

●运营类型：轻轨，于 1985 年开通最初线路。

●线路长度：32 km。

●线路数量：5 条。

●车站数量：47 座。

●轨距：1 435 mm。

●供电方式：750 V DC，接触网供电。

●发展概况：目前计划延伸 4 号线到达 Universtité de la Manouba，并且 1 号线向南延伸（6.5 km）到 E1 Mourouj。后者正在施工中。

　　30 辆阿尔斯通 Citadis 轻轨车辆，其中 2 辆已经到货，剩下的车辆计划于 2008 年初交付。2007 年年末又订购了 9 辆车。

●车辆：153 辆。

Siemens/Duewag（1984/85 年）	M77；
（1991/92 年）	M43；
（1997）	M14；
阿尔斯通 Citadis 轻轨车辆（2007 年）	M19。

●高峰运行车辆：108 辆。

●订购：总共 39 辆阿尔斯通 Citadis 轻轨车辆，其中 19 辆于 2007 年年末已经到货。

●运行间隔：高峰时段 4 min，非高峰时段 12 min。

●票制结构：区域票制，每条线 2 个区，与公共汽车联运的车票。

尼日利亚
Nigeria

拉各斯

城区 7 940 000 人（2006 年）。

公共汽车，包括公共汽车快速公交（BRT）、轮渡服务由国家交通部责令交通部门负责。公共汽车服务由私人提供。商业摩托车服务由交通部控制，监管现有轮渡服务，提出增加的服务。Nigerian Railway Corporation（NRC）在一些高峰时段开行公交上下班列车。轻轨正在计划中。

Lago Urban Light Rail Mass Transit（LRMT）Scheme

➲运营类型：轻轨（计划）。

➲现状：LAMATA 对于铁路交通系统发展有一个概念性框架，系统将在拉各斯为乘客提供大量密集的运输通道服务。首先两条线路分为红线和蓝线。两条线路都采取 PPP 模式，由拉各斯政府部门建设铁路和车站的基础设施。私有部门将被邀请并赋予 25 年的特许权来管理这个系统。在设计和建设之后要求于 2009 年年初开通。

Agbado-Marina 线和 MMIA 连接（红线）

在拉各斯，红色线轨道系统正在开发南北轴线，将通过一些人口稠密的地区。起点在岛上，30 km 的红色线路将向北延伸到 Agbado，总共 13 座车站。从 Marina 到 Iddo 站，红色线路将与蓝色线路共线运营。共享基础设施的这些部分将被建成红色线路的一部分。从 Agbado 到 Iddo，红色线路将利用现有的 Nigerian Railways Corporation（NRC）线路。

Dar Group 是红色线路项目的 LAMATA 的交易顾问，负责设计与可行性研究工作。

Okokmaiko-Marina 线（蓝线）

蓝色线路与红色线路同时开发。蓝色线路项目也由 LAMATA 开发使用 PPP 模式。线路长 27km，共 13 座车站，从西至东——从 Okokomaiko 到 Iddo，从 Iddo 穿过 Osa Lagoon 到 Marina 站与红色线路并线运行。因此，从 Iddo 站到 Marina 站共用线路部分，蓝色线路有 3 座东部车站。共享基础设施（路基、结构和车站）也是红色线路项目设计和建造的一部分。红色线路特许经营者希望与蓝色线路利益相关者协调商议，希望协调、统筹车票和运输能力，以方便乘客轻松换乘。

铁路基础设施与 Badagry 协力开发高速公路项目，建议收费公路从 Lagos 到 Badagry。蓝色线路将独家享有在高速公路中间的 15m 路权。

CPCS Transcom 是 LAMATA 的蓝色线路项目顾问，负责进行可行性研究和概念设计工作。

● 发展概况：关于设计——建造红色线路和蓝色线路的招标截止日期为 2008 年 12 月 30 日。

关于两条线路的运营和维护（25 年特许经营）的招标截止日期为 2009 年 1 月 16 日。

大洋洲
Oceania

北美洲

欧洲

亚洲

非洲

南美洲

大洋洲

澳大利亚
Australia

霍巴特

 城区 219 287 人（2008 年数据）。

 公交服务由州立政府企业提供。私营企业负责提供部分城郊的运输服务。

 塔斯马尼亚地铁有限公司——地铁（Metro Tasmania Pty Ltd-Metro）

➡ 职工数量：451 人。

➡ 背景：州立企业塔斯马尼亚地铁有限公司建立于 1998 年 2 月。该公司作为塔斯马尼亚州最大的客运公司在霍巴特、朗塞斯顿和伯尼经营地铁和公交服务。

➡ 现状：塔斯马尼亚地铁有限公司现拥有四种不同类型的公共汽车，用于满足不同的载客量，这得力于在过去十年中其对于车队组建的不断提高和改进。这四种汽车类型分别为标准的单节客车（大约 42 个座位）、链接式客车（大约 70 个座位），加长型客车（14.5m，55 个座位）和中型客车（29 个座位）。比较于单一客车类型的车队，这种组合式的车队能够更好地迎合乘客对于公共汽车的需求。

霍巴特：塔斯马尼亚地铁有限公司在霍巴特提供每天 1 580 条计划线路的运行，其中包括直达快车和校车专线的运行。一般情况下，这些线路的运行时间为星期一至星期五，早上 6:30 到晚上 10:30。另外，95 条线路在星期五增运至晚上 12:00。星期六的运营时间为早上 7:30 左右，其中大多数线路于中午 12:10 停运。一些线路会在星期日和公共假日停运，而其他继续运营线路的运营时间为早上 9:00 以后至晚上 8:00。

朗塞斯顿：在朗塞斯顿，塔斯马尼亚地铁有限公司每天提供包括校

车专线在内的大约 600 条计划线路的运行。一般情况下，运营时间为星期一至星期五，早上 7:00 到晚上 10:00。星期六向内方向运营的时间为早上 8:30 左右（向外方向运营的起始时间为早上 9:00 左右），大部分线路在晚上 10:00 左右停止运行。一些线路会在星期日和公共假日停运，而其他继续运营的线路运营时间为早上 10:00 以后至下午 5:30。

伯尼：在伯尼和其附近区域，包括温亚德和阿尔弗斯通，塔斯马尼亚地铁每天提供 140 条预定线路的运营。这些线路一般运营时间为周一至周五，早上 7:30 至晚上 18:00。星期六为早上 9:00 至晚上 17:00。

➡ 发展概况：2007 年 9 月，塔斯马尼亚地铁有限公司增设了至南部郊区金士顿和布莱克曼湾的综合运营线路——"南方连接"。作为一个全新的综合线路，其提供了至塔斯马尼亚大学、南部主要购物中心和附近郊区的运营服务。2007 年 11 月，更新了朗塞斯顿境内的所有线路和运营时间表。这次更新大大延长其主要线路周末的运营时间和效率以及重新引入了针对郊区周一至周六的晚间服务。

悉 尼

大都市区 434 万人（2008 年数据）。根据 2006 年人口普查，人口总数为 412 万人，其中城区人口 364 万人。

由州立交通管理局提供的公共汽车和渡船/双体船来往服务于市中心和悉尼港湾。规划署（新南威尔士州）负责掌控全部公共交通设施的规划和统一协调，包括私营的公交汽车、渡船、出租车和汽车租用服务。新南威尔士州铁路公司和私营公交分别提供了大范围的市郊铁路服务和市郊以及市外周边的公交运输服务。单轨列车服务于重新规划的情人港，而轻轨则提供了从情人港到城市西部（阿尔提莫）地区的服务。

悉尼地铁交通有限公司

运营商：悉尼威立雅运输

➡ 工作人员：75 人。

➡ 运营类型：轻轨，最早的线路开通于 1997 年。

- 年客运量：350 万人次/年。
- 列车走行公里：74 万（包括单轨列车）。
- 线路长度：7.2 km。
- 专用路段行驶长度：5.7 km。
- 线路数量：1 条。
- 车站数量：14 座。
- 轨距：1 435 mm。
- 轨道：传统的道砟轨道，连续焊接，53kg/m 钢轨，敏感区域安装橡胶包裹的混凝土板。在街区的部分则是包裹着弹性化合物的槽头铁轨和独立的混凝土板。
- 最小曲线半径：20 m。
- 最大坡度：8.5 %。
- 供电方式：750 V DC，接触网供电。
- 现状：威立雅（前身康奈尔克斯）拥有直到 2013 年 6 月 30 日运营轻轨线路管理合约的，并且考虑合约的延长。
- 发展概况：2004 年 5 月，悉尼地铁交通有限公司向基础建设部和规划和自然资源部提交了关于从中央车站到环形码头公交系统的延长建议。该建议包括两条备选线路，并计划在 6:00 至 24:00 之间由 13 辆电车提供运行服务。高峰期间同一方向上两车之间的时间间隔为 2.5min。中央车站将成为一个新的公交/电车转乘站且具备包括公共汽车和火车票的新综合票务系统。整个项目预计耗资 180 000 万澳币，资金将来自公共和私人两方面的投资。载客量预计每天 40 000 人次。
- 车辆：7 辆 5 节编组轻轨（型号为：Adtranz Variotram LRV （1997 年） M7）。
- 运营时间及运行间隔：

  6:00 ~ 24:00 （8 ~ 10 min）；

  24:00 ~ 6:00 （30 min）。
- 首/末车时间：24 小时运营。
- 票制结构：环线通票、针对退休人员和儿童（4 ~ 15 岁）的特价票、一日往返票、通勤周票团体折扣票。
- 信号/控制：继电器联锁系统，列车自动保护系统（ATP），具备监控和数据采集系统（SCADA）的操作控制中心。
- 与其他交通系统的连接：电车线通票可以同时乘坐轻轨和地铁。
- 对老年人/残疾人的特殊服务：无障碍通道
- 监测/安全系统：全部站台安装闭路电视系统。